HERBERT HARDINGHAUS

Öffentliche Sachherrschaft und öffentliche Sachwaltung

Schriften zum Öffentlichen Recht

Band 39

Öffentliche Sachherrschaft und öffentliche Sachwaltung

Eine Untersuchung des deutschen Rechts der öffentlichen Sachen verglichen mit dem französischen Recht des Domaine public

Von

Dr. Herbert Hardinghaus

DUNCKER & HUMBLOT / BERLIN

Gedruckt 1966 bei Alb. Sayffaerth, Berlin 61
Printed in Germany

Meinen Eltern

Inhaltsverzeichnis

Zweiter Teil

Dritter Teil

Vierter Teil

Fünfter Teil

Die neue Darstellung des deutschen Rechts der öffentlichen Sachen 107

Sechster Teil

Abkürzungsverzeichnis

A.J.D.A.	= Actualité Juridique — Droit Administratif, Revue mensuelle, Paris
AöR	= Archiv des öffentlichen Rechts, Tübingen
Arr	= Arrêté (Beschluß)
art	= Article
BayStrWG	= Bayerisches Straßen- und Wegegesetz
BayVBl	= Bayerische Verwaltungsblätter, München
BB	= Der Betriebsberater, Heidelberg
BGHZ	= Entscheidungen des Bundesgerichtshofes in Zivilsachen
Bull.civ.	= Bulletin civil de la Cour de Cassation
BVerwGE	= Entscheidungen des Bundesverwaltungsgerichtes
C	= Cour
CApp	= Cour d'Appel
CCass	= Cour de Cassation
Cass.civ.	= Cour de Cassation, Chambre civile
Cass.req.	= Cour de Cassation, Chambre des requêtes
Cass.crim.	= Cour de Cassation, Chambre criminelle
C.E.	= Conseil d'Etat
cf. oder conf.	= conforme (entspricht)
Chr.	= Chronique du Recueil Dalloz oder Sirey
D.	= Recueil Dalloz (nach 1945)
D.A.	= Dalloz analytique (zwischen 1941 u. 1944)
D.C.	= Dalloz critique (zwischen 1941 u. 1944)
Décr.	= Décret (Verordnung)
DGuWF	= Das Gas- und Wasserfach, Fachblatt für Gastechnik und Gaswirtschaft sowie für Wasser und Abwässer, München
D.H.	= Dalloz hebdomadaire (vor 1941)
Diss.	= Dissertation
D.-L.	= Décret-Loi (Verordnung mit Gesetzeskraft)
DÖV	= Die öffentliche Verwaltung, Stuttgart
D.P.	= Dalloz périodique (vor 1941)
Dr. Adm.	= Droit Administratif, Revue mensuelle d'information juridique, Paris
DV	= Deutsche Verwaltung
DVBl	= Deutsches Verwaltungsblatt, Köln—Berlin
ELWirtsch.R.Beil.	= Rechtsbeilage zur „Elektrizitätswirtschaft"
Fisch.Ztschr.	= Fischers Zeitschrift für Verwaltungsrecht, Leipzig
FStrG	= Bundesfernstraßengesetz
Gaz.Pal.	= Gazette du Palais, Supplément au Journal Judiciaire Quotidien, Paris
Gruchot	= Beiträge zur Erläuterung des Deutschen Rechts, gegründet von Dr. J. A. Gruchot, Berlin
Hess.StrG	= Hessisches Straßengesetz

J.C.A.	= Jurisclasseur Administratif, Paris
J.C.P.	= Jurisclasseur Périodique, Paris (vor 1936: Semaine Juridique)
J.Enreg.	= Journal de l'Enregistrement, Paris
J.O.	= Journal Officiel
JUS	= Juristische Schulung, München—Berlin
JZ	= Juristenzeitung, Tübingen
L	= Loi (Gesetz)
LStrG NRW	= Nordrhein-Westfälisches Landesstraßengesetz
LStrG RhPf	= Landesstraßengesetz Rheinland-Pfalz
MDR	= Monatsschrift für deutsches Recht, Hamburg
Nds.StrG	= Niedersächsisches Straßengesetz
N.F.	= Neue Folge
NJW	= Neue Juristische Wochenschrift, München—Berlin
Op.cit.	= Opus cicatum, ouvrage précité
Ord.	= Ordonnance (Verordnung, Befehl)
OVG	= Oberverwaltungsgericht
p.	= page (Seite)
Penant	= Recueil Penant, Revue de droit des pays d'Afrique, Paris
R.A.	= Revue Administrative, Paris
R.D.P.	= Revue du droit public et de la science politique, Paris
Rec. oder Rec. Lebon	= Recueil Lebon, Entscheidungen des Conseil d'Etat
RGZ	= Entscheidungen des Reichgerichts in Zivilsachen
R.P.D.A.	= Revue pratique de droit administratif, Paris
S.	= Recueil Sirey
Sem.Jur.	= Semaine Juridique,hrsg. von Jurisclasseurs, Paris (bis 1936)
Somm.	= Sommaire du Recueil Dalloz oder Sirey
StrG BW	= Baden-Württembergisches Straßengesetz
StrRegG	= Straßenneuregelungsgesetz (vom 26. 6. 1934)
StrWG Schl.H.	= Schleswig-Holsteinisches Straßen- und Wegegesetz
StVG	= Straßenverkehrsgesetz
StVO	= Straßenverkehrsordnung
T.C. oder T. Confl.	= Tribunal des Conflits
t.	= tome (Band)
v.	= voir (siehe)
V.Energ.R.	= Veröffentlichungen des Instituts für Energierecht an der Universität Bonn, Düsseldorf
VerwArch	= Verwaltungsarchiv, Köln—Berlin
VGH	= Verwaltungsgerichtshof
VVdStLR	= Veröffentlichungen der Vereinigung der deutschen Staatsrechtslehrer, Berlin
ZfW	= Zeitschrift für Wasserrecht, Köln—Berlin—Bonn—München

Einleitung

Öffentliche Sachen sind körperliche Gegenstände, die ein Träger öffentlicher Verwaltung dem Publikum zum Gebrauch zur Verfügung gestellt hat oder selbst unmittelbar zur Erfüllung öffentlicher Verwaltungsaufgaben braucht. Öffentliche Sachen gibt es überall da, wo es öffentliche Verwaltung gibt, d. h. in allen modernen Staatswesen. Überall da bedarf es auch einer Rechtsordnung, die dem besonderen Charakter öffentlicher Sachen Rechnung trägt, überall da bedarf es eines besonderen Rechtes der öffentlichen Sachen.

Verständlicherweise ist dieses Recht der öffentlichen Sachen trotz gleichen oder ähnlichen Ausgangspunktes nicht überall gleich entwickelt. Differenzen ergeben sich vor allem durch den Grad, in dem man das für Sachen allgemein geltende Recht durch besondere Rechtsnormen ersetzt hat. Ein kurzer Rundblick zeigt bereits, daß man das allgemeine Sachenrecht teilweise total ausgeschlossen, teilweise aber auch subsidiär herangezogen hat.

Danach läßt sich ein monistischer und ein dualistischer Weg unterscheiden. Den monistischen Weg sind die meisten romanischen Rechte, insbesondere das französische Recht gegangen[1]. Sie statuieren eine besondere, von dem allgemeinen Sachenrecht vollständig getrennte öffentlich-rechtliche Ordnung der öffentlichen Sachen, welche alle Rechte und Pflichten an der öffentlichen Sache in einer besonderen öffentlichen Sachherrschaft konzentriert. Den dualistischen Weg haben das angelsächsische und das deutsche Recht eingeschlagen[2]. Man entzieht die öffentlichen Sachen nicht vollständig dem „gemeinen Recht" (common law), dem grundsätzlich geltenden (privaten) Recht. Man unterwirft die öffentlichen Sachen aber nach den Erfordernissen des öffentlichen Sachzweckes besonderen Rechtsregeln.

Der Dualismus des deutschen Rechts der öffentlichen Sachen ist nicht ohne Kritik geblieben. Otto *Mayer* wagte bereits zu Beginn dieses Jahrhunderts einen umfassenden Angriff auf die zivilistischen Stellungen. Mit seinem öffentlichen Eigentum wollte er die öffentlichen Sachen ein-

---

[1] Vgl. Giannini, Massimo Servero, I beni pubblici, Roma 1963.

[2] s. Iskrow R. D. P. 1930, p. 670—679; Cross, British Highways S. 202 ff.

heitlich und ausschließlich dem öffentlichen Recht unterwerfen[3]. Sein kühner Vorstoß war jedoch wenig vorbereitet und so widersprüchlich, daß er allgemein, am gründlichsten und treffendsten von *Maunz*[4] zurückgewiesen wurde. Maunz blieb bei dem privaten Eigentum an den öffentlichen „Sachsubstraten", kam aber doch zu einer starken Akzentuierung der öffentlichen Rechtselemente[5]. Die Versuche, das private Recht an öffentlichen Sachen zu Gunsten des besonderen öffentlichen Rechts weiter zurückzudrängen, haben seither nicht aufgehört. Zuletzt hat *Stern* auf der Staatsrechtlehrertagung in Münster eine „durchgängige öffentlichrechtliche Ordnung der öffentlichen Sache" gefordert[6].

Angesichts fortdauernder Unruhe[7] stellt sich die Frage, ob das deutsche Recht der öffentlichen Sachen nicht in seinen Grundlagen neu überdacht werden muß. Dabei kann es nicht um eine Wiederbelebung überwundener Konflikte gehen. „Ein Zurück zu Otto Mayer erscheint weder dogmatisch überzeugend begründbar, noch ohne weiteres als zweckmäßig. Nichts wäre hier schädlicher als Radikalität. Aber man sollte sich doch vielleicht klar darüber werden, daß die ungefähre allgemeine Tendenz Otto Mayer's gerade im heutigen Augenblick durch die große Veränderung im Verwaltungsrechtsschutz eine neue und besondere Aktualität erfährt. Der alte Streit darf nicht nur als dogmatisch sattsam überwundener Ballast in die Ecke gestellt werden: Gerade hier im Recht der öffentlichen Sachen bietet sich eine neue Chance, über manchen toten Punkt hinwegzukommen und ergibt sich die Forderung, die Problematik unter dem neuen Licht nochmals zu durchdenken". Diesem Zitat von *Lerche*[8] ist sachlich nichts hinzuzufügen.

Das deutsche Recht der öffentlichen Sachen kann sinnvoll nur so durchdacht werden, daß man von seinen Problemen und Schwierigkeiten ausgeht. Bei der Suche nach Lösungen empfiehlt sich auch ein Blick auf das französische Recht. Es dürfte von Interesse sein, wie dieses, das im Gegensatz zum deutschen Recht der öffentlichen Sachen monistisch,

---

[3] Otto Mayer, Dt. Verwaltungsrecht, 2. Aufl. 1917 Bd. II S. 71 ff.; 3. Aufl. 1924, Bd. II S. 65 ff.; auch: Eisenbahn und Wegerecht, AöR 16, S. 38 ff.

[4] Hauptprobleme des öffentlichen Sachenrechts, München 1933.

[5] s. a. a. O. 313.

[6] s. VVdStLR 21 (1964), S. 183 ff. Stern hat dies damals allerdings selbst nicht durchgeführt. z.B. beläßt er widmungsfremde Nutzungen wie Gras- und Obstbaumnutzungen öffentlicher Wege in der privaten Verfügungsgewalt des Eigentümers, a. a. O. S. 204 Fußn. 128.

[7] Vgl. z. B. Grundmann, Festg. f. R. Smend 1962, S. 325 oder Zeitler AöR 86 S. 394 Fußn. 10.

[8] DVBl. 1955, S. 286. In gleichem Sinne Forsthoff (8) S. 331 Fußn. Forsthoff schreibt u. a., es werde immer deutlicher, „daß den Theorien Otto Mayer's ... sachliche Anliegen zugrunde liegen, denen das moderne Verwaltungsrecht nicht mehr ausweichen kann". Ähnlich Strickstrock Apelt Festschr. S. 238.

rein öffentlichrechtlich aufgebaut ist, mit den Problemen fertig geworden ist, deren Lösung nach deutschem Recht Schwierigkeiten bereitet. Die Untersuchung soll ohne Voreingenommenheit für das deutsche oder französische Recht geführt werden, „la raison ne connaît pas les intérêts du cœur“ (Vauvenargues).

Erster Teil

Die Hauptprobleme des deutschen Rechts der öffentlichen Sachen

I. Die Grundzüge des deutschen Rechts der öffentlichen Sachen

Bevor untersucht werden kann, welche die Probleme des deutschen Rechts der öffentlichen Sachen, welche seine „Ungereimtheiten"[1] sind, muß dieses wenigstens in seinen Grundzügen, so wie es sich aus Gesetz, Rechtssprechung und Praxis ergibt, dargelegt werden.

A. Das Recht der öffentlichen Sachen und das öffentliche Sachenrecht

Das Recht der öffentlichen Sachen ist ein Inbegriff von Rechtssätzen, welche die öffentlichen oder privaten Rechtsverhältnisse in Bezug auf öffentliche Sachen regeln. Davon zu unterscheiden ist das öffentliche Sachenrecht, welches eine entweder private oder öffentliche Sache dem Aufgabenbereich eines Subjektes hoheitlicher Gewalt zuordnet[2]. Im folgenden geht es um das Recht der öffentlichen Sachen.

B. Die Trennung der öffentlichen Sachherrschaft vom privaten Eigentum an öffentlichen Sachen

Es gehört zum Wesen der öffentlichen Sache, daß sie einem spezifizierbaren Zwecke öffentlicher Verwaltung, sei es dem durch die Verwaltung geförderten direkten Gebrauch der öffentlichen Sache durch das Publikum, sei es dem Verwaltungsgebrauch selbst, dient. Man kann daher eine Unterscheidung treffen zwischen öffentlichen Sachen im direkten Publikumsgebrauch, die einer unbeschränkten Öffentlichkeit zur

---

1 Stern DVBl. 62, 819.

2 Vgl. Niehues, Dinglichkeit im Verwaltungsrecht, Diss. Münster 1963, S. 94 ff. Ein Beispiel für ein öffentliches Sachenrecht: Die Berechtigung der Verwaltungsbehörde, eine Baugenehmigung für ein bestimmtes Grundstück, und zwar unabhängig vom Wechsel des Eigentümers, zu erteilen.

bestimmungsgemäßen Benutzung zur Verfügung stehen[3], und öffentlichen Sachen im Verwaltungsgebrauch, dem sogenannten Verwaltungsvermögen, „welche der öffentlichen Verwaltung unmittelbar durch ihre Gebrauchsmöglichkeit zur Erfüllung ihrer Aufgaben dienen“[4] [5]. Dafür, daß die öffentliche Sache ihrem besonderen öffentlichen Zweck gerecht wird, hat der zu sorgen, der die Sache mit der öffentlichen Zweckbindung behaftet, der sie gewidmet hat. Das kann nur ein Träger öffentlicher Verwaltung sein. Er wird Herr der öffentlichen Sache genannt[6].

Von der öffentlichen Sachherrschaft zu unterscheiden ist die private Sachherrschaft über die öffentliche Sache aus dem privaten Eigentum. Die öffentlichrechtlich geordnete Herrschaft des öffentlichen Sachherrn steht neben der privatrechtlich geordneten Herrschaft des Eigentümers der öffentlichen Sache.

Es besteht mithin an der öffentlichen Sache sowohl ein öffentliches wie ein privates Sachenrecht. Die öffentliche Sache ist einerseits dem öffentlichen Aufgabenbereich des öffentlichen Sachherrn, andererseits dem Vermögen und dem privaten Interessenbereich des Eigentümers zugeordnet[7].

Öffentlicher Sachherr und privater Eigentümer sind häufig, aber nicht immer und nicht notwendig personengleich[8]. Wenn der öffentliche Sach-

---

[3] Wollte man die dem Verwaltungsvermögen gegenüberstehende Gruppe öffentlicher Sachen auf „öffentliche Sachen im Gemeingebrauch“, die einer unbestimmten Öffentlichkeit ohne besondere Zulassung zur bestimmungsgemäßen Benutzung zur Verfügung stehen (Wolff (4) § 55 III a), beschränken, so wären die Gewässer nicht erfaßt. Bei diesen nämlich besteht die bestimmungsgemäße Nutzung hauptsächlich in den von einer besonderen Zulassung abhängigen Wasserbenutzungen des § 3 WHG.

[4] H. J. Wolff (4) § 55 III a).

[5] Der direkte Publikumsgebrauch (Gemeingebrauch) galt im 19. Jahrhundert als der einzig mögliche öffentliche Sachzweck. Inzwischen ist aber der Verwaltungsgebrauch als öffentlicher Sachzweck anerkannt. s. Forsthoff (8) S. 326, Schallenberg S. 56, Grundmann S. 325, Weber VVdStLR 21, Leitsatz 2.

[6] Dies war bei öffentlichen Wegen früher die sogenannte „Wegepolizei“. Vgl. § 55 Preuß. Ges. über die Zuständigkeit der Verwaltungs- und Verwaltungsgerichtsbehörden. Seitdem die „Wegepolizei“ den Straßenverkehrsbehörden und dem sogenannten Träger der Straßenbaulast das Feld räumen mußte (s. Reichsgesetz über den Verkehr mit Kfz vom 3. 5. 1909, 21. 7. 1923 und 13. 12. 1933 und die erste umfassende Reichsstraßenverkehrsordnung vom 28. 5. 1934), ist der Straßenbaulastträger der eigentliche öffentliche Wegeherr. s. Kodal Straßenrecht S. 882, Eiser — Riederer — Sieder V 6.

[7] Vgl. Niehues S. 64 f., 97 ff. und oben S. 18.

[8] Die Personengleichheit fehlt z. B. bei neuen öffentlichen Wegen, wenn zwar der Weg bereits vom Straßenbaulastträger (Wegeherrn) gewidmet und in Dienst gestellt, die Eigentumsübertragung auf den Straßenbaulastträger, die meistens vereinbart ist, aber noch nicht vorgenommen werden konnte. Vgl. BHG Urteil vom 14. 7. 1953 NJW 53, 1705.

Öffentliche Sachen im Verwaltungsgebrauch stehen häufig im Eigentum eines anderen als des öffentlichen Sachherrn; der öffentliche Sachherr mietet ein Gebäude oder eine Etage privatrechtlich und widmet es oder sie zugleich (meist stillschweigend) dem öffentlichen Verwaltungsgebrauch.

herr auch privater Eigentümer ist, so ist er es nicht, weil er öffentlicher Sachherr, sondern obgleich er öffentlicher Sachherr ist: mehr zufälligerweise. Die Personengleichheit von öffentlichem Sachherrn und privatem Eigentümer ist nach deutschem Recht nicht essentiell, sondern nur akzidentiell[9].

Die Trennung von öffentlicher und privatrechtlicher Sachherrschaft beruht auf der historischen Unterscheidung zwischen dem hoheitlichen „imperium" und dem vermögensrechtlichen „dominium"[10]. So wurden nach der im vorigen Jahrhundert vorherrschenden Anschauung die hoheitlichen Beziehungen in Bezug auf die öffentliche Sache vom „eigentlichen" Staat geregelt, über das privatrechtliche Schicksal der öffentlichen Sache entschied der Fiskus, der mit eigener privater Rechtspersönlichkeit begabte „minderwertige Zwillingsbruder" des Staates[11]. Wenn auch heute die eigentliche Fiskustheorie überwunden ist und der Staat als einheitliche öffentliche Rechtsperson angesehen wird, so ist doch die scharfe Trennung der öffentlichen und privaten Rechte an der öffentlichen Sache geblieben. So kommt es, daß nach der noch heute herrschenden Meinung mit dem Eigentum an der öffentlichen Sache der privatrechtliche Einfluß erhalten bleibt[12]. Man trägt „der unsere gesamte Rechtsordnung beherrschenden Doppelgleisigkeit oder Doppelspurigkeit Rechnung und entscheidet sich für eine Verbindung privatrechtlicher und öffentlichrechtlicher Elemente innerhalb der öffentlichen Sache"[13]. Es entsteht ein gemischtes Rechtsverhältnis.

C. Die Bindung des Herrn der öffentlichen Sache an den öffentlichen Sachzweck

Die Rechtsstellung des öffentlichen Sachherrn kann unter einem funktionalen und einem finalen Blickwinkel gesehen werden. Wenn einem Rechtssubjekt ein bestimmtes Verhalten erlaubt, geboten oder verboten ist, so enthält diese Erlaubnis, dieses Gebot oder dieses Verbot zunächst

---

[9] So schon H. Schelcher Fisch. Ztschr. 31 (1906), S. 58 f. Es gibt allerdings gesetzliche Bestimmungen, die öffentliche Sachherrschaft und privates Eigentum koppeln, so z. B. Art. 11 BayStrWG. Diese Bestimmungen erklären sich aus der besonderen Situation, die das Gesetz vorfindet; sie sind nicht Ausdruck des allgemeinen deutschen Rechts der öffentlichen Sachen, sondern Ausnahmen.

[10] Noch in RGZ 22, 288 heißt es: „Vermögensrechtliche Ansprüche gehören begriffsmäßig in das Gebiet des Privatrechts". Vgl. auch Hatschek VerwArch. 7 S. 486: „Imperium ist öffentliche Herrschaft über Personen, dominium privatrechtliche Sachherrschaft, und beides besteht an der öffentlichen Sache in scharfer Sonderung". s. noch Hatschek VerwArch. 7, S. 442, 444, 447.

[11] Otto Mayer Dt. VerwRecht (3) II S. 44.

[12] Vgl. Maunz „Die Verwaltung" Bd. 22, S. 8.

[13] Maunz „Die Verwaltung" Bd. 22, S. 8 f.

eine funktionale Bestimmung über ein Tun oder Unterlassen. Diese funktionale Bestimmung wird ergänzt durch eine finale Bestimmung, die Auskunft darüber gibt, ob das Tun oder Unterlassen an einen bestimmten Zweck, an ein Ziel gebunden werden soll[14].

Der Herr der öffentlichen Sache ist befugt, die öffentliche Sache zu nutzen (bei öffentlichen Sachen im Verwaltungsgebrauch), oder zur Nutzung bereitzustellen (bei öffentlichen Sachen im Gemeingebrauch), sowie diese Nutzungen zu regulieren, zu schützen und durch die Unterhaltung der öffentlichen Sache zu erleichtern. Hierin liegt die funktionale Bestimmung der Rechtsposition des öffentlichen Sachherrn. Die finale Bestimmung besteht darin, daß der öffentliche Sachherr nur insoweit über die öffentliche Sache verfügen darf, als dies dem öffentlichen Sachzweck entspricht. Er darf nichts weiter tun, als bei der Nutzung, bei ihrer Regulierung, bei ihrem Schutz, bei der Unterhaltung der öffentlichen Sache den jeweiligen öffentlichen Sachzweck zu verfolgen.

D. Die Beschränkung des privaten Eigentümers öffentlicher Sachen

Nach § 903 BGB kann der private Eigentümer mit seiner Sache nach Belieben verfahren. Er hat ein alle innerhalb der Rechtsordnung denkbaren Befugnisse umfassendes, privates Sachherrschaftsrecht und darf andere von jeder Einwirkung ausschließen[15]. Das private Eigentum ist also grundsätzlich weder funktional noch final irgendwie eingeschränkt.

Dies gilt an sich auch für das private Eigentum an öffentlichen Sachen, allerdings mit folgender Besonderheit: Der privatrechtlichen Zuordnung der öffentlichen Sache in das Vermögen und den Interessenbereich des Eigentümers steht die öffentlichrechtliche Zuordnung der öffentlichen Sache in den öffentlichen Aufgabenbereich des öffentlichen Sachherrn gegenüber. Die Konkurrenz der verschiedenen Sachzuordnungen entscheidet das Recht der öffentlichen Sachen zu Gunsten der Zuordnung in den Aufgabenbereich des öffentlichen Sachherrn[16].

---

[14] z. B.: Der private Eigentümer eines Grundstückes räumt dem Nachbarn ein dingliches Wegerecht ein, das zur Überquerung des Grundstückes berechtigt (funktionale Bestimmung). Die Ausübung dieses Rechtes kann an bestimmte (etwa landwirtschaftliche) Zwecke gebunden, sie kann aber auch von jeder Zweckbindung frei sein (finale Bestimmung).

[15] Vgl. Westermann § 28 I 2, II.

[16] H. Schelcher schrieb schon 1906 (Fisch. Zeitschr. 31, 51 f.): „Es kann ... in dieser Zurückdrängung des Privatrechts durch das öffentliche Recht keine Verletzung oder Belastung desselben erblickt werden, etwa so, daß der an der Sache Privatberechtigte, der Eigentümer usw. in der Ausübung seiner Rechte durch die öffentliche Zweckbestimmung gehindert werde und dies dulden müsse; es kommt hier vielmehr nur die an sich schon beschränkte Entfaltungsfähigkeit allen Privatrechts gegenüber dem öffentlichen Recht wieder zum Ausdruck". Vgl. auch BGHZ 9, 382 f.: „Das Privateigentum tritt

Daher darf der private Eigentümer die Einwirkung des öffentlichen Sachherrn auf die öffentliche Sache insoweit nicht ausschließen, als dieser sich im Rahmen der Zuordnung der öffentlichen Sache in seinen öffentlichen Aufgabenbereich hält. Es findet also die Befugnis des öffentlichen Sachherrn zur Nutzung, zur Zulassung der Nutzung anderer, zum Schutz und zur Unterhaltung der öffentlichen Sache ihr Gegenstück in einer entsprechenden Beschränkung des privaten Eigentümers. Erst wo die Berechtigung des Herrn der öffentlichen Sache aufhört, beginnt die des privaten Eigentümers: Diese allerdings kann der private Eigentümer grundsätzlich wie jeder andere private Eigentümer ausüben[17]. Das private Eigentum an der öffentlichen Sache ist kein „dominium dormens", kein suspendiertes Recht, sondern es füllt auf Grund der ihm eigenen Elastizität jederzeit den Raum aus, den die öffentliche Sachherrschaft freiläßt[18].

Es ist nicht sehr sinnvoll, diese besondere Beschränkung des privaten Eigentums mit einem aus dem Zivilrecht entnommenen Terminus zu benennen, etwa sie als öffentliche dingliche Last oder Dienstbarkeit[19] zu bezeichnen, denn damit werden zu leicht falsche Parallelen gezogen. Wichtig für die folgenden Untersuchungen ist aber, diese Beschränkung als eine funktionale zu erkennen. Der private Eigentümer einer privaten Sache unterliegt grundsätzlich weder einer funktionalen noch einer finalen Beschränkung. Der private Eigentümer einer öffentlichen Sache nun ist nicht etwa verpflichtet, bestimmte Sachzwecke zu verfolgen oder nicht zu verfolgen. Auch er ist daher final nicht beschränkt. Es wird ihm aber geboten, bestimmte tatsächliche Verfügungen über die Sache zu unterlassen. Dies ist eine funktionale Beschränkung.

---

bei Konkurrenz mit der inhaltlich begrenzten öffentlichen Herrschaft mit seinen Einzelrechten und Einzelpflichten nach dem Grundsatz vom Vorrang des öffentlichen Rechts vor dem bürgerlichen Recht und dem allgemeinen Rechtsgrundsatz von der Schwäche des umfassenderen Rechts gegenüber dem begrenzteren Recht insoweit zurück, als es unvereinbar ist mit jenem öffentlichrechtlichen Nutzungsverhältnis".

17 Fleiner (8) S. 358: „Die Herrschaft des Privatrechts über die öffentliche Sache ... hört an dem Punkt auf, an dem der öffentliche Dienst der Sache beginnt". S. 359: „Trotzdem bleibt für die Entfaltung des Privatrechts noch ein weiter Raum. Für jede Benutzungshandlung, die außerhalb der öffentlichen Zweckbestimmung liegt, sind die Normen des Privatrechts maßgebend". So unter anderen Entscheidungen auch Pr OVG vom 17. Oktober 1918; OVGE 74 (1919), S. 360 ff.; RGZ 88, 16; 94, 33; 123, 181, 187; JW 1898 S. 149 Nr. 30; 1900 S. 569; 1908 S. 334 Nr. 17; BGH Urteil vom 14. Juli 1953 NJW 53, 1705.

18 Stritter S. 9, Merten S. 11, Forsthoff (8) S. 327 f.

19 So z.B. Steinbach, Die öffentlichen Wegeservituten, BayVBl. 1926, 353—368; 1931, 189—197. Ferner neuerdings Salzwedel DÖV 1963, 249 f.

II. Die Hauptprobleme

A. Das Problem der Berücksichtigung der Nutzungsinteressen der Allgemeinheit

1. Die Regulierung der Nutzungen durch den privaten Eigentümer

Nach herrschender Meinung wird der öffentliche Sachzweck allein durch die Widmung [20] bestimmt. Wenn nun der öffentliche Sachherr nur insoweit an der öffentlichen Sache berechtigt ist, als er den öffentlichen Sachzweck fördert[21], so bedeutet das, daß er lediglich zur Regulierung des dem Widmungszweck entsprechenden, des widmungsgemäßen Gebrauchs bevollmächtigt und befugt ist, und daß er die Regulierung des dem Widmungszweck nicht entsprechenden, des widmungsfremden Gebrauchs dem Eigentümer überlassen muß[22].

---

[20] Widmung wird die öffentlichrechtliche Willenserklärung des hierdurch zum öffentlichen Sachherrn werdenden Trägers öffentlicher Verwaltung genannt, die einen körperlichen Gegenstand mit einem besonderen Zweck öffentlicher Verwaltung affektiert und zur öffentlichen Sache bestimmt. Vgl. Schallenberg S. 78.

[21] s. oben S. 20 f.

[22] Von dem Begriffspaar: widmungsgemäße — widmungsfremde Nutzung zu unterscheiden ist das Begriffspaar: Gemeingebrauch — Sondergebrauch (Sondernutzung). Nach herrschender Meinung ist Gemeingebrauch eine widmungsgemäße, jedermann ohne besondere Zulassung erlaubte Benutzung einer öffentlichen Sache. Vgl. Wolff (4) § 58 I a); E. R. Huber DÖV 55, 129; Schallenberg S. 56; Marschall § 7 Rn. 2. Dann ist die Sondernutzung eine widmungsfremde, zulassungspflichtige Benutzung einer öffentlichen Sache. Vgl. E. R. Huber DÖV 55, 132; Maunz Hauptprobleme S. 224 f.; Köttgen S. 27.

Danach besteht also eine Verbindung zwischen Gemeingebrauch und Sondergebrauch einerseits und widmungsgemäßem und widmungsfremdem Gebrauch andererseits. Der Gemeingebrauch ist immer widmungsgemäß, der Sondergebrauch immer widmungsfremd. Diese Verbindung wurde nahegelegt durch die Eigenarten der Nutzung öffentlicher Wege. Bei öffentlichen Wegen ist der als Gemeingebrauch generell zugelassene Verkehr widmungsgemäß. Das Zusammentreffen der gemeingebräuchlichen mit der widmungsgemäßen Nutzung an öffentlichen Wegen nun verleitete zu der falschen Verallgemeinerung, daß dies immer der Fall sei.

Inzwischen mehren sich aber die Stimmen, die widmungsgemäßen Sondergebrauch an öffentlichen Wegen anerkennen. Die zunehmende Belastung der öffentlichen Wege hat es notwendig gemacht, den Verkehr mit übergroßen oder überschweren Fahrzeugen zwar von einer Zulassung abhängig zu machen, ihn aber dennoch als widmungsgemäß anzuerkennen. Auf der anderen Seite kann es auch widmungsfremden Gemeingebrauch geben: So, wenn der widmungsfremde Durchgang des Publikums durch ein öffentliches Verwaltungsgebäude ohne besondere Zulassung geduldet wird. Gemeingebrauch wird daher besser lediglich durch die Zulassungsfreiheit, Sondergebrauch allein durch die Zulassungspflichtigkeit charakterisiert.

Die Duldungspflicht des privaten Eigentümers bezieht sich nicht auf widmungsfremde Nutzungen[23]. Diese bedürfen der Zustimmung des privaten Eigentümers[24], der mit dem öffentlichen Sachherrn personengleich sein kann, es aber nicht sein muß[25].

Die widmungsfremde Nutzung einer öffentlichen Sache muß allerdings auf die widmungsgemäße Verwendung der öffentlichen Sache Rücksicht nehmen. Ist sie geeignet, die widmungsgemäße Verwendung einzuengen oder zu beeinträchtigen, so bedarf der Bewerber um die widmungsfremde Nutzung nach h. M. zusätzlich zu der Zustimmung des privaten Eigentümers noch der Erlaubnis des Herrn der öffentlichen Sache[26]. Diese Erlaubnis kann die Zustimmung des privaten Eigentümers nicht ersetzen[27].

Aus der Herrschaft des privaten Eigentümers über die widmungsfremden Nutzungen ergibt sich eine bisher ungelöste Kollision zwischen dem Interesse des privaten Eigentümers und den Nutzungsinteressen der Allgemeinheit. Das private Recht des Eigentümers ist lediglich funktional begrenzt[28]. Da, wo das Recht der öffentlichen Sachen die funktionale Handlungsfreiheit des Eigentümers erhalten hat, eben bei den widmungsfremden Nutzungen, ist er auch final nicht eingeschränkt. Oder anders ausgedrückt: Der private Eigentümer darf alle Zwecke mittels der Sache verfolgen, die ihm nur einfallen; aber er kann diesen Zwecken nicht alle möglichen Nutzbarkeiten seiner Sache dienstbar machen, sondern nur diejenigen, die ihm die funktionale Beschränkung beläßt, nämlich Nutzungen, die nicht vom Widmungszweck erfaßt sind. Der private Eigentümer kann über die eigene Inanspruchnahme widmungsfremder Nutzungen oder ihre Erlaubnis zu Gunsten Dritter frei entscheiden. Er kann insoweit mit der öffentlichen Sache nach Belieben verfahren, so wie es jeder andere Eigentümer einer (privaten) Sache auch kann. Durch die scharfe Trennung von öffentlicher Sachherrschaft und privatem Eigentum ist die Verfolgung der Nutzungsinteressen der All-

[23] s. Spanner S. 12 f., Stern Konzessionsvertrag S. 161, Scheuner Gemeinverträglichkeit S. 85. Vgl. auch BGHZ 19, 85 (87); 21, 319 (327); 22, 395 (397).

[24] Vgl. OVG Hamburg Urteil vom 29. 10. 1953 Verw. Rspr. 6, Nr. 168; Stern AöR 84, 137 ff.; Kodal Straßenrecht S. 568; Brohl S. 395; Stritter S. 24 u. a.

[25] s. oben S. 19 f.

[26] Stritter S. 27, Fleiner Institutionen S. 382, Hatschek Lehrb. S. 487, E. R. Huber I S. 571, Zippelius DÖV 1958, S. 846.

[27] In den Fällen der Personengleichheit des öffentlichen Sachherrn mit dem privaten Eigentümer kann die öffentlichrechtliche Erlaubnis des öffentlichen Sachherrn mit der privatrechtlichen Zustimmung des Eigentümers in einem Akt zusammengefaßt werden. Trotzdem sind beide auf Grund der Unterschiedlichkeit ihrer Voraussetzungen und ihrer rechtlichen Selbständigkeit im Streitfall voneinander zu trennen.

[28] s. oben S. 21 f.

gemeinheit grundsätzlich dem öffentlichen Sachherrn vorbehalten. Soweit dieser die öffentliche Sache freigibt, soll sie wie eine private Sache behandelt und beherrscht werden.

Andererseits sind die öffentlichen Sachen heute so weit in das öffentliche Leben einbezogen, daß an ihrer Nutzung in den meisten Fällen nicht mehr nur die durch die jeweilige Widmung Begünstigten, sondern auch andere Personen und Gruppen interessiert sind. Diese allgemeinen Interessen an widmungsfremder Nutzung braucht der private Eigentümer grundsätzlich nicht zu beachten. Er wird es immer dann nicht tun, wenn seine privaten Interessen denen der Allgemeinheit entgegenstehen[29]. Dies soll beispielhaft verdeutlicht werden:

a) Die Geltendmachung des privaten Eigentums gegen die Grundrechte

Der mit dem öffentlichen Sachherrn nicht notwendig identische private Eigentümer ist nicht an die Grundrechte gebunden. Er ist berechtigt, die Verlegung einer Leitung zwar dem Freunde A zu erlauben, sie aber dessen Konkurrenten B zu versagen. Der private Eigentümer des Rathaussitzungssaales ist berechtigt, diesen nur für Veranstaltungen der Partei A, nicht aber für Veranstaltungen der Partei B zur Verfügung zu stellen[30].

b) Die Geltendmachung des privaten Eigentums gegen die öffentlichen Nutzungsinteressen

Der private Eigentümer ist berechtigt, Nutzungen, die im besonderen öffentlichen Interesse liegen, nicht zuzulassen. Er kann die Verlegung einer Gas-, Strom-, Wasser-, Wärme- oder Mineralöl- (Erdgas-) fernleitung verhindern[31], er kann die im öffentlichen Interesse gelegene Überführung seines Grundstücks durch eine Schwebe- oder Seilbahn ausschließen, er kann die den Militärbetrieb nicht störenden Übungen des Technischen Hilfswerks auf einem Truppenübungsplatz oder die abendliche Veranstaltung eines Erste-Hilfe-Kurses des Roten Kreuzes im Schulhaus verbieten[32].

---

[29] Es ist versucht worden, dieses Ergebnis, das aus den Grundsätzen des deutschen Rechts der öffentlichen Sachen und der Interpretation dieser durch die h. M. folgt, dadurch zu mildern, daß man dem privaten Eigentümer über die Widmungsbeschränkung hinaus besondere Bindungen an das Gemeinwohl auferlegt. Daß diese Versuche sowohl dogmatisch bedenklich wie ungenügend sind, wird unten S. 37—47 dargetan.

[30] Darüber, ob hier etwas anderes gilt, wenn der private Eigentümer ein Träger öffentlicher Verwaltung ist, s. unten S. 40 ff.

[31] Vgl. RGZ 42, 208; 88, 14; JW 28, 502; OLG Nürnberg ElWirtsch. 31, 209; Didden S. 53 ff.

[32] Darüber, ob dies anders ist, wenn öffentlicher Sachherr und privater Eigentümer identisch sind, s. unten S. 40 ff.

c) *Die Geltendmachung des privaten Eigentums zur Verfolgung privater Zwecke*

Der private Eigentümer ist berechtigt, seinerseits beliebige Ziele zu verfolgen. Er kann seine Zustimmung zur Nutzung von den unterschiedlichsten Auflagen und Bedingungen abhängig machen, ob diese nun einem wirtschaftlichen, kulturellen, ästhetischen oder sonst auch nur halbwegs vernünftigen Interesse entspringen. So kann der private Eigentümer dem die öffentliche Sache kreuzenden Leitungsunternehmer insbesondere Auflagen im eigenen wirtschaftlichen Interesse machen oder hohe, gewinnbringende Entgelte fordern[33], selbst wenn dies öffentlichen Interessen geradezu entgegenläuft.

2. Die Regulierung der Nutzungen durch den öffentlichen Sachherrn

Der öffentliche Sachherr ist nur insoweit an der öffentlichen Sache berechtigt, als er den öffentlichen Sachzweck fördert[34]. Nach herrschender Meinung wird der öffentliche Sachzweck allein durch die Widmung bestimmt, öffentlicher Sachzweck und Widmungszweck sind identisch. Das bedeutet, daß der öffentliche Sachherr lediglich zur Regulierung des widmungsgemäßen Gebrauchs berechtigt ist.

Die widmungsfremde Nutzung, die an sich Sache des privaten Eigentümers ist, interessiert ihn nur insoweit, als die Nutzung die widmungsgemäße Verwendung der öffentlichen Sache beeinträchtigen könnte. Solche widmungsfremden Nutzungen bedürfen der Erlaubnis des Herrn der öffentlichen Sache.

Einzige Richtschnur des Herrn der öffentlichen Sache ist der Widmungszweck. Bei der Regulierung widmungsgemäßen wie bei der Erlaubnis widmungsfremden Gebrauchs darf der Herr der öffentlichen Sache nur den Widmungszweck fördern[35].

Die Erlaubnis widmungsfremden Gebrauchs „konzentriert" keinesfalls alle möglichen öffentlichrechtlichen Erlaubnisse und Genehmigun-

---

[33] Den Gemeinden allerdings ist durch §§ 67 ff. DGO und deren Nachfolgebestimmungen in den Ländern eine gewisse Beschränkung in ihrer wirtschaftlichen Betätigung auferlegt worden.

[34] s. oben S. 20 f.

[35] So ausdrücklich bestätigt von Fleiner (8) S. 379, Heymann Gruchot Bd. 70 (1929) S. 9, Köttgen S. 36, Eiser-Riederer-Sieder V 17: „Der Wegeherr kann aber seiner Entscheidung über die Genehmigung nur Erwägungen zugrunde legen, die der Zweckbestimmung des öffentlichen Weges als solchen entspringen". Und V 48: „Jede Maßnahme (des Herrn der öffentlichen Sache), welche über die öffentliche Zweckbestimmung hinausgeht, bedeutet eine Überschreitung öffentlich-rechtlicher Befugnisse". Ebenso Forsthoff (8) S. 345; Urt. des bad.-württ. VGH vom 7. 11. 1955 VerwRspr. 8, 165; Stern Konzessionsvertrag S. 170.

gen in sich[36], sie ist nur die öffentlichrechtliche Bescheinigung, daß der widmungsfremden Nutzung vom Standpunkt des öffentlichen Sachherrn keine Hindernisse entgegenstehen[37], d. h.: daß die widmungsfremde Nutzung mit dem widmungsgemäßen Gebrauch vereinbart werden kann[38].

Die Bindung des öffentlichen Sachherrn an den Widmungszweck hat sehr spürbare Folgen für die Interessen der Allgemeinheit:

a) *Die Zulassung von Nutzungen gegen das Gemeinwohl*

Wenn eine beantragte widmungsfremde Nutzung mit dem widmungsgemäßen Gebrauch vereinbar erscheint, aber sonst dem Gemeinwohl widerspricht, so hat der Herr der öffentlichen Sache keine Möglichkeit, die Erlaubnis zu verweigern. Da außerdem der private Eigentümer ein Recht hat, allein auf seinen eigenen Vorteil zu sehen[39], kann es leicht zu widmungsfremden Nutzungen öffentlicher Sachen kommen, die — weil sie dem Gemeinwohl widersprechen — besser unterblieben.

α) Die Zulassung von gesetzwidrigen Nutzungen

Da sind zunächst solche Nutzungen, die gegen ein gesetzliches Gebot oder Verbot verstoßen oder eine gesetzwidrige Handlung zur Folge haben: So muß der Herr der öffentlichen Sache eine vom Eigentümer autorisierte Überspannung seines Grundstückes mit einer privaten Antenne dulden, die dem Betrieb einer nicht lizensierten Amateurfunkanlage dient.

So muß die Verwaltungsbehörde den privaten Anlegesteg am Meer oder einem Binnengewässer dulden, der zwar die öffentliche Wasserwirtschaft nicht stört, aber zum Schmuggel oder unerlaubten Motorbootfahrten dient.

So muß der Herr einer öffentlichen Schule, etwa die Gemeindeverwaltung, die Vermietung der Schulaula für eine Abendveranstaltung einer für verfassungswidrig erklärten Partei durch den Eigentümer[40] hinnehmen.

---

36 Wie Schulke S. 206 ff. annimmt.

37 So auch Stern, Konzessionsvertrag S. 172.

38 Vgl. Art. 18 Abs. 2 Satz 2 BayStrWG: „Für die Erlaubnis (einer den Gemeingebrauch beeinträchtigenden widmungsfremden Nutzung) können Bedingungen und Auflagen festgesetzt werden, wenn dies für die Sicherheit und Leichtigkeit des Verkehrs oder zum Schutze der Straße erforderlich ist"

39 s. oben S. 21, 25 f.

40 Das ist möglicherweise der Gemeindefiskus selbst.

β) Die Zulassung von sonstigen dem Gemeinwohl widersprechenden Nutzungen

Die gegen ein gesetzliches Ge- oder Verbot gerichteten Nutzungen sind oft aber noch nicht einmal die gravierendsten, dem Gemeinwohl zuwiderlaufenden und trotzdem vom Herrn der öffentlichen Sache zuzulassenden Verwendungen:

So ist der öffentliche Sachherr nicht berechtigt, gegen die vom privaten Eigentümer zugelassene Verlegung von Röhren eines Fernheizwerkes vorzugehen, wenn das damit entstehende Werk einem bereits bestehenden ruinöse Konkurrenz machen und dadurch öffentliche Versorgungsinteressen verletzen würde.

So muß der öffentliche Sachherr eine Mineralöl- oder Erdgasfernleitung dulden, die die deutsche Energiewirtschaft aus dem Gleichgewicht brächte[41].

b) Die Verhinderung von Nutzungen überwiegenden öffentlichen Interesses

Die strenge Bindung des öffentlichen Sachherrn an den Widmungszweck verpflichtet diesen außerdem, jede widmungsfremde Nutzung abzulehnen, die den widmungsgemäßen Gebrauch beeinträchtigt. Das ist sicher im Normalfall richtig, denn die öffentliche Sache ist schließlich deswegen eine öffentliche geworden, daß sie dem Widmungszweck diene. Es kann aber Fälle geben, in denen an einer widmungsfremden Nutzung ein derart großes öffentliches Interesse besteht, daß das Interesse an der widmungsgemäßen Nutzung demgegenüber ganz in den Hintergrund tritt. An sich bietet sich dann eine Widmungsänderung der öffentlichen Sache an. Eine solche ist zwar meistens formlos möglich, sie muß aber von den Organen des Verwaltungsträgers ausgesprochen werden, die auch die Widmung erklärt haben, bei einer Gemeinde also in der Regel von dem Gemeinderat. Nun gibt es aber dringende Fälle, in denen es nicht möglich ist, erst einen Gemeinderatsbeschluß herbeizuführen, wenn etwa im Falle einer Naturkatastrophe ein Schulhaus kurzfristig zum Notaufnahmelager für Flüchtlinge oder Verletzte gemacht werden muß. In solchen Fällen müssen die zuständigen Beamten der Gemeindeverwaltung konsequenterweise die „Zweckentfremdung“ des Schulhau-

---

41 Zwar bedürfen Mineralöl- und Erdgasleitungen besonderer Genehmigungen nach § 9 Abs. 1 Ziff. 4 Verordnung über brennbare Flüssigkeiten und nach §§ 19 a — 19 f WHG. Die Erteilung dieser Genehmigung setzt aber nur eine technisch einwandfreie, den Wasserhaushalt nicht gefährdende Anlage voraus.

ses ablehnen, da die angestrebte Nutzung den widmungsgemäßen Schulbetrieb ausschließt[42].

Nach dem Stand der Dinge ergibt sich also, daß der private Eigentümer der öffentlichen Sache grundsätzlich nicht verpflichtet ist, das Gemeinwohl zu fördern, die Nutzungsinteressen der Allgemeinheit zu berücksichtigen, und daß der öffentliche Sachherr hierzu, abgesehen von der Förderung des widmungsgemäßen Gebrauchs, nicht berechtigt ist.

3. Die Rechtsstellung der Nachbarn

Die §§ 906 ff. BGB kennen eine Reihe von privaten Rechten, die die Nutzung benachbarter Grundstücke gegeneinander abstimmen und zu einem Ausgleich zwischen den sich auf gleicher Ebene begegnenden Berechtigten führen wollen.

Diese Bestimmungen müssen auch im Verhältnis zwischen einer öffentlichen und einer privaten oder einer anderen öffentlichen Sache grundsätzlich angewandt werden, denn was für das private Eigentum an öffentlichen Sachen gilt, muß auch für die privaten Nachbarrechte Gültigkeit haben: Sie gelten insoweit, als es der öffentliche Sachzweck, nach herrschender Auffassung also: der Widmungszweck zuläßt.

Dies hat dann zur Folge: Nach § 906 BGB müssen Immissionen, die das private Nachbargrundstück nicht nur unwesentlich beeinträchtigen und an sich nach § 906 BGB abgewehrt werden könnten, vom Nachbarn dann geduldet werden, wenn die widmungsgemäße Verwendung der öffentlichen Sache anders nicht aufrechterhalten werden kann[43]. Der Nachbar der öffentlichen Sache kann Duldung des eigenen Überbaues auf die öffentliche Sache nur insoweit und solange fordern (§ 912 I BGB), als dieser die widmungsgemäße Verwendung der öffentlichen Sache nicht stört. Dementsprechend kann der private Eigentümer des der öffentlichen Sache benachbarten Grundstücks Duldung des Notwegs nach § 917 I BGB verlangen, wenn die Benutzung durch den Nachbarn die widmungsgemäße Verwendung der öffentlichen Sache nicht beeinträchtigt[44]. Die Nachbarrechte können mithin auch dann geltend gemacht werden, wenn sie zwar nicht den widmungsgemäßen Gebrauch, wohl

---

[42] Wenn sich die Praxis hierüber dennoch bisweilen hinwegsetzt, so nur einem vernünftigen Rechtsempfinden folgend, aber im Gegensatz zu dem nach h. M. geltenden Recht der öffentlichen Sachen.

[43] Vgl. Maunz Hauptprobleme S. 13; Forsthoff (8) S. 353; Haustein S. 180 f., 213; Dürig Festschr. für Nawiasky S. 182; Marschall § 8 S. 331; Sieder-Zeitler Art. 17 Rn. 10; RGZ 7, 267 (268); RG JW 1898, 520.

[44] Oder wenn die öffentliche Sache ein öffentlicher Weg ist. Dann nimmt der Nachbar aber bereits am Gemeingebrauch teil, er kann die Nutzung nicht mehr auf § 917 BGB stützen, der schon tatbestandsmäßig (Verbindung mit einem öffentlichen Weg) nicht mehr einschlägt.

aber den widmungsfremden Gebrauch beeinträchtigen, und läge dieser auch im besonderen öffentlichen Interesse. So ist der Überbau des Nachbarn auf einen öffentlichen Weg zu dulden, wenn zwar der Verkehr nicht oder nicht wesentlich, wohl aber die an der überbauten Stelle verlegte Versorgungsleitung behindert wird. Wenn es richtig ist, daß die Nachbarn deshalb den widmungsgemäßen Gebrauch respektieren müssen, weil das öffentliche Interesse an der öffentlichen Sachnutzung das private Interesse des Nachbarn übersteigt, so ist es mindestens problematisch, die Nachbarrechte nicht wenigstens solchen widmungsfremden Nutzungen gegenüber einzuschränken, die ein besonderes öffentliches Interesse für sich haben.

4. Der Schutz der öffentlichen Sache vor unzulässigen Einwirkungen

Der öffentliche Sachherr hat solche Einwirkungen auf die öffentliche Sache zu verhindern, die die Nutzung gemäß dem öffentlichen Sachzweck beeinträchtigen[45]. Da die h. M. den öffentlichen Sachzweck mit dem Widmungszweck identifiziert, hat der öffentliche Sachherr keine Möglichkeit, gegen Einwirkungen vorzugehen, die die widmungsfremden Nutzungen stören. Diese sind dann schutzlos, wenn nicht die allgemeinen Ordnungsbehörden ihrerseits auf Grund einer Gefährdung der öffentlichen Sicherheit und Ordnung zum Eingriff berechtigt sind. Wenn der Unternehmer einer widmungsfremden Nutzung, etwa der Untertunnelung eines öffentlichen Weges, eine in diesen bereits verlegte private Leitung verletzt, so ist weder der öffentliche Sachherr zuständig noch die Polizei, denn es ist weder der Verkehr noch die öffentliche Ordnung gefährdet. In diesem Fall hätte nur der private Eigentümer aus § 1004 BGB ein Recht, die unzulässige Einwirkung zu beseitigen. Denn das Eigentumstörungsabwehrrecht ist ihm nach h. M. insoweit geblieben, als nicht der widmungsgemäße Gebrauch beeinträchtigt wird. Der private Eigentümer ist nun zwar berechtigt, gegen die Störung vorzugehen, verpflichtet dazu ist er aber nicht[46].

5. Die Unterhaltung der öffentlichen Sache

Der öffentliche Sachherr ist zur Unterhaltung, d. h. zu ihrer Herrichtung und Instandhaltung, insoweit verpflichtet, als der öffentliche Sach-

---

[45] Hierzu stehen ihm besondere öffentlichrechtliche Mittel zur Verfügung. Unterlassungs-, Beseitigungsanordnung etc. Eine eigene, besondere Zwangsgewalt hat er nicht. Er ist auf das Verfahren nach den Verwaltungszustellungs- und -vollstreckungsgesetzen und gegebenenfalls auf die Hilfe der Ordnungsbehörden angewiesen.

[46] Es sei denn, er hätte sich dem Verletzten gegenüber hierzu eigens obligatorisch verpflichtet, was nicht ohne besondere Anhaltspunkte angenommen werden kann.

zweck eine Unterhaltung erfordert. Da die h. M. den öffentlichen Sachzweck auf den Widmungszweck beschränkt, muß der Herr der öffentlichen Sache diese auch nur im Hinblick auf den widmungsgemäßen Gebrauch unterhalten[47]. Zu Maßnahmen, die die öffentliche Sache auch für die widmungsfremde Nutzung der Allgemeinheit herstellen und instandhalten, ist er nicht verpflichtet und nicht berechtigt.

B. Das Problem der Rechtssicherheit

Ob und wie die über den widmungsgemäßen Gebrauch hinausgehenden Nutzungsinteressen der Allgemeinheit berücksichtigt werden können, ist ein Problem der materiellen „Richtigkeit" des Rechts der öffentlichen Sachen. Die Rechtsordnung soll aber nicht nur gerecht, sie soll auch klar, durchschaubar und dem Bürger wie der Verwaltung eine sichere Stütze sein. Auch insoweit ist das deutsche Recht der öffentlichen Sachen problematisch.

1. Die Verflechtung öffentlichen und privaten Rechts

Die Unterscheidung eines Bereichs öffentlicher (öffentlichrechtlicher) Sachherrschaft und eines Bereichs privater (privatrechtlicher) eigentümerischer Sachherrschaft erschwert die rechtliche Behandlung der öffentlichen Sache durch alle Beteiligten, insbesondere durch das Publikum:

Der Bewerber um eine widmungsfremde Nutzung hat diese nach h. M. nicht nur an den Prinzipien der öffentlichen Sachherrschaft auszurichten, insbesondere die Vereinbarkeit mit dem widmungsgemäßen Gebrauch zu wahren. Er muß auch die privaten Eigentumsrechte beachten.

Die Nachbarn behalten zwar ihre sich aus § 906 BGB ergebenden Rechtstitel. Ob diese aber auch geltend gemacht werden können, entscheidet sich danach, ob die von der öffentlichen Sache ausgehende Störung oder das vom Nachbarn geltend zu machende Recht ihren Ursprung oder sein Objekt im Bereich der öffentlichen Sachherrschaft oder des privaten Eigentums hat. Der Schutz der öffentlichen Sache vor unzulässigen Einwirkungen fällt in den Aufgabenbereich öffentlicher Sachherrschaft. Das schließt nach h. M. die Abwehr unzulässiger Einwirkungen mit den Mitteln des privaten Eigentumsrechts nicht aus.

---

[47] Diese Verpflichtung heißt im Wegerecht Straßenbaulast. Der Straßenbaulastträger (der öffentliche Wegeherr, s. oben S. 19 Fußn. 6) hat nach seiner Leistungsfähigkeit alles zu tun, um die Straße in einem dem regelmäßigen Verkehrsbedürfnis genügenden Zustand zu bauen, zu unterhalten, zu erweitern oder sonst zu verbessern. Vgl. § 3 Abs. 1 Satz 2 FStrG und die entsprechenden Bestimmungen der Landesstraßengesetze.

Der Herr der öffentlichen Sache ist zur Unterhaltung verpflichtet. Daneben unterliegt er noch einer besonderen Verkehrssicherungspflicht. Diese ist nicht Bestandteil der besonderen Rechtsordnung öffentlicher Sachen. Sie verpflichtet jeden, ob er nun Herr einer öffentlichen oder privaten Sache ist, und der sein Grundstück dem öffentlichen Verkehr zugänglich macht, auch für dessen Verkehrssicherheit zu sorgen. Die Verkehrssicherungspflicht leitet sich also entgegen einer verbreiteten Auffassung nicht aus dem privaten Eigentum[48], sie leitet sich auch nicht aus der öffentlichen Sachherrschaft ab, sondern aus der rein faktischen Schaffung einer Gefahrenlage, durch wen dies auch immer geschieht[49].

Die Unterhaltungspflicht des öffentlichen Sachherrn deckt seine Verkehrssicherungspflicht nicht zu. Die Unterhaltungspflicht betrifft nach h. M. nur die Eignung der öffentlichen Sache für den Widmungszweck. Der Verkehrssicherungspflicht kommt es allein auf die Sicherung Dritter vor Gefahren an. Unterhaltungspflicht und Verkehrssicherungspflicht unterscheiden sich weiter dadurch, daß die erstere öffentlichen Rechts ist und bei Verletzung zu Amtshaftungsansprüchen nach § 839 BGB führen kann[50], während die zweite nach Ansicht des BGH privatrechtlichen Charakter[51] und bei Verletzung die strengere Haftung nach § 836 BGB zur Folge hat.

Die Unterscheidung einer privaten Verkehrssicherungspflicht von der öffentlichen Unterhaltungspflicht des öffentlichen Sachherrn wird weitgehend als unbefriedigend empfunden[52]. Einmal ist die theoretisch wohl mögliche Abgrenzung im Einzelfall oft schwierig. Sodann ist die Unterschiedlichkeit des Haftungsmaßstabes Gegenstand der Kritik[53].

Die richtige rechtliche Behandlung öffentlicher Sachen ist also auch hier unklar und unsicher. Die vielfältige Verflechtung öffentlichen und privaten Rechts bei der Behandlung öffentlicher Sachen ist kompliziert und unpraktisch. Die zwei sich teils ergänzenden, teils ausschließenden, teils überlagernden grundverschiedenen Rechtssysteme können bei fortschreitender Spezialisierung des Rechts immer weniger harmonisiert werden. Das Ergebnis ist fortschreitende Rechtsunsicherheit.

---

48 s. BGHZ 9, 385, ebenso Spanner S. 16.

49 Auf die Begründung des BGH aus der Schaffung einer objektiven Gefahrenlage in Analogie zu § 836 BGB kann hier nicht näher eingegangen werden. s. BGHZ 9, 385 ff., vgl. auch Spanner S. 18.

50 Dazu s. Salzwedel DÖV 1963, 247 f.; H. J. Jellinek in Festschr. für W. Jellinek 1955, S. 575.

51 s. BGHZ 9, 386 f.; ebenso Weber VVdStLR 21, 161. Sehr strittig.

52 s. z. B. Stritter S. 38; Kraft DÖV 1954, 518; Bettermann und Dürig in VVdStLR 21, 241 f., 251.

53 s. etwa Forsthoff (8) S. 350 f.; Haueisen NJW 53, 1613; Heyen NJW 55, 326 ff.; Nedden NJW 56, 1014 ff.

2. Die Spannung zwischen dem öffentlichen Sachherrn und dem privaten Eigentümer

Die durch die schon fast als Verfilzung zu bezeichnende enge Berührung öffentlichen und privaten Rechts hervorgerufene Rechtsunsicherheit bei der Behandlung der öffentlichen Sache wird noch gefördert dadurch, daß die öffentlichrechtlichen und die privatrechtlichen Gesichtspunkte nicht selten von verschiedenen Rechtssubjekten zur Geltung gebracht werden, weil der öffentliche Sachherr keineswegs immer mit dem privaten Eigentümer identisch ist[54]. Wo aber mehrere zur Herrschaft über dieselbe Sache berechtigt sind, kommt es leicht zu Reibungen. Zwar ist die theoretische Abgrenzung der Aufgaben und Befugnisse möglich: Jeder private Berechtigte hat nach h. M. soweit von der Ausübung seines Rechtes abzusehen, als der Herr der öffentlichen Sache die öffentliche Sache widmungsgemäß verwendet. Wie weit dies aber der Fall ist, darüber können in der Praxis ganz erhebliche Meinungsverschiedenheiten bestehen. Jeder an der öffentlichen Sache Berechtigte wird zur Sicherung seiner Interessen seinen Einflußbereich auszudehnen versuchen. Und da die Interessen des Herrn der öffentlichen Sache und des privaten Eigentümers in der Regel nicht zusammenfallen, kommt es nur zu leicht zu Kollisionen.

3. Die Unlösbarkeit des Rechtswegproblems

Aus der Verflechtung öffentlichen und privaten Rechts an öffentlichen Sachen ergeben sich im Streitfall große Schwierigkeiten bei der Bestimmung des Rechtsweges. Wenn zum Beispiel eine Stadt als Eigentümerin aus § 1004 BGB auf Räumung eines öffentlichen Weges durch einen Straßenhändler klagt, der sich auf den öffentlichrechtlich geregelten Gemeingebrauch beruft[55], so weiß man nicht, ob es sich hier eher um eine Streitigkeit privaten oder öffentlichen Rechts handelt. Der Streit enthält zu gleichen Teilen Elemente des privaten und des öffentlichen Rechts[56]. Ebenso verhält es sich, wenn der Eigentümer eines Grundstükkes auf Feststellung klagt, daß sein Recht nicht durch eine wirksame Widmung zur öffentlichen Sache beschränkt sei. In diesen Fällen kann das angegangene Gericht nur willkürlich über die Zulässigkeit des

---

[54] s. oben S. 19 f.

[55] Vgl. RG Urteil vom 10. Juni 1929 RGZ 125, 109.

[56] Vgl. Peter Lerche in DVBl. 55, 284: „In zahlreichen Streitigkeiten über Gemeingebrauch und verwandte Gebiete sind öffentlich-rechtliche und bürgerlich-rechtliche Elemente genau untereinander ausbalanciert . . . Nur scheinbar glänzt einmal das eine, das andere Mal das andere Element je nach Parteirolle, Klageformulierung und Rechtsschutzform ein wenig stärker auf. Diese Lichter sind nur Glanzlichter“.

Rechtsweges entscheiden[57]. Es ist behauptet worden, die Aufspaltung der Rechtsmacht über öffentliche Sachen und die Verbindung von privatem und öffentlichem Recht in einem „gemischten Rechtsverhältnis" an öffentlichen Sachen sei ein Vorteil, der dem deutschen Recht „eine ihm eigene Lebendigkeit" gebe[58]. Diesem optimistischen Urteil kann man nicht zustimmen, wenn man sieht, wie unübersichtlich das materielle Recht der öffentlichen Sachen eben durch „die gegenseitige Berührung des öffentlichen und privaten Rechts"[58] geworden ist, wie unfruchtbar die Spannungen zwischen öffentlichem Sachherrn und privatem Eigentümer, wie unbefriedigend die dezisionistische Entscheidung der Rechtswegfrage ist. Alle diese Umstände führen dazu, daß der Bürger, der mit öffentlichen Sachen in Berührung kommt, kaum wissen kann, wie er sich rechtlich und richtig verhalten soll. Diese Unsicherheit ist ein weiterer wichtiger Grund dafür, an der herrschenden Vorstellung vom Recht der öffentlichen Sachen zu zweifeln.

III. Der Grund der Probleme

A. Die Theorie der beschränkt öffentlichen Sache

Da die öffentliche Sache nur deswegen einer besonderen, öffentlichrechtlichen Behandlung unterliegt, weil sie einem besonderen öffentlichen Sachzweck dient, braucht sie auch nur insoweit besonders, öffentlichrechtlich behandelt zu werden, als der öffentliche Sachzweck es erfordert. Da die h. M. diesen nun mit dem Widmungszweck identifiziert[59], die Widmungszweckverfolgung aber auf Grund der Beschränkung des Widmungszweckes selbst die öffentliche Sache nur beschränkt in Anspruch nimmt, kommt die h. M. konsequenterweise auch nur zu einer beschränkten Unterstellung der öffentlichen Sache unter das öffentliche Recht. Der öffentliche Sachherr hat nur den Widmungszweck zu verfolgen und die Sache ansonsten in der privaten Nutznießung zu belassen. Daher die Trennung von öffentlicher Sachherrschaft und privatem Eigentum, daher der Zusammenstoß öffentlichen und privaten Rechts.

Diese Auffassung von der nur beschränkt öffentlichen Sache hatte im 19. Jahrhundert durchaus ihre Berechtigung: Die allermeisten öffent-

---

[57] So auch Lerche DVBl. 55, 285: „Jede richterliche Rechtswegentscheidung kann in solchen Fällen in Wahrheit . . . nur vom Spiel des reinen Dezisionismus beherrscht werden. Der Richter mag sehr wohl erkennen, daß hier bürgerliches Recht und öffentliches Recht einander die Waage halten, er muß diese Waage aber — im Grunde willkürlich — auf eine Seite hinabdrücken, weil Rechtsfrieden geschaffen werden muß.

[58] Scheuner DÖV 1953, 519.

[59] s. oben S. 23.

lichen Sachen waren Verkehrswege. An diesen bestand damals kein anderes Interesse als das des nicht in die Substanz der öffentlichen Sache eingreifenden Gemeingebrauchs[60]. Als dann gegen Ende des vorigen Jahrhunderts auch der Verwaltungsgebrauch als öffentlicher Sachzweck anerkannt und mehr und mehr das Verwaltungsvermögen in den Kreis der öffentlichen Sache einbezogen wurde, verfestigte sich noch die Ansicht, daß öffentliche Sachen eben solche seien, die einem speziellen öffentlichen Interesse, nämlich entweder einem bestimmten Gemeingebrauch oder Verwaltungsgebrauch dienten, die aber nach Befriedigung dieses Sonderinteresses wie alle anderen Sachen privater Nutzziehung zugänglich seien.

B. Die Erweiterung der Funktion der öffentlichen Sachen

Inzwischen sind die öffentlichen Sachen aber Gegenstand der vielfältigsten öffentlichen Interessen geworden. Die Ansprüche der Bürger an den Staat und dessen Leistungen gehen heute weit über den in der liberalen Epoche des vorigen Jahrhunderts eingehaltenen Rahmen hinaus. Entsprechend hat sich immer mehr die Ansicht durchgesetzt, daß wenigstens die Sachen aus dem Staatsvermögen, die ohnehin schon in der Hauptsache privater Gewinnerzielung nicht zugänglich sind, und die im Grunde der Gemeinschaft gehören, in ihrer Nutzung nicht nur insoweit am öffentlichen Interesse orientiert werden müßten, als dies die Widmung vorschreibt, sondern auch insoweit, als dies die Widmung nicht ausschließt.

So ist Köttgen zuzustimmen, wenn er über die öffentlichen Wege schreibt: „Die Zeiten, in denen die Wege nach ihrer Zweckbestimmung ausschließlich Verkehrsbedürfnissen dienten, sind vorüber. Der moderne Weg ist, was die Verwaltungspraxis laufend bestätigt, ein ‚Mehrzweckinstitut'[61]." Dies gilt auch für andere öffentliche Sachen. Eine Turnhalle z. B., die eine kleinere Gemeinde baut, mag zwar dem Schul- und Vereinssport gewidmet sein, dem ohne Zweifel der Vorrang gebührt. Im übrigen aber zeigt die Praxis, wie dringend das legitime Interesse der Allgemeinheit ist, in der Halle auch Bürgerversammlungen, Feierstunden der verschiedensten Art, Gesangsdarbietungen, Chorkonzerte und gelegentliche Bühnenaufführungen durchzuführen.

Die öffentlichen Sachen dürfen allgemein nicht mehr als nur beschränkt öffentliche Sachen behandelt werden. Gewiß sollen sie zunächst

---

[60] Dieser bezog sich bei öffentlichen Wegen nicht nur auf den Verkehr, die Ortsveränderung, sondern umfaßte auch eine Reihe anderer Lebensäußerungen aus dem familiären und gewerblichen Bereich (z. B. der Hufbeschlag auf der Straße).

[61] Köttgen S. 28.

dem Widmungszweck dienen. Ihre Funktion ist heute jedoch weiter: Sie sind überhaupt dazu da, im unmittelbaren Interesse der Allgemeinheit genutzt zu werden. Die Schwierigkeiten und Mängel der herrschenden Auffassung vom Recht der öffentlichen Sachen ergeben sich nun daraus, daß diese den Funktionswandel der öffentlichen Sachen nicht berücksichtigt. Sie tut noch immer so, als gäbe es nur beschränkt öffentliche Sachen, während die Praxis gemäß den Notwendigkeiten moderner Verwaltung längst darauf drängt, die öffentlichen Sachen auch wirklich voll als öffentliche Sachen anzusehen und sie einheitlich nach den Gesichtspunkten des öffentlichen Interesses und des Gemeinwohls zu verwerten.

Zweiter Teil

Die Lösungsversuche auf der Basis der beschränkt öffentlichen Sache

A. Der Versuch einer finalen Begrenzung der Privatautonomie des Eigentümers

Die Ergebnisse einer ungehemmten Geltendmachung privaten Eigentums an öffentlichen Sachen zum privaten Nutzen und gegen die Interessen der Allgemeinheit, soweit der widmungsfremde Gebrauch betroffen ist[1], und wie sie sich aus der Theorie der beschränkt öffentlichen Sache ergeben, haben inzwischen sogar einige Verfechter eben dieser Theorie stutzig gemacht. So liest man, es sei „recht bedenklich, den kleineren Gebietskörperschaften über das Wegeeigentum nach wie vor die Möglichkeit zu geben, die einheitliche staatliche energiewirtschaftliche Politik zu durchkreuzen und ihr Wegeeigentum zur Durchsetzung von Sonderinteressen zu benützen, die den allgemeinen energiewirtschaftlichen Forderungen zuwiderlaufen"[2]. Was hier über den energiewirtschaftlichen Sektor gesagt wird, gilt allgemein. Bisher ist zwar die widmungsgemäße Verwendung öffentlicher Sachen gewährleistet, nicht aber die Berücksichtigung des Nutzungsinteresses der Allgemeinheit im übrigen.

Es sind daher zahlreiche Versuche gemacht worden, einerseits zwar die Herrschaft des privaten Eigentümers über die widmungsfremden Nutzungen an sich funktional zu erhalten, diese Herrschaft aber final zu binden[3].

1. Die allgemeinen Einschränkungen des privaten Eigentums

§ 903 BGB erlaubt dem Eigentümer, mit der Sache nach Belieben[4] zu verfahren und andere von jeder Einwirkung auszuschließen. Diese

---

[1] s. oben S. 23 ff.

[2] Eiser-Riederer-Sieder V 34 a.

[3] Über die Unterscheidung funktionaler und finaler Bestimmung des Eigentums an öffentlichen Sachen s. oben S. 20 f.

[4] In § 848 des I. Entwurfs zum BGB, der dem heutigen § 903 BGB entspricht, hieß es noch: „nach Willkür". Die Ersetzung der Willkür durch das

Rechtsmacht hat aber gewisse allgemeine zivil- und öffentlichrechtliche Einschränkungen erfahren. Die Vertreter einer besonderen finalen Bindung des Eigentums an öffentlichen Sachen suchen nun diese allgemeinen Einschränkungen zu akzentuieren und zu verschärfen.

a) Zivilrechtliche Einschränkungen

Die Geltendmachung jeden privaten Rechts ist an die in den §§ 138, 226, 826 BGB ausgedrückten Gebote der guten Sitten gebunden. Diese Gebote gelten auch für das private Eigentum. Es war nun daran zu denken, die Rechtssprechung des Reichsgerichts über Monopolmißbrauch besonders auf das Eigentum zu beziehen. Hatte doch das Reichsgericht über die Monopolstellung der Verwaltung des Kaiser-Wilhelm-, jetzt Nord-Ostsee-Kanals gesagt: „Wo der einzelne ein ihm zustehendes Monopol oder den Ausschluß einer Konkurrenzmöglichkeit dazu mißbraucht, dem allgemeinen Verkehr unbillige, unverhältnismäßige Opfer aufzuerlegen, unbillige und unverhältnismäßige Bedingungen vorzuschreiben, da können dieselben rechtliche Anerkennung nicht finden[5]."

Diese Rechtssprechung läßt sich aber keineswegs auf den Gebrauch privaten Eigentums allgemein anwenden. Der (Grundstücks-) Eigentümer hat immer eine Art Monopolstellung. Er ist aber nicht zum Abschluß von Nutzungsverträgen mit anderen berufen. Der Gesetzgeber hat gerade die Stellung des Eigentümers besonders festigen und Dritte von der Einwirkung ausschließen wollen[6]. Die Sittenwidrigkeit der Verweigerung einer Erlaubnis zur Einwirkung auf eine Sache kann daher noch nicht aus dem Umstand hergeleitet werden, daß der Eigentümer als Einziger über die Sache verfügt und in bezug auf seine Sache konkurrenzlos ist.

Nun bestimmt jedoch § 905 Abs. 2 BGB, daß der Eigentümer Einwirkungen nicht verbieten darf, an deren Ausschließung er kein Interesse hat. In den Protokollen der Kommission für die zweite Lesung des BGB-Entwurfs[7] wird besonders hervorgehoben, daß jedes subjektive Interesse des Eigentümers, nicht nur ein Vermögensinteresse den Ausschluß einer Einwirkung rechtfertige[8]. Danach ist eine Bindung des Eigentümers öffentlicher Sachen an die Nutzungsinteressen der Allgemeinheit über § 905 Abs. 2 BGB nicht möglich, denn der private Eigen-

---

Belieben hatte redaktionelle Gründe, sachlich war das Gleiche gemeint. Vgl. Marianne Bauer S. 26.

[5] RGZ 62 (1906), S. 266.

[6] Vgl. Heymann Gruchot 70, S. 20.

[7] Bd. III, S. 122 f.

[8] So später auch RGZ 59, 116; OLG Kiel Schl. H. Anz. 10, 83; OLG Celle OLGE 5, 383.

tümer kann durchaus ein subjektives Interesse daran haben, den A vor dem B zu bevorzugen oder eine öffentliche Versorgungsleitung nicht zu akzeptieren.

Es ist nun versucht worden, den weiten Interessenbegriff des § 905 Abs. 2 BGB einzuschränken. Es heißt: Der Eigentümer könne nicht jedes Interesse geltendmachen, sondern nur ein solches, das er in seiner Eigenschaft als Eigentümer habe[9]. Eigentümerinteresse sei nur ein unmittelbar auf die Nutzung des Grundstücks gerichtetes Interesse[10].

Durch eine solche Interpretation des § 905 Abs. 2 BGB läßt sich aber keine Bindung des Eigentümers einer öffentlichen Sache an die Nutzungsinteressen der Allgemeinheit erreichen, denn diese sind genau so wenig grundstücksbezogen wie die Interessen des privaten Eigentümers sonst auch.

Außerdem ist eine solche Auslegung des § 905 Abs. 2 BGB gar nicht haltbar. „Der Gesetzgeber hat weder in § 903 BGB noch in § 905 BGB noch in einer anderen Vorschrift ein typisches, spezielles Eigentümerinteresse den sonstigen Interessen der Person, der die allgemeine Sachherrschaft eingeräumt ist, gegenübergestellt ... § 903 BGB umschreibt das Eigentum als das Recht, mit der Sache nach Belieben zu verfahren. Eine Aufspaltung dieses ‚Beliebens' des Eigentümers in speziell grundstücksbezogene und andere, z. B. gewerbliche, soziale, ideelle oder ähnliche Belange, läßt sich aus dem Gesetz nicht rechtfertigen[11]."

b) *Öffentlichrechtliche Einschränkungen*

Die Privatautonomie jedes Eigentümers wird durch den Grundsatz der Sozialgebundenheit nach Art. 14 Abs. 2 GG eingeschränkt. Dieser verpflichtet den Eigentümer, „im Rahmen der Bedürfnisse der Gemeinschaft sachgerecht und gemeinnützig mit seinen Gütern zu verfahren"[12].

Nach Eiser-Riederer-Sieder[13] hat das folgende Konsequenz: „Es ist heute undenkbar, die Ansicht zu vertreten, jedes beliebige Interesse eines einzelnen ... gebe ihm das Recht, die Benutzung seines Grundstückes für Leitungen zu verbieten, die für die öffentliche Versorgung

---

[9] s. besonders Urt. des OLG Kiel v. 17. 6. 1915 SeuffArch. 1915 Nr. 89, wo das Gericht der klagenden Stadt untersagte, von einem Müller die Beseitigung einer über ein städtisches Grundstück gespannten, privaten Elektrizitätsleitung zu verlangen, weil die Stadt hieran nicht als Eigentümer des Grundstückes, sondern als Unternehmer eines Elektrizitätswerkes interessiert gewesen sei.

[10] s. das bei Eiser-Riederer-Sieder V 255 zitierte Urt. des OLG Hamm vom 25. 11. 1929 (11 U 118/27), ebenso Eiser-Riederer-Sieder V 34, V 255.

[11] So Marianne Bauer S. 45 f.

[12] Rudolph S. 16.

[13] Bd. I, S. 256.

wichtig sind ... Nur dann, wenn ein wirkliches und beachtliches gegenwärtig bereits vorhandenes Eigentumsinteresse und eine nach den gesamten Umständen merkliche Beeinträchtigung anzuerkennen sind, steht dem Eigentümer ein Unterlassungsanspruch zu." Andernfalls also hätte der Eigentümer sein Privatinteresse dem Sozialinteresse unterzuordnen. Die von Eiser-Riederer-Sieder gegebene Deutung und Anwendung des Art. 14 Abs. 2 GG geht bereits sehr weit, besonders wenn sämtliche zwar nicht gegenwärtige, aber in Zukunft sicher entstehende Nutzungsinteressen ausgeschlossen werden. Aber selbst wenn man sich diesem weiten Verständnis des Art. 14 Abs. 2 GG anschlösse, so würde das doch die von der Theorie der beschränkt öffentlichen Sache hervorgerufenen Probleme kaum lösen. Längst nicht jede Nutzung der öffentlichen Sache, an der das Publikum ein legitimes Interesse hat, ist, für sich allein, schon von besonderem öffentlichen Interesse. Wenn der Kegelklub „Gut Holz" in den Kellerräumen eines Verwaltungsgebäudes eine Kegelbahn einrichten möchte, so besteht hieran an sich noch kein besonderes öffentliches Interesse. Aber auch in Fällen, in denen dieses gegeben ist, etwa bei Verlegung einer Versorgungsleitung, hilft die Sozialbindung nicht immer. Denn einmal ginge trotz allem noch jedes vernünftige private Interesse vor, und zweitens dürfte die „Sozialzumutung", das ist die Inanspruchnahme der Sache im Sozialinteresse, keinen enteignenden Charakter haben[14]. Der Eigentümer darf also im Vergleich zu anderen nicht ungleich getroffen und zu einem besonderen, den anderen nicht zugemuteten Opfer für die Allgemeinheit gezwungen werden[15]. Ein Sonderopfer wird ihm aber in den allermeisten Fällen einer Fremdnutzung auferlegt werden.

Auch der Grundsatz der Sozialbindung allen Eigentums kann daher keinen wesentlichen Beitrag zur Lösung der Probleme des Eigentums an öffentlichen Sachen bieten. Es erweist sich, daß jedenfalls über eine Verschärfung der Bindungen, denen jedes Eigentum unterliegt, eine angemessene Steuerung des Eigentums an öffentlichen Sachen nicht zu erreichen ist.

2. Die Grundrechtsbindung des Fiskus

Privater Eigentümer öffentlicher Sachen ist in vielen Fällen[16] die öffentliche Hand, der Fiskus. Es gibt nun seit einiger Zeit Bestrebungen, die Geltendmachung privater Rechte da zu beschränken, wo sie sich in

[14] So auch Marianne Bauer S. 33.

[15] BGH Urt. vom 9./10. Juni 1952 NJW 52, 972.

[16] Öffentliche Sachen können auch im Eigentum eines Privatmannes stehen, s. oben S. 19 f.

öffentlicher Hand befinden. Dem Staat als privatem Rechtsinhaber sollen Fesseln angelegt werden, die ein „Privatmann" nicht kennt.

Noch unter der Weimarer Verfassung hatte man keine Bedenken, dem Staat als privatem Rechtsinhaber zu erlauben, sich ohne Hemmung durch die ihn als Hoheitsträger bindenden Grundrechte zu betätigen[17]. Ob dies heute noch rechtens sei, ist sehr bezweifelt worden. Es mehren sich die Stimmen, die den Fiskus an die Grundrechte binden wollen.

Die herrschende Meinung stellt dem Staat die Wahl der privaten Rechtsform auch bei Erfüllung öffentlicher Verwaltungsaufgaben weitgehend frei[18]. Er kann sich daher auch des privaten Eigentums bedienen. Gleichzeitig ist aber zu verhindern, daß der Staat sich durch „Flucht aus dem öffentlichen Recht" der spezifischen Verantwortlichkeit staatlicher Tätigkeit entzieht. Der Staat soll deshalb da, wo er als Träger öffentlicher Verwaltung in privatrechtlicher Form auftritt, an die allgemeinen Richtlinien öffentlicher Verwaltung, etwa an die Grundsätze der Geeignetheit und Verhältnismäßigkeit öffentlicher Verwaltungsmaßnahmen, und insbesondere an die Grundrechte gebunden sein[19]. Danach hängt die Grundrechtsbindung des Fiskus als des Eigentümers öffentlicher Sachen also davon ab, ob er sich des Eigentums zur Erfüllung öffentlicher Verwaltungsaufgaben bedient.

Diese Frage braucht nicht beantwortet zu werden, wenn man die unbeschränkte Drittwirkung der Grundrechte verficht. Man kann dabei von der Lehre *Nipperdeys*[20], die ihren Niederschlag in der Rechtssprechung des Bundesarbeitsgerichts gefunden hat[21], ausgehen. Nach dieser Lehre haben die Grundrechte Geltung nicht nur gegenüber der öffentlichen Gewalt, sondern auch gegenüber Dritten. Sie sind „Ordnungsgrundsätze für das soziale Leben, die in einem aus dem Grundrecht näher zu entwickelnden Umfang unmittelbare Bedeutung auch für den privaten Rechtsverkehr der Bürger untereinander haben". „Immer stärker setzt sich — besonders seit dem Erlaß des Grundgesetzes — die Erkenntnis durch, daß die Grundrechte höchste ‚Werte', Ausstrahlungen des Zentralwertes der Menschenwürde verkörpern. Diesem ihrem be-

---

[17] Vgl. Giese-Neuwien-Calm, Deutsches Verwaltungsrecht, Wien und Berlin 1930 S. 13.

[18] Es sei denn, etwas anderes ist gesetzlich vorgeschrieben oder ergibt sich aus der „Natur der Tätigkeit", vgl. Herbert Krüger DVBl. 55, 384; Bullinger, Vertrag und Verwaltungsakt, S. 91; Sigloch S. 105.

[19] Vgl. Bachof DÖV 53, 423; Forsthoff (8) S. 323; Bullinger, Vertrag und Verwaltungsakt S. 100 ff.; Löw DÖV 1957, 880; Henze S. 87, Haueisen DVBl. 61, 838; BVerwG Urt. v. 7. November 1957 NJW 58, 395; BGH in DVBl. 1959, 368.

[20] Neumann (Bettermann)-Nipperdey-Scheuner, Handbuch der Grundrechte, Bd. 2 (1964) S. 18 f.; DVBl. 1958, 445 f.

[21] Besonders BArbGE 1, 185 (191 f.); NJW 1957, 1688.

sonderen materiellen Gehalt entspricht nur ein ‚allseitiger' Schutz, der infolge der Unteilbarkeit der Wertvorstellung in allen Richtungen auch gleichmäßig gewährt werden muß[22]." Dies soll insbesondere da gelten, wo ein Rechtssubjekt „unentrinnbar" einem anderen ausgeliefert ist[23]. Man wird die Drittwirkung der Grundrechte bejahen und sie bei der Behandlung öffentlicher Sachen beachten müssen[24]. Der Zustand „unentrinnbarer Inferiorität" dürfte im Falle der Gegenüberstellung des Einzelnen mit dem Fiskus als Eigentümer einer öffentlichen Sache in den meisten Fällen gegeben sein. Der Einzelne ist dem Fiskus meistens nicht nur deshalb unterlegen, weil er auf die Nutzung angewiesen ist, sondern auch, weil er in der Regel bei weitem nicht die rechtlichen, wirtschaftlichen und technischen Möglichkeiten, die der öffentlichen Hand gegeben sind, hat.

Daher ist es rechtswidrig, wenn z. B. das Studentenwerk der Universität X, das für den privaten Eigentümer handelt, zwar die Y-Korporation zur abendlichen Benutzung des großen Saales der Mensa zuläßt, dies aber zugleich dem Z-Hochschulbund verweigert (Art. 3 GG); —

wenn die Bundesbahn als privatrechtlich legitimierte Verwalterin des Bundesbahnsondervermögens dem Inhaber eines Buch- und Zeitungskioskes in der Bahnhofshalle zur Auflage macht, die Bücher des mißliebigen Autors A nicht zu verkaufen (Art. 5 GG); —

wenn die Stadt S die Vermietung des in ihrem Eigentum stehenden Sportstadions für einen Gottesdienst der Zeugen Jehovas ablehnt, weil die Stadtväter keinen „Irrglauben" unterstützen wollen (Art. 4 GG); —

wenn die Gemeinde T dem Inhaber eines Kioskes am Strand von T verbietet, eingelegte Eier und gebratene Hähnchen zu verkaufen, weil der Bürgermeister dieses Geschäft den ortsansässigen Restaurationsbetrieben vorbehalten möchte (Art. 12 GG).

Die Anerkennung der Drittwirkung der Grundrechte kann also zu einer Grundrechtsbindung des Eigentümers öffentlicher Sachen da führen, wo der Fiskus Eigentümer ist. Damit wird aber das oben[25] dar-

---

[22] Leisner, Grundrechte und Privatrechte, München und Berlin 1960, S. 332; vgl. auch S. 52 ff., 113 ff., 132 ff.

[23] Leisner S. 209. s. auch S. 207: „Die Grundrechte sind nicht mehr gegen ein Mittel der Unterwerfung allein (den Staat als Hoheitsträger) gerichtet, sie müssen immer gelten, wo ein Zustand unentrinnbarer Inferiorität geschaffen wurde".

[24] Ob die Drittwirkung der Grundrechte unmittelbar ist oder mittelbar über die Generalklauseln geht, darüber herrscht unter den Verfechtern der Drittwirkung noch Streit. Dies braucht hier gedoch nicht geklärt zu werden. Vgl. dazu BArbG Urt. v. 10. Mai 1957 NJW 1957, 1688 f; Dürig, Nawiasky Festschr. S. 157 ff; Forsthoff, Staat als Auftraggeber, S. 16; Bullinger, Vertrag und Verwaltungsakt, S. 99; Leisner S. 306, 371 .

[25] s. oben S. 23 ff.

gelegte Nutzungsproblem nur zu einem kleinen Teil gelöst. Die Grundrechtsbindung besteht in der Regel nicht, wenn sich das Eigentum an der öffentlichen Sache in der Hand einer Privatperson befindet (mangels öffentlicher Verwaltung bzw. „unentrinnbarer" Machtvollkommenheit des Eigentümers). Außerdem geht es keineswegs nur um die Grundrechtsbindung. Diese zwingt den Fiskus als Eigentümer der öffentlichen Sache noch keineswegs zur Beachtung all der Nutzungsinteressen der Allgemeinheit, deren Beachtung nach der Funktion der öffentlichen Sache wünschenswert ist[26]. Ihre Nichtbeachtung fällt nur selten mit einem Grundrechtsverstoß zusammen. Ob etwa der Eigentümer eines öffentlichen Weges der erstmaligen Verlegung einer Versorgungsleitung in den Wegegrund zustimmen muß; ob er dafür ein Entgelt, z. B. in Form einer Umsatzbeteiligung, verlangen darf, ergibt sich aus der Fiskalgeltung der Grundrechte nicht.

3. Die Bindung des privaten Eigentümers öffentlicher Sachen an das Gemeinwohl

Nachdem also weder die Verschärfung der für alles Eigentum geltenden Einschränkungen noch die durch die Drittwirkung der Grundrechte bedingte Bindung des Eigentums der öffentlichen Hand eine befriedigende Lösung des Nutzungsproblems, wenigstens soweit hierbei das Eigentum im Spiel ist, ergeben hat, ist versucht worden, ohne Bezugnahme auf übergreifende Rechtssätze und Institute direkt zu einer besonderen Bindung des privaten Eigentümers öffentlicher Sachen zu kommen.

Es war bisher ganz unbestritten, daß der Entfaltung des privaten Eigentums an der öffentlichen Sache nur die Widmungsbeschränkung entgegensteht[27]. Dies wird auch in der Rechtssprechung bis heute vertreten[28]. Neuerdings aber gibt es Stimmen, die jeden privaten Eigentümer einer öffentlichen Sache direkt an das Gemeinwohl binden und

---

26 s. oben S. 34 ff.

27 s. Peters Lehrbuch S. 209: „Die öffentliche Zweckbestimmung geht vor und hindert die volle Entfaltung des Eigentums." Im übrigen aber: „Das an der öffentlichen Sache bestehende Eigentum und die sonstigen sachenrechtlichen Begriffe unterscheiden sich durch nichts von denen anderer Sachen." Und Fleiner (8) S. 359: „Für jede Benutzungshandlung, die außerhalb der öffentlichen Zweckbestimmung der Sache liegt, sind die Normen des Privatrechts maßgebend." Oder von Turegg in NJW 51, 591: „Es hängt völlig vom Willen des Straßeneigentümers ab, ob er sein Einverständnis mit dem Aufstellen der Bude oder des Standes erklärt oder nicht. Wie stets wird es regelmäßig nicht möglich sein, dem Eigentümer schikanöses Verhalten i. S. des § 226 BGB nachzuweisen und so seinen Widerstand gegen die Einverständniserklärung zu brechen."

28 s. z. B. RGZ 88, 16; 94, 33; 123, 181 und 187; 125, 111; PrOVG in OVGE 74 (1919), 360 ff.; BGH Urteil vom 14. Juli 1953 NJW 1953, 1705.

ihn verpflichten wollen, widmungsfremden Nutzungen immer dann zuzustimmen, wenn dies im öffentlichen Interesse liegt. Die Widmung der öffentlichen Sache im Dienste eines konkret bestimmten öffentlichen Zwecks wird dabei nicht angetastet. Man hält an der herkömmlichen Auffassung fest, daß jede Nutzung, die nicht dem einen, bestimmten Widmungszweck entspricht, als widmungsfremd der Gewalt des privaten Eigentümers unterliegt[29]. Scheuner[30] meint nun aber, die Herrschaft des privaten Eigentümers über die widmungsfremden Nutzungen sei an das Prinzip der Gemeinverträglichkeit gebunden. Hieraus ergebe sich die Verpflichtung des Eigentümers, die Nutzungen nach Gesichtspunkten des öffentlichen Interesses an ihnen zuzulassen bzw. zu versagen.

Das Prinzip der Gemeinverträglichkeit mag bei dem Ausgleich mehrerer widmungsgemäßer Nutzungen der öffentlichen Sache untereinander nützlich sein, es kann jedoch nicht dazu herhalten, den privaten Eigentümer neuerdings zur Duldung von Nutzungen zu verpflichten, die nicht im Rahmen des von Scheuner selbst mit dem Widmungszweck identifizierten öffentlichen Sachzweckes liegen.

Herbert Krüger[31] stützt sich auf die — gar nicht immer vorhandene[32] — Identität zwischen privatem Eigentümer und Herrn der öffentlichen Sache: „Erfordert das öffentliche Wohl die Gewährung einer Sondernutzung, dann darf jedenfalls eine Körperschaft des öffentlichen Rechts sich den Erfordernissen des Gemeinwohls nicht dadurch entziehen, daß sie als Eigentümerin eine Zustimmung verweigert in der Absicht, sich in ihrer öffentlichrechtlichen Eigenschaft das gebotene Handeln unmöglich zu machen." Krüger beruft sich dabei auf Henning *Arnisäus*, der gelehrt hat, daß auch der Fiskus nicht wie ein Privatmann, sondern nach den Gesichtspunkten des öffentlichen Wohles zu handeln habe[33]. Er sagt über den Staat als Eigentümer öffentlicher Sachen: „Für ihn gilt ..., daß der Gebrauch der Eigentumsrechte ausschließlich dem Wohle der Allgemeinheit zu dienen hat[34]." Der Fiskus soll nicht Privateigentum an öffentlichen Sachen im Sinne des § 903 BGB haben, sondern „nichts anderes als eine Art von Hüterschaft (‚guardianship') für soziale Zwecke und insofern imperium, nicht dominium"[35].

---

[29] Vgl. besonders PrOVG Urteil vom 17. Oktober 1918 OVGE 74 (1919), S. 360 ff (363); BGH Urteil vom 14. Juli 1953 NJW 1953, 1705.

[30] Gemeinverträglichkeit S. 85.

[31] Grundfragen S. 135.

[32] s. oben S. 18 ff.

[33] Henning Arnisäus, De jure Majestatis, Libri tres, Frankfurt 1610 S. 500.

[34] DVBl. 1955, S. 385.

[35] DVBl. 1955, S. 385.

Es dürfte allgemein anerkannt sein, daß Sinn und Zweck des Staats und der ihm nachgeordneten Körperschaften öffentlichen Rechts letztlich in der Förderung des Wohles der Staatsbürger besteht. Einer Staatstätigkeit, die nicht schließlich doch ihren Grund im Gemeinwohl hat, fehlt die Rechtfertigung. Dies bedeutet aber nicht, daß der Weg dorthin immer der gleiche sein muß; dies bedeutet insbesondere nicht, daß der Weg immer direkt ins Endziel führen soll. Der Staat kann das Gemeinwohl unmittelbar, er kann es aber auch mittelbar durch Schaffung der Voraussetzungen unmittelbarer Förderung des Gemeinwohls verfolgen.

a) Die mittelbare Verfolgung des Gemeinwohls bei Sachen des Finanzvermögens

Es gibt Sachwerte im Eigentum der öffentlichen Hand, die dieser einen Grundstock an Vermögen verschaffen und erwerbswirtschaftlich genutzt werden. Sie bringen dem Staat Einnahmen, da ihm die Steuer zur Deckung seiner allgemeinen Ausgaben als nicht ausreichend erscheint. Sie mögen außerdem noch weiteren Zwecken dienen, dominant ist jedoch das erwerbswirtschaftliche Interesse an ihnen. Sie bilden mit den unkörperlichen Vermögenswerten zusammen das sogenannte Finanzvermögen[36], das sich eben dadurch kennzeichnet, daß es dem Gemeinwohl durch seinen Vermögenswert nur mittelbar dient. Es könnte nun behauptet werden, die öffentliche Hand habe gar kein Recht, Vermögenswerte wirtschaftlich zu nutzen und sie dadurch nur mittelbar dem Gemeinwohl dienstbar zu machen. Die öffentliche Hand sei verpflichtet, ihr Vermögen insgesamt nicht nach wirtschaftlichen Gesichtspunkten zu nutzen, sondern es unmittelbar zur Verfolgung öffentlicher Verwaltungszwecke einzusetzen.

Diese Ansicht wäre nur de lege ferenda von Interesse, denn sie widerspräche dem nach allgemeiner Ansicht bestehenden Rechtszustand[37]. Nach geltendem Recht ist es der öffentlichen Hand wohl unbenommen, in einzelnen Fällen ihr Finanzvermögen direkt zur Erreichung eines öffentlichen Verwaltungszweckes einzusetzen, verpflichtet ist sie hierzu

---

[36] Vgl. Imboden, S. 54: „Einerseits tritt das Gemeinwesen mit dem Privaten in wirtschaftliche Konkurrenz. Andererseits erfüllt es mit der ausgeübten Erwerbstätigkeit direkt keine öffentliche Aufgabe. Die Tätigkeit dient der sachgemäßen Verwaltung eines Vermögenswertes und der bloßen Erzielung von Einkünften.“ Ähnlich Ipsen DVBl. 56, 466.

[37] Nur die §§ 67 ff. DGO und die entsprechenden Nachfolgebestimmungen der Landesgemeindeordnungen haben den Gemeinden ausnahmsweise Restriktionen in ihrer wirtschaftlichen Betätigung auferlegt. Selbst die rechtspolitische Forderung eines generellen Ausschlusses wirtschaftlicher Betätigung der öffentlichen Hand hat nur wenige Anhänger gefunden. Vgl. Sigloch S. 102 ff., Passow Bd. II S. 332.

jedoch nicht[38]. Sie kommt ihrer Aufgabe der Förderung des Gemeinwohls bei der Verwaltung des Finanzvermögens dadurch nach, daß sie wirtschaftliche Gewinne erzielt, die ihr ihrerseits dann helfen, öffentliche Verwaltungszwecke zu verfolgen. Der Fiskus ist berechtigt, sich bei der Behandlung des Finanzvermögens auf die mittelbare Verfolgung des Gemeinwohls zu beschränken.

b) Die unmittelbare Verfolgung des öffentlichen Sachzweckes bei öffentlichen Sachen

Die öffentlichen Sachen unterscheiden sich von den Sachen im Finanzvermögen dadurch, daß sie bestimmten Zwecken öffentlicher Verwaltung unmittelbar dienstbar gemacht werden. Nach der herrschenden Theorie der beschränkt öffentlichen Sache wird der öffentliche Verwaltungszweck allein durch die Widmung bestimmt. Der Widmungszweck wird aber nicht vom Fiskus als privatem Eigentümer der öffentlichen Sache verfolgt, sondern von dem öffentlichen Sachherrn, der mit dem privaten Eigentümer auch dann nicht notwendigerweise personengleich ist, wenn dieser wie der öffentliche Sachherr eine Hoheitsperson, eine Körperschaft des öffentlichen Rechts ist. Soweit der öffentliche Sachherr die Sache nicht für den öffentlichen Sachzweck (nach h. M.: für den Widmungszweck) beansprucht, steht diese dem Finanzvermögen gleich. Der Fiskus kann sein privates Eigentum an ihr geltend machen.

c) Die mittelbare Verfolgung des Gemeinwohls bei öffentlichen Sachen

Wenn nun gefordert wird, der Fiskus müsse widmungsfremden Nutzungen zustimmen, die im öffentlichen Interesse gelegen sind, so bedeutet das, daß der Fiskus sich als privater Eigentümer unmittelbar an den eigentlichen Aufgaben öffentlicher Verwaltung orientieren soll; daß er der unmittelbaren Förderung öffentlicher Verwaltungszwecke den Vorzug vor der mittelbaren, unmittelbar auf wirtschaflichen Gewinn abzielenden Verfolgung des Gemeinwohls geben soll. Die Vertreter der Theorie der beschränkt öffentlichen Sache fordern mithin eine Bindung des Fiskus an die unmittelbare Verfolgung öffentlicher Verwaltungszwecke, die ihnen ihre Theorie nicht geben kann (weil sie nur im Umfang des Widmungszweckes bindet), und begründen sie mit der Bindung des Fiskus an das Gemeinwohl.

Wie aber gezeigt wurde, ist der Fiskus zwar an die Verfolgung des Gemeinwohls gebunden, er kann sich aber auf dessen mittelbare Förderung durch die wirtschaftliche Nutzung seines privaten Eigentums beschränken. Was also die Theorie der beschränkt öffentlichen Sache

---

[38] Vgl. Bullinger, Vertrag und Verwaltungsakt, S. 91.

nicht erlaubt, nämlich die Verpflichtung des Fiskus als Eigentümer öffentlicher Sachen zur unmittelbaren Berücksichtigung der Nutzungsinteressen der Allgemeinheit, das kann auch nicht durch eine dem deutschen Recht bisher unbekannte, allgemeine Bindung des Fiskus an die direkte Verfolgung öffentlicher Verwaltungszwecke erreicht werden[39].

Die Unzulänglichkeit dieses Versuchs zeigt sich weiter auch darin, daß er die Bindung an die unmittelbare Berücksichtigung des Gemeinwohls auf den Fiskus beschränkt, daß er also in allen Fällen versagt, in denen privater Eigentümer der öffentlichen Sache nicht die öffentliche Hand, sondern ein Privatmann ist.

Es muß daher zusammenfassend festgestellt werden, daß es nicht möglich ist, dem privaten Eigentümer der öffentlichen Sache, dem man nach der Theorie der beschränkt öffentlichen Sache die Herrschaft über die widmungsfremden Nutzungen beläßt, die Anerkennung von den eigenen Interessen widersprechenden Nutzungsinteressen der Allgemeinheit durch eine dogmatische Begrenzung der Privatautonomie aufzuzwingen.

B. Die Ausschaltung der Eigentümerrechte durch besonderen einheitlichen Eingriff

Wenn der private Eigentümer, den die Theorie der beschränkt öffentlichen Sache als Herrn der widmungsfremden Nutzungen anerkennt, schon nicht allgemein dogmatisch zur Berücksichtigung der Nutzungsinteressen der Allgemeinheit verpflichtet werden kann, dann kommt aber doch im Einzelfall eine Ausschaltung des privaten Eigentümers durch hoheitlichen Eingriff in sein Recht in Frage, und zwar insbesondere auf Grund der Enteignungsgesetze und des Bundesleistungsgesetzes.

1. Die Enteignung aus Gründen des öffentlichen Wohles

Nach herrschender Meinung ist die Ersetzung der Zustimmung des privaten Eigentümers der öffentlichen Sache zur Nutzung durch Enteignung bei Erfüllung der allgemeinen Voraussetzungen einer Enteignung möglich[40].

Einschränkend hierzu ist aber zu sagen:

Die Enteignung setzt voraus, daß die begünstigte Nutzung, der der Eigentümer seine Zustimmung verweigert, unmittelbar und als solche im öffentlichen Interesse liegt. Dies mag bei widmungsfremden Nutzun-

---

39 Vgl. unten S. 113 f.

40 Nachweise bei Schack NJW 1963, 1905.

gen öffentlicher Sachen durch Versorgungsunternehmen häufiger der Fall sein[41]. Es besteht aber auch ein allgemeines Interesse an Nutzungen, die das Gemeinwohl nicht gerade fördern, aber dringenden privaten Bedürfnissen entsprechen[42]. Die Zustimmung zu solchen, nicht seltenen, begehrten Nutzungen kann nicht durch Enteignung erzwungen werden.

Außerdem ist zu bedenken, daß die Enteigung selbst da, wo ihre Voraussetzungen gegeben sind, ein langwieriges förmliches Verfahren erfordert, das dem Eigentümer manche Gelegenheit zur Obstruktion gibt. Weiter kann die Enteignung nur eine punktuelle Verbesserung schaffen. Sie beseitigt das private Eigentum und die Herrschaft des Eigentümers über die widmungsfremden Nutzungen nicht, sie läßt das enteignete Recht zu Gunsten des die Enteignung Betreibenden neu entstehen. Dieser aber kann sich später genau so gegen die Nutzungsinteressen der Allgemeinheit wehren wie der Rechtsinhaber vor ihm.

2. Die Leistungspflicht nach dem Bundesleistungsgesetz

Das Bundesleistungsgesetz erlaubt bestimmten „Anforderungsbehörden" (§ 5 Abs. 1), den Eigentümern beweglicher und unbeweglicher Sachen die Duldung von Nutzungen abzuverlangen; allerdings nur von solchen Nutzungen, die im Interesse der Erhaltung der demokratischen Grundordnung, der Grenzsicherung, der Verteidigung und der Stationierung ausländischer Truppen liegen (§ 1 Ziff. 1 bis 3). Eine Berücksichtigung der Nutzungsinteressen der Allgemeinheit überhaupt ist ausgeschlossen.

Damit ergibt sich, daß die Möglichkeiten hoheitlichen Eingriffs in die Eigentümerrechte an öffentlichen Sachen völlig unzureichend und dazu noch sehr umständlich sind, so daß der private Eigentümer auch auf diesem Wege kaum an die Beachtung der Nutzungsinteressen der Allgemeinheit gebunden werden kann.

C. Der Mangel aller Lösungsversuche auf der Basis der beschränkt öffentlichen Sache

Es wurde gezeigt, daß eine dogmatische Bindung des privaten Eigentümers öffentlicher Sachen an die Nutzungsinteressen der Allgemeinheit nicht möglich ist. Die aus der Theorie der beschränkt öffentlichen Sache begründete Herrschaft des privaten Eigentümers über die widmungs-

---

[41] Darum sind auch die meisten Enteignungsverfahren an öffentlichen Sachen zu Gunsten von Versorgungsunternehmen durchgeführt worden, siehe Schack a. a. O. S. 1905 ff.

[42] Vgl. oben S. 25 f.

fremden Nutzungen läßt sich auch durch hoheitliche Eingriffe nicht in ausreichendem Maße an das allgemeine Wohl binden.

Diese Versuche müssen deshalb fehlschlagen, weil man das Übel nicht bei der Wurzel packt. Man möchte die Theorie der beschränkt öffentlichen Sache retten, indem man deren negative Auswirkungen bekämpft. Wer zwar den privaten Eigentümer in seinem funktionalen Herrschaftsraum bestätigen, ihm aber finale Fesseln anlegen will, die ihn zur Beachtung der Nutzungsinteressen der Allgemeinheit zwingen, der ist dabei, dem Eigentümer eine Jacke zu schneidern, in die er absolut nicht paßt. Es mag richtig sein, dem Herrn der widmungsfremden Nutzungen ein Gewand zu schaffen, das seiner Stellung angemessen ist. Da aber der Eigentümer nicht der richtige Herr über die widmungsfremden Nutzungen ist, kann er auch dessen Gewand nicht anziehen.

Ist es nicht einmal möglich, diese eine, in der Herrschaft des privaten Eigentümers über die widmungsfremden Nutzungen liegende negative Auswirkung der Theorie der beschränkt öffentlichen Sache zu beseitigen, weil man sich nicht von der Theorie selbst trennt, so können die anderen Probleme, die diese Theorie aufwirft, erst recht nicht gemeistert werden. Mit einer wie auch immer gearteten finalen Bindung des privaten Eigentümers der öffentlichen Sache ist der oben[43] als problematisch gekennzeichneten Beschränkung des öffentlichen Sachherrn auf die Verfolgung des Widmungszweckes überhaupt nicht beizukommen. Das Gleiche gilt für die durch die Theorie der beschränkt öffentlichen Sache hervorgerufene Rechtsunsicherheit, die Verflechtung öffentlichen und privaten Rechts, die Spannung zwischen öffentlichem Sachherrn und privatem Eigentümer, die Problematik der Rechtswegentscheidungen.

D. Die Bedeutung der neueren Gesetzgebung

Das allgemeine deutsche Recht der öffentlichen Sachen ist niemals kodifiziert worden. Nach 1945 sind aber die Verhältnisse an einigen Sondergruppen öffentlicher Sachen gesetzlich geregelt worden, so etwa in den verschiedenen Wegegesetzen. In den meisten dieser Gesetze ist die Theorie der beschränkt öffentlichen Sache mindestens nicht ausdrücklich ausgeschlossen worden, so daß bei der auch hier weitgehend vorgenommenen Anwendung der genannten Theorie die allgemeinen Schwierigkeiten und Mängel wieder auftreten[44].

---

[43] S. 26 ff.

[44] Aus früherer Zeit ist eigentlich nur eine Einzelbestimmung bekannt, die einen der genannten Mängel vermieden hätte. § 1 Satz 1 des Telegraphenwegegesetzes vom 18. Dezember 1899 bestimmt: „Die Telegraphenverwaltung ist befugt, die Verkehrswege für ihre zu öffentlichen Zwecken dienenden

1. Die neuen Wegegesetze

Am 1. Januar 1964 trat das neue Gesetz über die Bundesstraßen des Fernverkehrs (FStrG) in Kraft. Diesem Bundesgesetz haben die Länder eigene neue Landesstraßengesetze an die Seite gestellt, deren Inhalt dem des Bundesfernstraßengesetzes in der Regel entspricht.

a) Die Koppelung öffentlicher Wegeherrschaft und privaten Eigentums

Wenngleich man in diesen Gesetzen im Prinzip an der Trennung von Wegeherrschaft und Privateigentum festhält, so zeigt sich doch eine Tendenz, beides in einer Hand, nämlich der des Straßenbaulastträgers, zu vereinen. Bezeichnend hierfür ist, daß das private Eigentum des Strassenbaulastträgers bei Umstufung der Straße, an die der Wechsel der Straßenbaulast geknüpft ist, auf den neuen Straßenbaulastträger (Wegeherrn) übergeht[45].

b) Die begrenzte Ausschaltung des privaten Eigentums bei widmungsfremden Nutzungen

Nach dem neuen Bundes- und Landeswegerecht beschränkt sich die Widmung öffentlicher Wege auf die Benutzung zum „Verkehr"[46]. Nach der Theorie der beschränkt öffentlichen Sache müßte nun alle nicht als Verkehr anzusehenden, also widmungsfremden Nutzungen öffentlicher Wege, insbesondere die meisten Anliegernutzungen, der Herrschaft des privaten Wegeeigentümers unterliegen.

Telegraphenlinien zu benutzen, soweit nicht dadurch der Gemeingebrauch der Verkehrswege dauernd beschränkt wird." In diesen Fällen hat also der private Eigentümer öffentlicher Verkehrswege kein Recht, die widmungsfremde Verlegung von Telegraphenleitungen zu verhindern. Vgl. Didden S. 61, Aubert S. 271, 302. Diese Bestimmung hat allenfalls in § 4 Abs. 1 des Eisenbahnkreuzungsgesetzes vom 14. August 1963 zu Gunsten kreuzender Straßen und Eisenbahnlinien einen Nachfolger gefunden.

Es ist versucht worden, aus § 14 des Preußischen Eisenbahngesetzes von 1838 einen allgemeinen Anspruch auf Zulassung einer widmungsfremden Nutzung an Eisenbahngrundstücken für jeden, der durch die Eisenbahnlinie in seiner Bewegungsfreiheit eingeschränkt wird, herzuleiten. So etwa Eiser-Riederer-Sieder V 49. Ablehnend zu Recht Heymann Gruchot 70, 14 f.

45 § 6 (1) FStrG, § 11 StrWG BW, Art. 11 (4) BayStrWG, § 10 LStrG NRW, § 52 (4) Hess. StrG, § 65 (1) Nds.StrG, § 61 StrWG Schl.H. Vgl. auch die Nachfolgebestimmungen des § 3 StrRegG vom 26. 3. 1934, oder § 14 (1) StrWG BW; Art. 13 (1) BayStrWG, § 13 (1) Hess.StrG, § 13 (4) Nds.StrG.

46 Vgl. § 7 Abs. 1 Satz 1 FStrG, Art. 14 (1) BayStrWG. Unter „Verkehr" ist Ortsveränderung zu verstehen. s. Marschall § 7 Rn. 2, Sieder-Zeitler Art. 14 Rn. 13. Früher war das anders. So heißt es noch RGZ 123, 183 ff. (186): „Die Bestimmung der Straße für den öffentlichen Gebrauch ist nicht auf den Verkehr im unmittelbaren Sinn, auf den Gebrauch zum Reisen und Fortbringen von Sachen beschränkt. Vielmehr hat die Straße ... auch den aus dem geschäftlichen Verkehr der Anlieger erwachsenen Bedürfnissen zu genügen."

Das deutsche öffentliche Wegerecht hat aber bei den widmungsfremden Nutzungen seit jeher differenziert. Früher hat es diejenigen widmungsfremden Nutzungen öffentlicher Wege aussortiert, die nur oberflächlich und von kurzer Dauer waren. Es hat diese lediglich von einer wegepolizeilichen Gebrauchserlaubnis, nicht von der üblichen Nutzungsverleihung abhängig gemacht und die Zustimmung des privaten Eigentümers nicht verlangt[47].

Die neuere Bundes- und Landeswegegesetzgebung ist von dieser Differenzierung abgegangen. Sie sondert diejenigen widmungsfremden Nutzungen öffentlicher Wege ab, die den widmungsfremden Gebrauch beeinträchtigen oder beeinträchtigen können[48].

Bei diesen Nutzungen verzichtet man nun bewußt auf die nach der Theorie der beschränkt öffentlichen Sache an sich erforderliche Zustimmung des privaten Eigentümers. An öffentlichen Wegen können also auch bei Anwendung der Theorie der beschränkt öffentlichen Sache nur noch diejenigen widmungsfremden Nutzungen vom privaten Eigentümer vergeben werden, die die widmungsgemäße Verwendung der öffentlichen Sache nicht zu beeinträchtigen geeignet sind[49].

Die Erklärung der somit vorgenommenen Unterdrückung von Eigentumsrechten kann nicht in der durch die Widmung begründeten öffentlichen Zweckbindung gesucht werden, denn die hier in Rede stehenden Nutzungen sind wesentlich widmungsfremd[50]. Die Erklärung kann auch nicht in der Notwendigkeit gefunden werden, die widmungsgemäße Verwendung zu schützen, die durch den engen tatsächlichen Zusammenhang mit den hier erörterten Nutzungen gefährdet ist[51]. Denn die Interessen des Herrn der öffentlichen Sache an dem Schutz des widmungsgemäß Gebrauchs bei der Vergabe widmungsfremder Nutzungen werden bereits nach der allgemeinen Theorie ausreichend durch das Erfordernis einer zur Zustimmung des privaten Eigentümers hinzukommenden, zu-

---

47 Forsthoff (8) S. 345, Wolff (4) § 59 I.

48 Das Bundesfernstraßengesetz und die Landesstraßengesetze sprechen zwar von den Sondernutzungen, die den Gemeingebrauch beeinträchtigen können: § 8 (1), (10) FStrG, Art. 18 BayStrWG, §§ 16, 18 Hess.StrG, §§ 18, 21 Nds.StrG, § 18 LStrG NRW, § 41 LStrG RhPf., §§ 21, 26 Schl.H. LStrWG etc. Sie meinen jedoch den widmungsfremden und widmungsgemäßen Gebrauch, den sie mit dem Sondergebrauch und Gemeingebrauch an öffentlichen Wegen identifizieren. Vgl. oben S. 23 Fußn. 22.

49 Ebenso Sieder-Zeitler Art. 18 Rn. 4; Eiser-Riederer V 18; Weber VVdStLR 21, 153; Schack VerwArch. 54, 58; Jesch S. 218; a. A. Kodal Straßenrecht S. 570; Zippelius DÖV 1958, 846.

50 So auch Scheuner Gemeinverträglichkeit S. 85.

51 Darauf beziehen sich z. B. Sieder-Zeitler Art. 14 Rn. 5, Weber VVStrLR 21, 156.

sätzlichen Erlaubnis des öffentlichen Sachherrn gewahrt[52]. Dazu war die weitere Verdrängung des Eigentümers nicht nötig.

Die Erklärung hierfür kann überhaupt nicht im Bereich der herkömmlichen Theorie liegen. Sollte sie nicht in einer Entwicklung gefunden werden, die den der herrschenden Theorie zugrunde liegenden Vorstellungen entgegenläuft, einer Entwicklung, die das Eigentum an öffentlichen Sachen in einen ganz neuen Zusammenhang stellt[53]?

Leider ist der Fortschritt nur beschränkt. Die Neuregelung läßt den Vertretern der Theorie der beschränkt öffentlichen Sache die Möglichkeit, das Vetorecht des Eigentümers gegen widmungsfremde Nutzungen da zu verfechten, wo diese den widmungsgemäßen Gebrauch nicht beeinträchtigen[54]. In diesen Fällen kann dann der private Eigentümer die Nutzung im Allgemeininteresse weiterhin verhindern.

Selbst da, wo widmungsfremde Nutzungen den widmungsgemäßen Gebrauch beeinträchtigen, scheinen die Wegegesetze nicht konsequent zu bleiben: Gerade die widmungsfremden Nutzungen für Zwecke öffentlicher Versorgung, die den widmungsgemäßen Gebrauch kurzfristig beeinträchtigen können, werden nach bürgerlichem Recht eingeräumt[55].

Zur Lösung der sonstigen Probleme des deutschen Rechts der öffentlichen Sachen trägt die neuere Wegegesetzgebung gar nichts bei.

2. Die Neuordnung der Gewässer

Das Wasserrecht hat in den letzten Jahren eine noch tiefere Umgestaltung erfahren als das Wegerecht. Das Wasserhaushaltsgesetz vom 25. Juli 1957 hat die Nutzung allen Wassers, nicht nur der oberirdischen Gewässer, sondern auch des unterirdischen (Grund-) Wassers allgemeinen Vorschriften unterworfen. Es hat die Verbindung des Wasserrechts mit dem allgemeinen Recht der öffentlichen Sachen gelockert.

Zwar sind oberirdische Gewässer auch unter der neuen Wassergesetzgebung noch in dem gleichen Umfang öffentliche Sachen, wie sie es unter den alten Wassergesetzen waren[56]. Die Nutzungsordnung der Ge-

---

[52] s. oben S. 26 f.

[53] Vgl. Weber VVdStLR 21, 153; Spanner S. 15.

[54] Eine etwas weitere Einschränkung des Eigentümers besteht in Bayern (Art. 13 Abs. 1 in Verb. mit Art. 22 BayStrWG), in Berlin (§ 10 Abs. 1 Berl. StrG), im Saarland (§ 2 in Verb. mit § 4 Abs. 1 Saarl.StrG).

[55] § 8 Abs. 10 FStrG und die entsprechenden Bestimmungen der Landesstraßengesetze.

[56] Wenn die neuen Wassergesetze den alten Begriff des „öffentlichen Gewässers“ fallen gelassen haben und es nur noch Gewässer 1., 2. Ordnung usw. gibt, so haben sie diese damit nicht aus dem Kreis der öffentlichen Sachen

wässer aber hat mit der Nutzungsordnung der öffentlichen Sachen sonst nicht mehr viel gemein.

Der Gemeingebrauch, der früher einmal im Zentrum der Wassernutzungsordnung stand, ist zugunsten einer Reihe von Wasserbenutzungen zurückgedrängt worden, welche die Gewässer viel stärker in Anspruch nehmen als der Gemeingebrauch und in vielen Fällen von großer gesamtwirtschaftlicher Bedeutung sind[57]. Diese Wasserbenutzungen bedürfen nach §§ 7, 8 WHG einer Erlaubnis oder Bewilligung. Dies steht noch im Einklang mit dem allgemeinen Recht der öffentlichen Sachen, das alle Nutzungen, die nicht als Gemeingebrauch anzusehen sind, einer besonderen Zulassungspflicht unterwirft. Es ist aber fraglich, ob die Nutzungen des § 3 WHG außerdem noch vom Gewässereigentümer bewilligt werden müssen. Hierüber steht im Wasserhaushaltsgesetz nichts. Nach h. M. unterliegen nur widmungsfremde Nutzungen öffentlicher Sachen der Verfügungsgewalt des privaten Eigentümers.

a) Die Aufgabe der Unterscheidung widmungsgemäßen und widmungsfremden Gebrauchs

Es bestehen nun Zweifel daran, ob nach neuem Wasserrecht überhaupt eine Scheidung von widmungsgemäßen und widmungsfremdem Gebrauch möglich ist. Als Hauptzweck oberirdischer Gewässer wurde früher der Gemeingebrauch angesehen, der zu Baden, Waschen, Tränken, Schwemmen, Schöpfen mit Handgefäßen, Eissport berechtigte. Hinzu kam bei schiffbaren Gewässern die Schiffahrt[58].

Dies hat sich grundlegend geändert:

Die Gewässer sind mit zunehmender Besiedelung und Industrialisierung des Landes in ihrer überragenden Bedeutung für das menschliche Zusammenleben überhaupt und die wirtschaftliche Betätigung im besonderen erkannt worden. Das Wasser wird nicht mehr nur als ein natürlicher, vorgegebener Gegenstand angesehen, den man, wie er ist, im Wege des Gemeingebrauchs zu jedem beliebigen Zweck benutzen kann, er ist vielmehr ein „Wasserschatz"[59] geworden, der eine hervorragende Bedeutung für den nationalen Wasserhaushalt hat[60]. Man könnte daher meinen, vorrangiger Zweck sei nun die öffentliche Wasserversorgung

---

ausschließen wollen. Der Begriff der öffentlichen Sache ist ein wissenschaftlicher Begriff, der dem Zugriff des Gesetzgebers nicht unmittelbar ausgesetzt ist.

[57] Vgl. § 3 WHG.

[58] Vgl. Art. 26, 29 des Wassergesetzes für das Königreich Bayern vom 23. März 1907.

[59] Gieseke-Wiedemann § 8 Rn. 4.

[60] Vgl. Weber VVdStLR 21, 164.

geworden. Bei genauerem Hinsehen ergibt sich jedoch, daß dies nicht zutrifft. Aus dem Wasserhaushaltsgesetz ist der Wille des Gesetzgebers erkennbar, die Gewässer grundsätzlich allen beliebigen Nutzungen gleichermaßen offenzuhalten. Das Wasserhaushaltsgesetz unterwirft alle die „Wassernormalbenutzungen“[61] des § 3 dem gleichen Verfahren und einer einheitlichen Behandlung, egal, welchen Zwecken sie dienen. Diese Nutzungen sind dann zu versagen, wenn das Wohl der Allgemeinheit ihnen entgegensteht[62]. Zwar wird die öffentliche Wasserversorgung hierbei besonders genannt, doch ist dies nur eine naheliegende Konkretisierung des Gemeinwohls, nach dem sich alle Nutzungen richten müssen. Einen Vorrang irgendeines bestimmten öffentlichen Zweckes, wie ihn das Recht der öffentlichen Sachen sonst durch die Widmung festlegt, gibt es nicht[63].

Dies bedeutet, daß an den Gewässern eine Unterscheidung von widmungsgemäßem und widmungsfremdem Gebrauch nicht möglich ist und folglich die Frage, ob der private Eigentümer des Gewässers dieser oder jener Nutzung zustimmen muß, nicht mehr nach der Übereinstimmung mit dem Widmungszweck entschieden werden kann, so wie man das nach der Theorie der beschränkt öffentlichen Sache zu tun gewohnt war.

b) Die Zurückdrängung des privaten Eigentümers

Also muß in der neuen Wassergesetzgebung selbst eine Antwort auf die Frage nach der Beteiligung des Eigentümers gesucht werden. Das Wasserhaushaltsgesetz hat nur die öffentlichen Rechtsbeziehungen an den Gewässern erfaßt und die Regelung der privaten Rechtsverhältnisse dem Landesgesetzgeber überlassen[64].

Bis auf das baden-württembergische Wassergesetz halten die Landeswassergesetze daran fest, daß die Gewässer wie öffentliche Sachen überhaupt im privaten Eigentum stehen[65]. Die Wasserbehörde als Herr der öffentlichen Sache braucht nicht mit dem privaten Eigentümer identisch zu sein. Eine dem § 3 des Straßenneuregelungsgesetzes von 1934 entsprechende Regelung, die der Wasserbehörde bei Personenverschiedenheit mit dem privaten Eigentümer die Ausübung des privaten Eigentums übertrüge, gibt es nicht[66]. Die Vertreter der Theorie der beschränkt

---

[61] Weber VVdStLR 21, 164.
[62] §§ 6, 12 Abs. 1 WHG.
[63] Vgl. Zimniok, Bayer. Wasserrecht, S. 48.
[64] So auch Friesecke NJW 63, 2299 f.
[65] Vgl. Friesecke DÖV 60, 823; Wüsthoff S. 72.
[66] A.A. anscheinend Thierfelder S. 60 gegen BGHZ 28, 34 ff. (39 f.): „Hier (in der Entscheidung des BGH) wird etwas als Inhalt des Wasserlaufeigentums angenommen, was diesem Rechtsinstitut in den meisten deutschen Ländern mindestens seit der Mitte des 19. Jahrhunderts fremd ist.“ Es „steht also in Deutschland das Eigentum am Wasserlauf zur Disposition der Wasserrechts-

öffentlichen Sache folgern daher — von ihren Grundlagen her konsequent —, daß grundsätzlich alle Gewässernutzungen (auch solche, die mit dem Wasser an sich gar nicht in Berührung kommen, etwa Untertunnelungen) der Zustimmung des privaten Eigentümers bedürfen[67]. Danach kann auf die Zustimmung des Eigentümers nur dann verzichtet werden, wenn ein Landeswassergesetz dies ausdrücklich bestimmt.

Die meisten Landeswassergesetze statuieren nun eine Duldungspflicht des privaten Eigentümers für die Wasserbenutzungen nach § 3 WHG[68]. Der private Eigentümer hat insoweit kein Vetorecht mehr, er kann nicht einmal ein Entgelt verlangen[69]. Die Nutzungen nach § 3 WHG sind allein von den Erlaubnissen und Bewilligungen nach §§ 7, 8 WHG abhängig. Ein Rechtsverhältnis zwischen dem privaten Eigentümer und dem, der nach §§ 7, 8 WHG zur Nutzung zugelassen worden ist, besteht nicht.

Ebenso ist der private Eigentümer verpflichtet, den Gemeingebrauch und Anliegergebrauch zu dulden[70].

Damit ist die Einflußnahme des privaten Gewässereigentümers auf die Nutzungen schon sehr weitgehend ausgeschlossen. Dennoch ist es nach konsequenter Anwendung der herrschenden Theorie nicht zu einer rein öffentlichrechtlichen Nutzungsordnung gekommen, die Landeswassergesetze haben dem privaten Eigentümer wichtige Mitbestimmungs- und Nutzungsrechte jedenfalls nicht ausdrücklich genommen:

1. Das Wasserhaushaltsgesetz erfaßt nicht Nutzungen wie Unter- oder Überführungen der Gewässer, Brücken, Stege, Hafenanlagen, Badehäuser. In diesen Fällen ist nach herrschender Meinung außer der öffentlichrechtlichen Erlaubnis durch die Wasserbehörden[71] die bürgerlichrechtliche Zustimmung des Eigentümers des Gewässers erforderlich[72].

2. Der Eigentümer bleibt in dem beschränkten Rahmen des Eigentümergebrauchs nach § 24 WHG zur Nutzung berechtigt[73].

---

behörden". Dieser Standpunkt hat sich aber nicht durchgesetzt. s. Friesecke DÖV 60, 823; Salzwedel, Recht der Wasserwirtschaft, Heft 12 1963 S. 50 ff.

[67] s. Friesecke NJW 63, 2299.

[68] s. z. B. § 13 Berl.WassG, § 14 Hess.WassG, § 12 WassG NRW, § 12 WassG RhPf., § 10 Saarl.WassG, § 8 WassG Schl.H. Die meisten Landeswassergesetze allerdings nehmen von dieser umfassenden Duldungpflicht auf Entnahme von festen Stoffen gerichtete Nutzungen (§ 3 I 3. WHG) aus.

[69] Anders nach Art. 4 Abs. 2 Satz 2, Abs. 3 Bayer. WassG.

[70] Vgl. §§ 23, 24 WHG, Art. 21, 24 BayerWassG.

[71] Vgl. Art. 59 Bayer.WassG.

[72] Vgl. Art. 4 Abs. 2 Satz 2 Bayer.WassG. Das Deutsche Reich allerdings hat sich bei Übernahme der Reichswasserstraßen im Jahre 1921 vertraglich gegenüber den Ländern, nicht gegenüber den Interessenten verpflichtet, die Kreuzung von „Leitungen für die öffentliche Versorgung mit Gas, Wasser, und Elektrizität sowie für die Abwasserbeseitigung" zu gestatten, § 16 des Staatsvertrages (RGBl. 1921, S. 961).

[73] Vgl. Sievers DVBl. 62, 83; Salzwedel, Der Rechtsweg im Wasserrecht, in: Das Recht der Wasserwirtschaft, Heft 12 (1963) S. 55; ebenso Begr. zum Ent-

Zusammenfassend ist also zu sagen:

Das neue Wasserrecht ist insoweit fortschrittlich, als es den Einfluß des privaten Eigentümers auf die Nutzungen der Gewässer ausgeschlossen hat. Es ist hierin weitergegangen als das neue Wegerecht. Es beläßt jedoch der herrschenden Theorie der beschränkt öffentlichen Sache die Möglichkeit, den Einfluß und das Vetorecht des privaten Eigentümers bei solchen Nutzungen zu wahren, die vom Wasserhaushaltsgesetz nicht erfaßt werden, aber nicht selten — wie kreuzende Versorgungsleitungen — im besonderen öffentlichen Interesse liegen.

Sowohl das neue öffentliche Wegerecht wie das neue Wasserrecht halten ihre Fortschrittlichkeit also — insgesamt gesehen, besonders was die Berücksichtigung allgemeiner Nutzungsinteressen betrifft — in bescheidenem Rahmen. Zur Behebung der durch die Verbindung von privatem und öffentlichem Recht bedingten Rechtsunsicherheit wurde fast gar nichts getan. Die neuen Wege- und Wassergesetze bleiben gerade deshalb unbefriedigend, weil sie die Wurzel des Übels, die Anwendung der Theorie der beschränkt öffentlichen Sache, nicht — oder jedenfalls nicht ausdrücklich — beseitigt haben.

---

wurf des Bayer.WassG. cit. Sievers DVBl. 62, 321; Wüsthoff S. 70; Abt DGuWF 1959, 130; Zimniok WassRecht S. 87.

Dritter Teil

Die vergleichende Darstellung des französischen Rechts der öffentlichen Sachen

Da das deutsche Recht der öffentlichen Sachen, wenigstens in der Fassung, die die Theorie der beschränkt öffentlichen Sache ihm gibt, und auch nach allerlei dogmatischen und gesetzlichen Verbesserungsversuchen, voller Schwierigkeiten und Probleme steckt, soll ein Blick über die Grenzen getan werden. Gerade das deutsche und das französische Verwaltungsrecht haben schon manche fruchtbare Anregung von einander bezogen. Es erscheint daher eine Klärung darüber lohnend, wie das französische Recht die öffentlichen Sachen behandelt.

I. Die Grundzüge des französischen Rechts

Das französische Recht kennt wie das deutsche Recht eine besondere Kategorie von Gegenständen, die wir öffentliche Sachen nennen. Die französischen öffentlichen Sachen sind bewegliche und unbewegliche Gegenstände[1], die einem besonderen öffentlichen Zweck[2], d. h. dem direkten Gebrauch durch das Publikum (meistens Gemeingebrauch)[3] oder dem Gebrauch durch eine „service public" (Verwaltungsgebrauch)[4] dienen und sich unter der Herrschaft eines Trägers öffentlicher Verwaltung befinden[5, 6]. Diese Definition der öffentlichen Sachen ist wie das

[1] Jansse p. 122; Villard p. 209; Waline (8) n. 1524.

[2] Rivero n. 578.

[3] Duez-Debeyre n. 1048 s, Waline note sous C. E. 28-6-1935 Marécar D. P. 1936 III 21, Laubadère Automobile p. 114.

[4] Vgl. Duguit (3) III chapitre V; Jèze R. D. P. 1910, p. 665; 1911 p. 307; 1921 p. 361; 1931 p. 763; 1944 p. 236.

[5] Siehe Trib. adm. de Marseille 19-11-1954 D. 1955. 624. Rolland n. 525, Jansse p. 153 s. s, Travaux p. 841 (Latournerie).

[6] Die Definition des französischen Rechts ist insofern enger als die des deutschen Rechts, als sie außerdem fordert, daß die öffentliche Sache entweder durch ihre natürliche Beschaffenheit oder besondere Herrichtung von gar nicht oder nur schwer ersetzbarem Wert für die Verfolgung des Widmungszweckes sei. Travaux p. 829; Waline (8) n. 1521; Dufau J. C. A. Fasc. 405 n. 13; C. E. 19-10-1956 D. 1956. J. 681.

allgemeine französische Recht der öffentlichen Sachen überhaupt in keinem Gesetz festgelegt[7], sie ist von Rechtsprechung und Schrifttum erarbeitet worden.

Der Kreis der öffentlichen Sachen wird „domaine public" genannt. Die einzelnen öffentlichen Sachen (dépendances du domaine public) unterliegen einer besonderen Rechtsordnung (régime de domanialité publique)[8]. „Domaine public" bezeichnet nicht die besondere Rechtsordnung selbst, sondern nur die Gegenstände, die ihr unterliegen. Viele deutsche Autoren hingegen übersetzen „Domaine public" nicht mit „öffentliche Sachen", sondern mit „öffentliches Eigentum"[9] und verwechseln somit ein Rechtsverhältnis, ein Recht an den Gegenständen mit den Gegenständen selbst.

A. Das Nutzungsrecht

1. Die Regulierung der Nutzungen durch den Herrn der öffentlichen Sache

Nach französischem Recht ist eine Konkurrenz zwischen dem Herrn der öffentlichen Sache und einem privaten Eigentümer nicht möglich. Eine öffentliche Sache unterliegt allein und ausschließlich der Bestimmung durch den öffentlichen Sachherrn. Daraus ergibt sich der einfache Grundsatz, daß es auch allein der Herr der öffentlichen Sache ist, der die Nutzung der öffentlichen Sache zu gewähren und zu regulieren ein Recht hat. Der öffentliche Sachherr regelt den Gemeingebrauch, er gewährt den Sondergebrauch, er fordert die zulässigen Entgelte. Ganz gleich, welcher Art die Nutzung ist, ob es sich um widmungsgemäßen oder um widmungsfremden Gemeingebrauch oder Sondergebrauch handelt: Grundsätzlich entscheidet hierüber allein der öffentliche Sachherr. Er ist alleiniger Träger des „pouvoir de gestion domaniale"[10].

Hiervon gibt es allerdings wichtige Ausnahmen, die systemwidrig sind und nur historisch begründet werden können. So wird der widmungsgemäße Gebrauch an öffentlichen Wegen nicht vom öffentlichen

---

[7] Die Art. 538—541 Code Civil sind überholt und praktisch nur noch von historischem Interesse.

[8] Rivero n. 585; Duez-Debeyre n. 1068, Duverger p. 249 s. s; Laubadère Traité (3) II n. 250.

[9] So Forsthoff (8) S. 330 Fußn.; Schultze- v. Lasaulx in Sitzung des Wegerechtsausschusses Hgb. Bürgersch. vom 22. 2. 1960 Stenogr.Bericht S. 4; Schallenberg S. 5; Stern AöR 84 (1959) S. 158; Wiedemann DVBl. 1965 S. 17; Didden S. 34; Sächs. OVG Urteil vom 9. Februar 1910 cit. O. Mayer Dt. Verw.Recht (3) II S. 43. Viel richtiger Maunz Hauptprobleme S. 173, der „Domaine public" mit „öffentliches Gut" übersetzt. So auch Sievers VerwArch. 1960, S. 189.

[10] Vgl. Watrin p. 158. „Pouvoir de gestion domaniale" übersetzt man wohl am besten als öffentliches Sachherrschaftsrecht.

Sachherrn kontrolliert, sondern allein von den allgemeinen Ordnungsbehörden (police administrative), die insoweit als Verkehrsbehörden oder Verkehrspolizei (police de la circulation) tätig werden[11]. Die Verkehrspolizei allein und nicht auch der öffentliche Sachherr reguliert auch solchen widmungsfremden Sondergebrauch an öffentlichen Wegen, der ohne Substanzeingriff (sans emprise du sol) erfolgt, wie das Aufstellen von Tischen und Stühlen auf dem Gehsteig vor dem Café[12].

Eine weitere Ausnahme macht man in Fällen der Nutzung öffentlicher Sachen durch den Konzessionär eines Service public, z. B. ein Verkehrs- oder ein Versorgungsunternehmen. Hier wird dem Konzessionär nicht nur der widmungsgemäße Verwaltungsgebrauch gestattet, so die Benutzung des Grundstücks zur Verlegung der Bahnlinie; der öffentliche Sachherr gibt ihm sogar ein Recht, widmungsfremde Sondernutzungen zu vergeben und zurückzunehmen, sowie aus diesen Einkünfte zu erzielen[13]. Es handelt sich hier um den einzigartigen Fall, daß ein an sich nur zu beschränkter Nutzung Berechtigter über weitere Nutzungen anderer frei entscheiden und davon profitieren darf. Man hat hier ausnahmsweise von einem sonst immer abgelehnten beschränkten dinglichen öffentlichen Recht an der öffentlichen Sache gesprochen[14].

2. Die finale Bindung des Herrn der öffentlichen Sache

Sind auch die Ausnahmen, durch die der Grundsatz der alleinigen Herrschaft des öffentlichen Sachherrn über die Nutzungen durchbrochen wird, noch überschaubar, so herrscht doch ziemliche Verwirrung darüber, welcher finalen Bindung der Herr der öffentlichen Sache unterliegt, welche Zwecke er verfolgen und welche Interessen er berücksichtigen darf.

a) Die Verfolgung des Widmungszweckes und die polizeiliche Aufgabe des Herrn der öffentlichen Sache

Des widmungsgemäßen Gebrauchs wegen gehört die Sache in den Domaine public, erhält sie den besonderen Schutz des Rechts der öffent-

---

[11] Loi 5 Avril 1884 art. 97—1, 98 § 1; art. 97—99 Code de l'administration comm.; Waline (8) n. 1547; Laubadère Traité (3) II n. 341; C. E. 27-7-1928 Renault rec. p. 969; C. E. 6-4-1951 Vila rec. p. 180; C. E. 20-10-1950 Fédération Parisienne S. 1951 III 13 note Letoureur.

[12] So seit dem Gesetz vom 11. Frimaire (Reifemonat, 21. 11.—20. 12.) des Jahres VII der französischen Revolution. Dies wurde bestätigt durch die Gemeindeordnung (loi municipale) vom 5. 4. 1884. Vgl. Waline Mutations p. 132, Rivéro n. 596, Dieudé p. 76, Duez-Debeyre n. 1099, J. M. Auby Stationnement p. 84.

[13] C. E. 25-5-1906 Chem. de fer d'Orléans rec. p. 486, S. 1908 III 65 note Hauriou, Laubadère Traité (3) II n. 330 s., J. M. Auby Occupation p. 102.

[14] C. E. 18-7-1930 Chem. de fer B. L. M. D. 1931 III 21 concl. Josse; C. E. 8-12-1950 C.ie générale des eaux S. 1951 III 33 note A. P.

lichen Sachen. Die funktionale Berechtigung des öffentlichen Sachherrn, den widmungsgemäßen Gebrauch entweder selbst zu machen oder den von der Widmung Begünstigten zu gewähren, wird durch die finale Begrenzung der öffentlichen Sachherrschaft zur Pflicht. Der öffentliche Sachherr hat nach h. M. das Recht und die Pflicht, alles zu tun, um den widmungsgemäßen Gebrauch der öffentlichen Sache zu ermöglichen und zu sichern[15].

Dies bedeutet, daß der öffentliche Sachherr grundsätzlich eine Nutzung dann zuzulassen hat, wenn sie dem Widmungszweck entspricht, und sie dann verweigern muß, wenn sie diesen stört[16], es sei denn, die Störung wäre nur ganz geringfügig und unbeachtlich[17].

Die durch die Widmung Begünstigten haben einen Anspruch gegen den öffentlichen Sachherrn darauf, daß dieser Störungen des widmungsgemäßen Gebrauchs verhindert[18].

---

[15] Vgl. Waline (8) Nr. 1563. Der Conseil d'Etat hat daher den Bürgermeister von Artignes-de-Lussac als Herrn des Gemeindefriedhofs angewiesen, dafür zu sorgen, daß Sieur Blois, Besitzer eines Familiengrabes, seinen in die Gruft gesenkten Lieblingshund „Felix" wieder exhumiere. C. E. 17-4-1963 R. D. P. 63, 824 (827).

[16] Widmungsfremde Nutzungen können also nur dann zulässig sein, wenn sie „sans être conformes à l'affectation, ne nuisent cependant pas à celle-ci", (Duez-Debeyre n. 1099); „usages, qui sans être conformes à la destination de la chose ne sont pas incompatibles avec elle", Latournerie concl. sur C. E. 26-6-1935 Marécar D. P. 36 III 23. Vgl. auch C. E. 25-1-1919 C.ie des Eaux de Boissy St. Léger rec. p. 552.

[17] s. z.B. C. E. 29-5-1963 Dames Denante et Michel R. D. P. 63, 822 (824) und C. E. 28-4-1961 Leron rec. p. 271. Insbesondere beim widmungsgemäßen Gemeingebrauch kommt es darauf an, daß dieser, wenn auch nicht unbedingt an der gleichen Stelle, so doch insoweit möglich bleibt, daß dem, der den widmungsgemäßen Gemeingebrauch ausübt, praktisch kein Nachteil entsteht. Denn „à vrai dire, il n'y a pas d'occupation qui ne puisse gêner quelqu'un. L'installation d'un ponton sur la Seine me gênera si je prétends pêcher à la ligne précisément à l'endroit où est ce ponton". „Allerdings gibt es keine ortsgebundene Nutzung, die nicht irgendjemand behindern würde. Die Errichtung eines Pontons auf der Seine stört mich, wenn ich gerade da angeln will, wo sich der Ponton befindet." So Berthelémy 1930 p. 497. Dennoch ist hier die widmungsfremde Nutzung der Seine zulässig, denn „il y a des gênes dont on peut raisonnablement ne pas tenir compte", „es gibt Behinderungen, die man vernünftigerweise nicht in Rechnung stellen kann", so Berthelémy a.a.O.

[18] Der Conseil d'Etat hat ein Recht der Anlieger, die den Gemeingebrauch an der öffentlichen Sache ausüben, anerkannt, vom öffentlichen Sachherrn zu verlangen, daß er demKaffeehausbesitzer, der Tische und Stühle über den ihm zugestandenen Bereich des Trottoirs hinaus aufstellte, die Einhaltung der Grenzen der Erlaubnis zum widmungsfremden Gebrauch auftrug.

„Le maire, gardien du domaine public communal, a l'obligation d'user de ses pouvoirs pour obliger un permissionaire de voirie à cesser d'empiètement sur une parcelle de la voie publique au-delà de l'emplacement qu'il était autorisé à occuper," C. E. 29-4-1963 Dame Rapin R. D. P. 63, 821 s. (823).

Vgl. ebenso die Entscheidung des Conseil d'Etat, die der Gemeinde St. Brévin-les-Pins, welcher der Meeresstrand in der Höhe der Gemeinde zur Erschließung als Bade- und Kurstrand zugewiesen war, das Recht zusprach,

Die Besorgung des Widmungszweckes durch den Herrn der öffentlichen Sache deckt sich im praktischen Ergebnis bei vielen öffentlichen Sachen mit der Tätigkeit der allgemeinen Behörden der Sicherheit und Ordnung, der sogenannten „police administrative“, die den „ordre public“ zu wahren hat[19]. Wenn jemand auf der Fahrbahn eines öffentlichen Weges Zeitungen verkauft, so kann man dagegen sowohl einschreiten, wenn man die Erfüllung des Widmungszwecks sichern will, als auch, wenn man den „ordre public“ zu wahren wünscht. Es gibt daher noch heute Autoren, die den öffentlichen Sachherrn nicht als den Hüter der Widmung, sondern des ordre public sehen.

Diese Ansicht hat ihre historische Wurzel im 19. Jahrhundert, als man, beeinflußt von den vorherrschenden liberalen Anschauungen, der Auffassung war, daß die Nutzungen öffentlicher Sachen ausschließlich dem Publikum für dessen private Zwecke zur Verfügung stehen müßten und diese daher nur einer Regulierung nach den Bedürfnissen des „ordre public“ zugänglich seien.

Die Maßnahmen des öffentlichen Sachherrn sind danach Verwaltungsakte, die den gleichen Vorschriften unterworfen sind wie die Akte der allgemeinen Polizeibehörden. Sie dürfen sich daher nur am „ordre public“, der öffentlichen Sicherheit und Ordnung, orientieren[20]. Der Streit über das Verständnis des Herrn der öffentlichen Sache als Förderer des Widmungszweckes oder als Hüter de „ordre public“ ist heute noch immer nicht entschieden.

b) Die Verfolgung sonstiger öffentlicher Zwecke durch den Herrn der öffentlichen Sache

Während es einerseits nach wie vor Autoren gibt, die die Aufgabe des öffentlichen Sachherrn als eine polizeiliche ansehen, findet man andererseits eine Richtung, die die öffentliche Sachherrschaft nicht nur mit der h. M. von der Verfolgung der allgemeinen Sicherheit und Ordnung trennt und sie mit dem Widmungszweck verbindet, sondern sie auch zum Mittel weiterer Verwaltungstätigkeit macht. So gewann seit 1920

---

vom Staat als dem öffenlichen Sachherrn zu verlangen, daß die Halter von Muschel- und Austernkulturen die ihnen durch die Erlaubnis zum widmungsfremden Gebrauch gezogenen Grenzen ihrer Zuchten einhielten. C. E. 3-5-1963 A. J. D. A. 63, 356. Ebenso Gentot et Fourre A. J. D. A. 63, 343.

Dieser öffentlichrechtliche Anspruch gegen den öffentlichen Eigentümer besteht unabhängig von zivilrechtlichen Ansprüchen gegen den Störer bzw. Schädiger. s. A. J. D. A. 63, 559 (Observations zu dem Fall Dame Rapin).

[19] Watrin p. 155, 168; Waline (8) n. 1547; J. M. Auby Stationnement p. 87; Latournerie in Travaux p. 841; C. E. 28-5-1924 Ast rec. p. 511; 12-11-1927 Bellescize rec. p. 1048.

[20] s. Conclusions Chenot sous „S. té Maritime de l'Afrique Orientale“ 5 mai 1944 D. 1944-164: Der Domaine public als „objet de police administrative“. Ebenso Claude Klein p. 169, 348 s. s., p. 368 s. s.

eine Konzeption der öffentlichen Sache immer mehr an Raum, die diese als eine „richesse collective" betrachtet[21].

Danach darf der öffentliche Sachherr auch andere Zwecke als den der Widmung verfolgen[22]. Die finale Bindung allen Staatshandelns allerdings begrenzt dies auf Zwecke, die den Interessen der Allgemeinheit entsprechen. Der Conseil d'Etat sagt dies in dem Urteil „Société industrielle des schistes dérivés" vom 5. November 1931[23] ganz deutlich: „En dehors du soin de veiller aux intérêts proprement dits du domaine dont elle a la garde", über die Wahrung des Widmungsinteresses hinaus, hat der öffentliche Sachherr die Pflicht, andere öffentliche Interessen, „autres intérêts généraux", zu berücksichtigen. Man gesteht dem öffentlichen Sachherrn das Recht zu, Nutzungen, die einem anderen öffentlichen Interesse als dem Widmungsinteresse entgegenstehen, zu verhindern und Nutzungen besonderen öffentlichen Interesses im Konfliktsfall sogar der widmungsgemäßen Nutzung vorzuziehen. Es lassen sich mehrere Fallgruppen darstellen, die typisch für die Verfolgung öffentlicher Interessen durch den Herrn der öffentlichen Sache sind.

a) Die Monopolisierung öffentlicher Versorgungs- und Verkehrsunternehmen

Der öffentliche Sachherr kann die Zulassung von privaten Unternehmen zum Gebrauch öffentlicher Verkehrswege verweigern, wenn hierdurch verhindert wird, daß diese Unternehmen mit den öffentlichen Versorgungs- oder Verkehrsunternehmen konkurrieren. Der öffentliche Sachherr darf zwar grundsätzlich nicht in den Wettbewerb der Wirtschaftsunternehmen eingreifen, weil dies der Freiheit der wirtschaftlichen Betätigung widerspräche[24]. Dies gilt jedoch nicht im Falle eines Unternehmens, an dessen Betrieb ein unmittelbares öffentliches Interesse besteht, wie das bei Unternehmen, die der Versorgung mit Gas, Wasser, Elektrizität, Wärme dienen, oder bei öffentlichen Verkehrsunternehmen der Fall ist. Diesen Unternehmen kann der öffentliche Sachherr dadurch, daß er der Konkurrenz die von dieser benötigte Zulassung zur Nutzung verweigert, zu einem wenn auch nicht positivrechtlich festgelegten, so doch faktischen Monopol verhelfen[25].

---

[21] Vgl. C. E. 20-5-1927 Fabre rec. p. 581; Laroque S. 1930 I 65.

[22] Laubadère Traité (3) II n. 345.

[23] Rec. p. 897. Ebenso Laubadère in Automobiles p. 200.

[24] Weshalb der öffentliche Sachherr bei den Gebrauchserlaubnissen z. B. auch ortsansässige Gewerbetreibende nicht bevorzugen darf; C. E. 14-11-1924 Witschitz D. H. 1925, 9.

[25] „monopole de pur fait" im Gegensatz zu „monopole de droit". Hierzu s. Näheres bei Jèze, Principes (3) III p. 372 s. s. Vgl. C. E. 30-10-1942 C.ie générale des eaux D. 1943. J. 63 note M. M. Ebenso Parodi concl. sur C. E. 20-10-1933 Vavasseur S. 1934 III 61.

Private Omnibusunternehmen brauchen z. B. für die Aufnahme des Linienverkehrs besonders gekennzeichnete und hergerichtete Haltestellen an öffentlichen Wegen. Die Rechtsprechung hat dem öffentlichen Eigentümer das Recht zuerkannt, die für die Einrichtung von Haltestellen erforderliche Nutzungserlaubnis zu verweigern, um die „Abwerbung" von Fahrgästen der kommunalen Verkehrsbetriebe zu verhindern[26].

β) Die öffentliche Kontrolle privater Unternehmen

Die Erteilung der Nutzungserlaubnis unter Bedingungen oder Auflagen gibt dem öffentlichen Sachherrn die Chance, gewisse private Unternehmen nach Gesichtspunkten des öffentlichen Interesses zu reglementieren und zu kontrollieren, ihnen „véritables obligations de service public" (Laubadère) aufzuerlegen. Dies gilt insbesondere für private Unternehmen, die zwar nicht durch Gesetz oder auf Grund Gesetzes als öffentliche Anstalt oder Körperschaft (service public) organisiert worden und daher an sich keine „services publics" sind; an denen aber — obschon in Händen von Privaten — großes öffentliches Interesse besteht. Die Funktion des Unternehmens muß derart sein, daß sie bei Übernahme durch einen Träger öffentlicher Verwaltung materiell öffentliche Verwaltung darstellt.

Zu Beginn der dreißiger Jahre dieses Jahrhunderts wurde nun von einigen Mitgliedern des Conseil d'Etat die Theorie entwickelt, daß dem privaten Träger eines solchen Unternehmens, das man „service public virtuel" nannte, dann, wenn er zum Betrieb seines Unternehmens eine Erlaubnis zur Benutzung einer öffentlichen Sache benötigt, mittels besonderer Auflagen und Bedingungen, die man der Erlaubnis beifügt, Verpflichtungen im öffentlichen Interesse auferlegt werden können.

---

[26] So C. E. 11-7-1934 Meley D. P. 1934 III 48; C. E. 26-6-1931 Chambre syndicale; C. E. 29-1-1932 Antibois S. 33 III 65 = D. P. 1932 III 60 s. s.: „En ce qui concerne spécialement les entreprises de transport en commun reliant plusieurs communes entre elles (Antibes à Cannes et v. v.), le maire peut leur interdire d'effectuer tout trafic de voyageurs à l'intérieur de l'agglomération, façon à empêcher la concurrence de ces entreprises avec le concessionaire des transports en commun dans ladite agglomération." „Was insbesondere die privaten Verkehrsunternehmen betrifft, die mehrere Gemeinden miteinander verbinden (Antibes mit Cannes), so kann der Bürgermeister ihnen verbieten, innerhalb der geschlossenen Ortslage Reisende zu befördern, um die Konkurrenz dieser Unternehmen mit dem im Ort konzessionierten öffentlichen Verkehrsunternehmen zu verhindern." Vgl. hierzu noch concl. Latournerie D. P 33 III 67 s., note Blaevoet D. P. 33 III 60. Ähnlich C. E. 28-10-1932 Tramways du Var et du Gard. D. H. 1932, 592; C. E. 13-1-1933 Mironneau S. 1933 III 41 = D. 1933 III 8; C. E. 1-2-1929 S.té des transports de la région toulousaine S. 1929 III 333 note Mestre. Ebenso Josse note s. C. E. 16-6-1932 Ramel, 23-6-1932 Planche D. 33 III 33.

Es heißt, diese Verpflichtungen könnten insbesondere darin bestehen, in der Betriebsgestaltung und dem Betriebsablauf vorrangig das öffentliche Wohl zu beachten. So könnte dem „service public virtuel“ z. B. die dauernde Betriebspflicht auferlegt und ihm die Höhe des von den Geschäftspartnern oder „Benutzern“ einzufordernden Entgeltes vorgeschrieben, der „service public virtuel“ damit praktisch in einen „service public“ umgewandelt werden[27]. So schreibt Chenot[28]: „Lorsque l'administration délivre une autorisation de voirie, elle... a le droit d'orienter l'action du permissionaire vers la satisfaction des intérêts généraux et de régler son activité de telle sorte que l'utilisation du domaine par un particulier corresponde à l'éxécution d'un service utile à la collectivité toute entière... Le procédé de la permission de voirie marque l'origine de l'institution d'un service public[29] [30].“

Die Rechtssprechung des Conseil d'Etat ist dem weitgehend gefolgt[31].

γ) Die wirtschaftlich-finanzielle Verwertung der öffentlichen Sache

Es wurde bereits erklärt, daß die öffentliche Sache als „richesse collective“, als ein allen gehöriger Reichtum angesehen wird, und daß deshalb jeglicher Nutzen aus der öffentlichen Sache gezogen werden darf und gezogen werden muß, der den Interessen der Allgemeinheit entspricht[32]. Daher ist auch eine wirtschaftliche Ausbeutung der öffentlichen Sache insoweit zulässig, als diese den öffentlichen Interessen ent-

---

27 P. Laroque, Les usagers du service public industriel ou commercial, Thèse Bordeaux 1939; P. Laroque note s. C. E. 16-6-1932 Ramel S. 33 III 113, note s. C. E. 13-1-1933 Mironneau S. 1933 III 41.

28 Concl. sur C. E. 6-2-1948 R. D. P. 1948, 246.

29 „Wenn die Verwaltung die Nutzung eines öffentlichen Verkehrsweges erlaubt,... hat sie das Recht, die Tätigkeit des Erlaubnisnehmers auf die Befriedigung öffentlicher Interessen hin zu orientieren und sein Tun in der Weise zu regeln, daß die Nutzung der öffentlichen Sache durch den Privatmann zugleich einen der Allgemeinheit nützlichen Dienst darstellt.“

30 Vgl. Jèze R. D. P. 1944, 239: L'administration „peut imposer aux usagers (du domaine public) une participation effective au service public, par une obligation de service public.“ Die Verwaltung „kann den Benutzern des domaine public durch eine entsprechende Inpflichtnahme eine wirksame Beteiligung an der öffentlichen Verwaltung auferlegen“. Ebenso Ruzié p. 34.

31 So C. E. 5-5-1944 C.ie maritime de l'Afrique Orientale R. D. P. 1944, 236 = Penant 1947 n. 6113 (für ein privates Hafenunternehmen, das Güter löschte und lagerte, aus Anlaß der Sondernutzung durch die Schlepper des Unternehmers, die im Hafenbecken verkehrten). So auch C. E. 4-5-1929 Sieur Lefebvre du Grosriez rec. p. 470 (für ein Taxiunternehmen aus Le Havre anläßlich des Sondergebrauchs an den Taxistandplätzen auf öffentlichen Wegen). Vgl. auch Watrin p. 180 und C. E. 6-2-1948 S.té Radio-Atlantique R. D. P. 48, 244 concl. Chenot note Jèze (für ein privates Rundfunkunternehmen im damals noch französischen Brazzaville anläßlich der Zuteilung der Wellenlänge durch die Postverwaltung).

32 So s. besonders concl. Chenot sur C. E. 5-5-1944 R. D. P. 1944, 236; Rivéro n. 593; Laubadère Automobile p. 224, 265.

spricht. Was zur Zeit des Liberalismus im 19. Jahrhundert streng verboten war, ist nun in den Grenzen des öffentlichen Interesses erlaubt und geboten: die wirtschaftliche Verwertung der öffentlichen Sache zur Erzielung von Einnahmen. So schreibt Bonnard[33]:

„L'administration doit, plus encore que le particulier, se considérer comme investie d'une fonction sociale. Plus encore que lui, elle a le devoir de tirer de ses propriétés toutes les utilités économiques compatibles avec leur destination normale[34]."

Der öffentliche Sachherr ist berechtigt und verpflichtet, eine Nutzung dann zu erlauben, wenn ihm ein angemessenes Entgelt geboten wird und sonstige überwiegende Gründe des Gemeinwohls nicht entgegenstehen[35].

Dieser Auffassung hat der Conseil d'Etat zum Durchbruch verholfen in einer Entscheidung, in der es um den kleinen Andenkenladen der Madame Taillandier ging, den diese in einer Notbaracke auf einem militärischen Übungsgelände betrieb. Die Militärverwaltung glaubte den Platz der Madame Taillandier nutzbringender, vor allem lukrativer an andere Bewerber um die Nutzung vergeben zu können und zog die Erlaubnis der Madame Taillandier zurück. Der Conseil d'Etat hat die Rücknahme der Erlaubnis bestätigt[36]. Diese Rechtssprechung ist vom Conseil d'Etat noch ausgebaut und eben erst erneut bekräftigt worden[37].

Der Conseil d'Etat sanktioniert in weitestem Umfang wirtschaftliche und finanzielle Interessenwahrung des öffentlichen Sachherrn bei der Nutzung der öffentlichen Sachen.

Das Schrifttum hat betont, daß die Nutzung der öffentlichen Sache allein und ausschließlich um der Gewinnerzielung willen (intérêts purement et simplement pécuniaires) unzulässig und daß die Erhebung

---

33 Note sous C. E. 8-3-1929 Bonnetou S. 1929 III 42, ähnlich äußert sich Waline (8) n. 1559.

34 „Die Verwaltung soll sich mehr noch als der Einzelne seiner sozialen Verantwortung bewußt sein.Mehr noch als er hat sie die Aufgabe, aus ihren Gütern allen wirtschaftlichen Nutzen zu ziehen, wenn dies nur mit der sonstigen Bestimmung des Gutes vereinbar ist."

35 So sehr klar Bonnard S. 1929 III 42. Unentgeltliche Zulassung des widmungsfremden Gebrauchs ist nur in Ausnahmefällen eines besonderen öffentlichen Interesses gestattet. s. Laubadère Automobile p. 267; Dementhon n. 231; C. E. 21-4-1899 Ruellan S. 1901 III 116.

36 C. E. 6-5-1932 Dame Taillandier S. 32 III 65 (60). Ähnlich schon C. E. 19-12-1930 Montagne rec. p. 1087. Die hier gegebene Interpretation der Entscheidung des Conseil d'Etat findet sich auch bei Laubadère Traité (3) II n. 349; Jansse p. 289 s.; Long-Weil-Braibant (Grands Arrêts) éd. 1965 p. 206; Berthelémy und Rivero: Cinq ans de réformes administratives (Ergänzung zur 13. Aufl. von Traité de Berthélemy-Rousseau 1938) p. 110; a. A. aber Claude Klein p. 207 s. s.

37 C. E. 18-3-1963 Sieur Cellier A. J. D. A. 63, 485 note Dufau.

eines Entgelts nicht schon notwendig von öffentlichem Interesse ist[38]. Der Begriff des öffentlichen Interesses wird aber recht weit gefaßt. So liegt die Forderung einer Nutzungsvergütung schon dann im öffentlichen Interesse, wenn sie die öffentliche Vorteilsausgleichung bezweckt. Dem Einzelnen wird in vielen Fällen durch die Nutzungserlaubnis auf Kosten der Allgemeinheit ein besonderer Vorteil zugewandt, für den er einen angemessenen finanziellen Ausgleich leisten soll.

Berthelémy[39] schreibt:

„L'occupation privative constitue un avantage, qui n'appartient pas à tous. Ce n'est pas pour racheter les inconvénients de leur occupation, c'est pour compenser le profit qu'ils en retirent, qu'ils doivent légitimement être astreints à une redevance[40]." Dieses Entgelt braucht sich nicht auf den durchschnittlichen Mietwert der eingenommenen Fläche zu beschränken, sondern darf den Gewinn, den der Begünstigte aus der Nutzung zieht, berücksichtigen[41].

c) *Öffentliche Zweckverfolgung und „ordre public"*

Das Verständnis der öffentlichen Sachen als „richesse collective" und die Erweiterung des Aufgabenbereichs des Herrn der öffentlichen Sache auf die Verfolgung öffentlicher Zwecke schlechthin ist bis heute vom Widerspruch begleitet.

Man hat die Förderung kommunaler Eigenbetriebe mittels der öffentlichen Sachherrschaft als Eingriff in die Berufsfreiheit, die Bindung privater Unternehmen öffentlichen Interesses als eine lautlose Sozialisierung bezeichnet. Es heißt, der Umstand allein, daß an den privaten Unternehmen ein öffentliches Interesse bestünde, könne nicht rechtfertigen, dieses plötzlich zum „service public" zu deklarieren[42].

---

[38] Laubadère Traité (3) II n. 350; Dufau J. C. A. Fasc. 406² n. 104.

[39] Traité (13) p. 494.

[40] „Die Sondernutzung bringt einen Vorteil, der nicht jedermann zusteht. Die Begünstigten dürfen legitimerweise zur Entrichtung eines Entgeltes gezwungen werden, nicht um die durch die Sondernutzung verursachten Nachteile für die Allgemeinheit auszugleichen, sondern um ein Gegengewicht zu schaffen gegen den Gewinn, den die Begünstigten aus der Nutzung ziehen." Ebenso Laubadère Automobile p. 268 s. s, 271 und die Rechtsprechung des C. E., z. B. Entsch. 7-2-1962 S.té industrielle de pêche Dr. adm. 62, 78; 20-10-1950 Fédération parisienne du bâtiment S. 1951 III 13. Vgl. Duez-Debeyre n. 1099; Jansse p. 166 s.

[41] s. Pollet R. P. D. A. 1956 n. 5 p. VII; Laubadère Traité (3) II n. 350; Dufau J. C. A. Fasc. 406² n. 117; oder jüngst noch der Coseil d'Etat im Falle der widmungsgemäßen Benutzung eines Verkaufsstandes in einer öffentlichen Fischhalle: Berechnung „en fonction du montant des enchères ou de la valeur du poisson vendu", C. E. 7-2-1962 Dr. adm. 62,78.

[42] So besonders Mestre note sous C. E. 11-7-1934 Meley S. 35 III 33 s. s.; Waline note sous C. E. 5-5-1944 C.ie maritime d'Afrique Orientale Penant 1947 n. 6113; Waline (9) n. 1122 s. s. Vgl. Laubadère Traité (3) n. 999, 1008.

Die Nutzung der öffentlichen Sachen sei Ausfluß der bürgerlichen Freiheiten. Die Bürger hätten daher ein Recht auf diese. Der öffentliche Sachherr dürfe eine Nutzung nur verweigern, wenn der „ordre public" bedroht sei[43].

Wenn die Rechtssprechung dem öffentlichen Sachherrn aufgebe, die öffentlichen Interessen zu berücksichtigen, so meine sie im Grunde doch den „ordre public".

„Nous pensons donc que la poursuite de l'intérêt général et celle de l'ordre public ne constituent donc en fait qu'un seul et même but et cela specialement sur le domaine public[44]."

Hier kommt wieder die liberale Theorie zum Vorschein. Wandte diese sich bereits dagegen, die öffentliche Sachherrschaft von der Polizei und der Verfolgung des „ordre public" dadurch abzulösen, daß man ihr in der Ausrichtung auf den Widmungszweck einen eigenen Aufgabenbereich zugestand[45], so widerstrebt ihr erst recht eine Ausweitung der öffentlichen Sachherrschaft im Hinblick auf die Verfolgung öffentlicher Verwaltungszwecke überhaupt.

Dabei versteht man den „ordre public" im engen, klassischen Sinn als öffentliche Sicherheit und Ordnung. Ziele moderner öffentlicher Wirtschaftsverwaltung haben darin keinen Platz. Wenn der öffentliche Sachherr solche Ziele soll verfolgen dürfen, so heißt es, bedarf er hierzu einer besonderen gesetzlichen Ermächtigung[46]. „Le domaine public peut être utilisé dans le sens de la réglementation économique..., mais uniquement sur la base d'un texte[47]."

---

[43] Vgl. Claude Klein p. 169: „On peut certes dire avec Maroger qu'il s'agit de faire respecter l'affectation,... il s'agit là d'explication rationelle fort séduisante, non de principes juridiques: le seul principe juridique admissible serait l'ordre public...". „Man kann gewiß mit Maroger sagen, daß der öffentliche Sachherr die Widmung schützen muß. Das ist eine rein rational sehr verführerische, aber juristisch ungenügende Erklärung: Das einzige Prinzip, von dem der öffentliche Sachherr ausgehen darf, ist der ordre public...".

[44] „Wir meinen deshalb, daß die Verfolgung des öffentlichen Interesses und des ‚ordre public', gerade bei öffentlichen Sachen, im Grunde ein und dasselbe Ziel haben", so Claude Klein p. 319.

[45] s. oben S. 61.

[46] Mestre note sous C. E. 11-7-1934 Meley S. 35 III 33 s. s.; Claude Klein p. 362 s.: „C'est qu'en effet, dans la mesure ou l'on a conçu, pendant longtemps certaines conséquences du libéralisme — essentiellement la liberté du commerce et de l'industrie — comme de véritables libertés publiques, il faudra des textes pour écarter cette liberté publique." „Da man tatsächlich seit langem bestimmte Folgerungen aus dem Liberalismus — im wesentlichen die Freiheit des Handels und der Industrie — als echte bürgerliche Freiheitsrechte ausgestattet hat, bedarf es zur Ausschaltung dieses bürgerlichen Freiheitsrechts eines Gesetzes." Vgl. Klein p. 233, 364.

[47] „Die öffentlichen Sachen können im Sinne der Wirtschaftslenkung eingesetzt werden..., aber nur auf gesetzlicher Basis", so Claude Klein p. 368.

Der Conseil d'Etat hat sich solcher Kritik nicht gebeugt. Er lehnt bereits den Ausgangspunkt, daß die Nutzung öffentlicher Sachen Ausfluß bürgerlicher Freiheitsrechte sei, ab. Seiner Auffassung nach muß die öffentliche Sache im Interesse aller genutzt werden, so daß das private Nutzungsinteresse zurückzutreten hat. Private Nutzungen sind Leistungen der Allgemeinheit, die auf Grund entgegenstehender öffentlicher Interessen eingeschränkt werden können und deren Einschränkung eine ausreichende Rechtsgrundlage in der öffentlichen Sachherrschaft findet. Dies hat der Conseil d'Etat erst kürzlich im Falle der Nichtzulassung privater Schlepper auf einem öffentlichen Gewässer im Interesse der Rentabilität des bestehenden öffentlichen Schleppdienstes bestätigt[48].

Das Verwaltungsgericht von Bordeaux erklärte die bevorzugte Vergabe von Standplätzen auf den öffentlichen Märkten von Bordeaux folgendermaßen[49]: „Considérant qu'il appartient à l'autorité chargée de la gestion du domaine public de fixer, tant dans l'intérêt du domaine et de son affectation que dans l'intérêt général, les conditions auxquelles elle entend subordonner les permissions d'occupation; que ni le principe de la liberté du commerce et de l'industrie, ni celui de l'égalité des citoyens devant la loi et les règlements, ni celui entre les usagers du service public, ne sauraient faire obstacle à l'exercice de ses pouvoirs de gestion; que par suite, les moyens tirés de la violation des principes généraux du droit sont inopérants...“[50].

Dieser Standpunkt hat sich langsam durchgesetzt. Nur im Bereich des Oberflächengebrauchs öffentlicher Wege scheint sich die alte Theorie hartnäckig zu halten. So darf etwa die Erlaubnis für den Kaffeehausbesitzer, auf dem Gehsteig vor seinem Haus Tische und Stühle aufzustellen, nicht von der Zahlung einer Art öffentlichrechtlicher „Platzmiete“[51], sondern nur von der Entrichtung einer geringen Verwaltungsgebühr für das Ausstellen des Erlaubnisscheines[52] abhängig gemacht werden.

---

[48] C. E. 16-11-1956 S.té Désaveine et S.té des grandes Tuileries Perrusson cit. Klein p. 239 s.

[49] Trib. adm. de Bordeaux 17-10-1962 Froment D. 1963, 575.

[50] „Es war entscheidend, daß es Aufgabe des Herrn der öffentlichen Sache ist, sowohl im Interesse der öffentlichen Sache, ihrer Widmung, als auch im Allgemeininteresse die Bedingungen der Nutzungserlaubnis festzulegen,
daß weder das Prinzip der Freiheit des Handels und der Industrie, noch das der Gleichheit der Bürger vor dem Gesetz und den Verordnungen, noch das der Gleichheit zwischen den Empfängern öffentlicher Verwaltungsleistungen die Geltendmachung der Rechte des öffentlichen Sachherrn hindern kann,
daß folglich die Angriffe, die sich auf die Verletzung allgemeiner Rechtsgrundsätze stützen, fehlgehen ....“

[51] Jansse p. 167, Watrin p. 164, Dufau J. C. A. Fasc. 406[2] n. 86.

[52] „taxe de police perçue à l'occasion de la délivrance d'une autorisation de police“, Waline Mutations p. 131; vgl. Dufau J. C. A. Fasc. 406[2] n. 86 s.

Insgesamt aber ist der Grundzug des französischen Nutzungsrechts in seiner Abwendung von der liberalen Vergangenheit und der Hinwendung zur Beachtung aller öffentlichen Nutzungsinteressen durch den öffentlichen Sachherrn unverkennbar.

B. Die Rechtsstellung der Nachbarn

Wie das deutsche Bürgerliche Gesetzbuch, so kennt der Code Civil eine Reihe von Rechten, die dem Eigentümer des einen Grundstücks am benachbarten Grundstück kraft Gesetzes zustehen[53]. Der Sinn dieser privaten Nachbarrechte besteht darin, die Nutzung der anliegenden Grundstücke gegeneinander abzustimmen und zu einem gerechten Ausgleich zwischen den sich auf gleicher Ebene begegnenden jeweiligen Berechtigten zu führen[54].

Die herrschende Meinung geht dahin, daß diese Rechte nicht gegenüber dem Herrn einer öffentlichen Sache bestehen, da das öffentliche Interesse an der uneingeschränkten Ausnutzung der öffentlichen Sache durch den öffentlichen Sachherrn dem privaten Interesse des privaten Eigentümers an der Ausnutzung seines privaten Nachbargrundstückes vorgeht. Die Verwaltungspraxis, die Rechtsprechung der Verwaltungsgerichte wie der Großteil des Schrifttums versagt dem Nachbarn der öffentlichen Sache daher die an einem privaten Grundstück bestehenden Nachbarrechte, und zwar ganz gleichgültig, ob das Nachbarrecht der Verwendung der öffentlichen Sache im Einzelfall widerspricht oder nicht[55]. Die Unteilbarkeit der öffentlichen Sachherrschaft wird auch hier konsequent durchgeführt, eine Konzession an das private Interesse des Nachbarn nicht gemacht. Die öffentliche Sache soll ständig jede denkbare Nutzung im öffentlichen Interesse ermöglichen[56].

So darf der Herr der öffentlichen Sache dem vom öffentlichen Wegenetz abgeschnittenen privaten Grundstückseigentümer den Übergang

[53] Art. 649—685 Code Civil („servitudes établies par la loi" im Gegensatz zu den vertraglich vereinbarten Dienstbarkeiten: „servitudes établies par le fait de l'homme").

[54] „faire régner entre des particuliers des rapports de bon voisinage", Duez-Debeyre n. 1083. Die Artikel 649 ff. Code Civil enthalten insbesondere Regelungen über Grenzmauern (Art. 649 ff.), Grenzgräben oder Grenzhecken (Art. 668 ff.), Grenzbäume (Art. 671 ff.), über Grenzabstände gefährlicher Anlagen (Art. 674), über Fensterrechte (Art. 675 ff.), über Dachrinnen (Art. 681), über Notwege (Art. 682 ff.).

[55] C. E. 10-3-1933 Gascard rec. p. 308 (Notwegrecht); C. E. 3-11-1933 Porte S. 34 III 41; C. E. 2-12-1959 Heliot R. P. D. A. 1960 n. 44. Ebenso T. C. 9-5-1914 Maruez rec. p. 573; Cour de Paris 18-2-1853 Ville de Chartres D. 1854 II 178. Vgl. Laubadère Traité (3) II n. 307, 2.; note P. L. S. 1934 III 41 s.

[56] Jansse p. 62.

über die öffentliche Sache verweigern, auf den dieser nach Art. 682 ff. Code Civil ein Recht hätte, und zwar ganz gleich, ob der Notweg den jeweiligen Gebrauch der öffentlichen Sache gestört hätte oder nicht[57].

Obschon die herrschende Meinung die gesetzlichen Nachbarrechte gegenüber dem Domaine public ausschließt, versucht sie doch auch, die Interessen des betroffenen Nachbarn der öffentlichen Sache zu schützen. Sie weist darauf hin, daß es in vielen Fällen möglich sein wird, dem mit seinem privaten Recht ausgeschlossenen Nachbarn ein inhaltsgleiches öffentliches Sondernutzungsrecht zu geben, das ihm, solange die Sache dem Domaine public angehört, das private Nachbarrecht praktisch ersetzen kann[58]. So kann z. B. ein Notwegrecht durch Sondernutzungserlaubnis an der öffentlichen Sache eingeräumt werden. Dieses Verfahren hat allerdings den entscheidenden Vorteil für den Herrn der öffentlichen Sache, daß das öffentliche Sondernutzungsrecht im Gegensatz zu dem privaten Nachbarrecht „précaire", d. h. jederzeit nach den Erfordernissen des Gemeinwohls widerruflich, und in der Regel nicht unentgeltlich ist.

Der Umstand, daß die vom Code Civil vorgesehenen gesetzlichen Nachbarrechte nicht gegenüber dem Herrn der öffentlichen Sache bestehen, besagt nichts darüber, ob der öffentliche Sachherr die privaten gesetzlichen Nachbarrechte des Code Civil gegenüber den Eigentümern und Besitzern der benachbarten privaten Grundstücke geltend machen kann.

Der Cour de Paris hat in dem Fall eines privaten Gebäudes, das auf einem privaten Grundstück stand, an das aber ein Kirchengrundstück, eine öffentliche Sache also, angrenzte, entschieden, daß der öffentliche Sachherr nicht berechtigt sei, den gesetzlichen Abstand der Gebäude und Fenster von der Grenze des kirchlichen Anwesens geltend zu machen, so wie er unter privaten Grundstücken verlangt werde, da der öffentliche Sachherr nicht Träger privater Rechte sein könne[59].

---

[57] Eine insbesondere von Zivilrechtlern und der Zivilgerichtsbarkeit gebildete Minderheit gibt dem Nachbarn der öffentlichen Sache die gesetzlichen Nachbarrechte insoweit, als ihre Ausübung der jeweiligen Verwendung der öffentlichen Sache nicht widersprechen würde.

s. Cass. civ. 19-5-1926 S. 1926 I 230; Cass. civ. 27-6-1959 Bull civ. n. 154, Cour de Nancy 25-1-1886 D. P. 1890 V 638; Cour de Poitiers 21-7-1931 D. P. 32 II 31; vgl. Travaux p. 919 s. s. Diese Auffassung steht aber mit einem Grundpinzip des französischen Rechts der öffentlichen Sachen in Widerspruch, wonach allein der öffentliche Sachherr an der öffentlichen Sache berechtigt sein darf und andere auch da kein Recht an ihr haben können, wo die Sache nicht gerade für die öffentlichen Sachzwecke gebraucht wird.

[58] So Houin und Latournerie in Travaux p. 921; Laubadère Traité (3) II n. 307, 2.

[59] Cour de Paris 13-5-1933 D. P. 1934 II 101 (art. 678 Code civil).

Hiergegen hat sich Waline[60] gewandt, und die herrschende Meinung ist ihm hierin gefolgt[61]. Das Zivilrecht sei, so heißt es, bei der rechtlichen Behandlung der öffentlichen Sachen nur insoweit ausgeschlossen, als es das öffentliche Interesse an der ausschließlichen Nutzung der öffentlichen Sachen durch die öffentliche Verwaltung erfordere. Daher könne es zwar keine privaten Rechte gegen den Herrn der öffentlichen Sache geben, wohl aber könne dieser private Rechte in bezug auf Nachbargrundstücke geltend machen[62].

C. Der Schutz der öffentlichen Sache vor unzulässigen Einwirkungen

Der öffentliche Sachherr ist alleiniger Herr der öffentlichen Sache. Er ist nicht nur berechtigt, sondern auch verpflichtet, die öffentliche Sache den im öffentlichen Interesse gelegenen Nutzungen zuzuführen. Nutzungen sowie sonstige tatsächliche Einwirkungen, die nicht als im öffentlichen Interesse gelegen zugelassen und die damit rechtswidrig sind, müssen vom öffentlichen Sachherrn verhindert und unterbunden werden. Das französische Recht gibt dem öffentlichen Sachherrn nun sowohl öffentlichrechtliche wie privatrechtliche Handhaben, Recht und Pflicht zur Abwehr unzulässiger Einwirkungen nachzukommen.

Der öffentliche Sachherr kann einseitige, öffentlichrechtlich zu qualifizierende Maßnahmen zum Schutze der öffentlichen Sache vor unzulässigen Einwirkungen vornehmen, insbesondere allgemeine Nutzungsordnungen (règlements) und Anordnungen für den Einzelfall erlassen.

Neben dem öffentlichen Sachherrn gibt es keine besondere Polizei der öffentlichen Sache, die eine eigene Zwangsgewalt zum Schutze der öffentlichen Sache ausüben könnte. Man hat zwar des öfteren von der „police domaniale" oder „police de conservation du domaine public" im Gegensatz zur „police administrative" oder „police de l'ordre public" gesprochen[63]. Unter dieser „police domaniale" versteht man aber lediglich den öffentlichen Sachherrn in seiner Funktion als Regulator der Nutzungen der öffentlichen Sache, wie er oben beschrieben worden ist.

Man hat sich mit Recht gegen die Bezeichnung des öffentlichen Sachherrn als „Polizei" gewandt[64]. Der öffentliche Sachherr besorgt weder den „ordre public", noch stehen ihm eigene Zwangsrechte zur Verfü-

---

[60] Waline note sous Cour de Paris 13-5-1933 D. P. 1934 II 103.

[61] z. B. Jansse p. 64, Georgin p. 16 note 16, Dementhon n. 30; Latournerie Travaux p. 917; Dieudé p. 37.

[62] Vgl. C. E. 24-7-1931 Commune de Vic-Fésenzac D. P. 1931 III 51; Duez-Debeyre n. 1083.

[63] Vgl. Laubadère Traité (3) II n. 310.

[64] z. B. Watrin p. 158 s., Bonnard p. 416.

gung. Er stützt sich wie jeder andere Träger öffentlicher Verwaltung auf die vom Gesetz eröffneten Möglichkeiten des Verwaltungszwanges.

Der öffentliche Sachherr kann aber gegen unzulässige Einwirkungen auch im Klagewege vorgehen. Ebenso wie der private Eigentümer kann er Herausgabe der Sache und Unterlassung von Störungen verlangen, und zwar sowohl in einer Klage wegen Rechtsverletzung (action petitoire) wie wegen Besitzverletzung (action possessoire)[65]. Der öffentliche Sachherr ist insoweit dem privaten Eigentümer gleichgestellt. Wie der private Eigentümer, so klagt der öffentliche Sachherr vor den Zivilgerichten.

D. Die Unterhaltung der öffentlichen Sache

Der öffentliche Sachherr ist verpflichtet, die öffentliche Sache in einen solchen Zustand zu bringen und sie in einem solchen Zustand zu erhalten, daß sie geeignet ist, den öffentlichen Sachzwecken zu dienen. Diese öffentlichrechtliche Pflicht ist wesentlich für die öffentliche Sachherrschaft[66]. Der öffentliche Sachherr haftet für Schäden, die ihre Ursache in mangelhafter Unterhaltung der öffentlichen Sache haben[67].

Neben der Pflicht des öffentlichen Sachherrn, die öffentliche Sache so zu unterhalten, daß sie optimaler Nutzung im öffentlichen Interesse zugänglich ist, kennt das französische Recht keine besondere (privat- oder öffentlichrechtliche) Verkehrssicherungspflicht.

E. Das Verhältnis von öffentlichem und privatem Recht

Grundsätzlich wird die öffentliche Sache in Frankreich nur nach öffentlichem Recht behandelt. Wie bereits erwähnt, verzichtet aber auch das französische Recht der öffentlichen Sachen nicht ganz auf private Rechtsformen. Allerdings sind diese im ganzen nicht sehr bedeutsam. Aus dem Recht der Nutzung und Unterhaltung sind sie ganz verdrängt. Der öffentliche Sachherr kann aber private Nachbarrechte an privaten

---

[65] s. Cass. civ. 10-10-1956 A. J. D. A. 57 II 41; Cass. civ. 18-2-1958 A. J. D. A. 58 II 396; vgl. auch C. E. 17-1-1923 Piccioli S. 1925 III 17 note Hauriou = D. 1923 III 29 = R. D. P. 1923, 567 concl. Corneille note Jèze, Waline (8) n. 1525, Duez-Debeyre n. 1107. Vgl. auch Ripert-Boulanger 1957 II Rn. 2331, 2352.

[66] Vgl. C. E. 4-4-1962 S.té Chais d'Armagnac A. J. D. A. 1962, 592 concl. Braibant; C. E. 26-10-1962 Ville de Toulouse R. D. P. 1963, 107 s.; C. E. 4-7-1962 Ville de Bordeaux R. D. P. 63, 109

[67] Vgl. Chapus, Responsabilité publique et responsabilité privée 1954, Laubadère Automobile p. 145 s s, C. E. 20-3-1926 Grimaud R. D. P. 1926, 261; C. E. 27-6-1930 Le Pape D. 1930 III 49; C. E. 2-7-1931 Rost rec. p. 721; C. E. 16-12-1936 Blanchard rec. p. 1119.

Grundstücken geltend machen und sich unzulässiger Eingriffe mittels der privaten Klagemöglichkeiten erwehren.

Das Verbleiben dieser privaten Rechtselemente in der Rechtsordnung öffentlicher Sachen bewirkt, daß gewisse Streitigkeiten in bezug auf öffentliche Sachen von der Zivilgerichtsbarkeit entschieden werden, obgleich grundsätzlich die Verwaltungsgerichtsbarkeit für Streitigkeiten über den domaine public zuständig ist. So werden die privaten Nachbarrechte und die Abwehrrechte gegen unzulässige Eingriffe, wenn sie mittels der Privatklage verfolgt werden, vor den Zivilgerichten geltend gemacht.

II. Die Gegenüberstellung des französischen und des deutschen Rechts der öffentlichen Sachen

Eine erste Gegenüberstellung des eben dargestellten französischen Rechts der öffentlichen Sachen und des entsprechenden deutschen Rechts führt bereits zu einigen wichtigen, allerdings teilweise nur vorläufigen Ergebnissen.

Man kann keineswegs generell sagen, das französische Recht werde besser mit den Problemen der modernen Verwaltung fertig, als das deutsche — oder umgekehrt. Weder das französische Recht der öffentlichen Sachen noch das deutsche ist aus „einem Guß" geformt; sowohl das französische wie das deutsche Recht ist historisch gewachsen und noch durch Rechtsbildungen beschwert, die den Problemen ihrer Zeit gerecht werden mochten, heute aber ihren Sinn verloren haben. Andererseits finden sich sowohl diesseits wie jenseits des Rheins sehr positive neue Ansätze. Allerdings scheint der Mut zu Neuerungen in Frankreich größer zu sein, auch zu Neuerungen, die über das Ziel hinausschießen.

So hat zwar die im deutschen Recht bisher unbekannte, uneingeschränkte Befugnis des französischen öffentlichen Sachherrn zur Beachtung öffentlicher Nutzungsinteressen über das Interesse am Widmungszweck hinaus manches für sich; zweifelhaft wird es aber bereits bei der Interpretation dessen, was öffentliche Nutzungsinteressen sind. Durch eine extensive Auslegung ermöglicht man eine für deutsche Verhältnisse ungeheuerliche Machtentfaltung des Herrn der öffentlichen Sache.

Anfechtbar erscheint weiter der Platz, den man in Frankreich privaten Rechtselementen im Recht der öffentlichen Sachen zuweist. Das private Recht wird einerseits sehr weit zurückgedrängt, so bei dem totalen Ausschluß privater Nachbarrechte gegenüber öffentlichen Sachen; andererseits wird es geduldet, wo es überflüssig wirkt, so bei dem Schutz öffentlicher Sachen vor unzulässigen Einwirkungen.

Schwierigkeiten, die im deutschen Recht der öffentlichen Sachen auftreten, erscheinen auch im französischen Recht: Die Aufteilung der Herrschaftsmacht über die Nutzungen unter mehrere Rechtssubjekte, die Unklarheit über die finale Bindung des Herrn der öffentlichen Sache, die Verflechtung von privatem und öffentlichem Recht und demzufolge die Zweispurigkeit des Rechtsweges.

Es ist daher nicht verwunderlich, wenn ein erfahrener Praktiker wie Henri *Dementhon* das französische Recht der öffentlichen Sachen einer geradezu vernichtenden Kritik unterzieht[68]: „Elle (la théorie du domaine public) est de plus imprécise: les auteurs ne sont pas arrivés à donner du domaine public une définition claire, ... ni une justification admissible des règles exceptionelles auxquelles il obéit ..., elle est fantaisiste, autorisant l'Etat, au gré de ses intérêts, à revendiquer l'application du droit civil, ou à s'y soustraire; elle est compliquée ..., elle est tyrannique, n'ayant au fond de dernière justification que dans le dessein d'augmenter les privilèges de la puissance publique ...; elle est contradictoire en raison de la nécessité ou elle se trouve souvent de renier ses principes qu'une trop stricte application risquerait de compromettre. Elle n'a pour elle qu'une certaine commodité, d'ailleurs plus apparente que réelle, et dont l'opportunité est parfois discutable. La théorie du domaine public pourrait sans inconvénient disparaître de notre droit[69]."

Man könnte daher fragen, ob es überhaupt sinnvoll war, so ausgiebig wie geschehen das französische Recht darzustellen, und ob eine nähere Beschäftigung mit seinen Grundgedanken irgendwelchen Nutzen für die Bewältigung der Probleme des deutschen Rechts verspricht. Die Antwort muß dennoch lauten: Ja.

---

[68] Traité du domaine de l'Etat, 6. Aufl., Paris 1964, Rn. 130 p. 42.

[69] Zu deutsch: „Das Recht der öffentlichen Sachen erlaubt keine genaue Abgrenzung. Man hat es weder geschafft, den öffentlichen Sachen eine klare Definition zu geben noch eine vertretbare Rechtfertigung der besonderen Regeln des Rechts der öffentlichen Sachen gefunden. Das Recht der öffentlichen Sachen gibt der Fantasie einen zu weiten Spielraum, erlaubt es dem Staat doch, gerade wie es ihm gefällt, privates Recht anzuwenden oder sich ihm zu entziehen. Das Recht der öffentlichen Sachen ist kompliziert, es ist tyrannisch, denn es hat im Grunde als letzten Grund nur den Wunsch, die Vorrechte der öffentlichen Gewalt zu vermehren ...; es ist widersprüchlich, weil es nur allzuoft seine eigenen Prinzipien, die durch eine zu strikte Anwendung Gefahr liefen kompromittiert zu werden, verleugnen muß. Es hat für sich nur eine gewisse Bequemlichkeit, die im übrigen mehr scheinbar als wirklich ist, und deren Zweckmäßigkeit bisweilen zweifelhaft ist. Das besondere Recht der öffentlichen Sachen könnte ohne Nachteil aus unserem Rechtssystem verschwinden."

Einmal ist das französische Recht der öffentlichen Sachen doch nicht so schlecht wie Dementhon es hinstellen möchte[70]. Zum anderen interessiert im Zusammenhang dieser Arbeit nicht so sehr die Masse der Einzelregelungen, die in einem lebenden Rechtsgebilde oft etwas kontrovers sind. Es kommt vielmehr auf den Ideengehalt, der dem französischen Recht der öffentlichen Sachen zugrunde liegt, an. Kann nämlich das geltende französische Recht mit seinen tausenderlei Einflüssen und Interessen unterliegenden Sonderbestimmungen unmittelbar nicht viel weiterhelfen, so fragt es sich doch, ob es nicht Rechtsgedanken grundsätzlicher Art birgt, die bei dem Versuch, die Probleme des deutschen Rechts zu lösen, von Vorteil sind. Solche grundsätzlichen Sichtweisen bilden meistens den Kern von Theorien. Es empfiehlt sich daher eine Untersuchung der Theorien, die einen Niederschlag im französischen Recht gefunden haben, im Hinblick darauf, ob sie einen Beitrag zur Weiterentwicklung des deutschen Rechts der öffentlichen Sachen leisten können.

---

[70] Die meisten Autoren sind ihm gegenüber wesentlich freundlicher eingestellt, vgl. Bournecque-Winandy R. D. P. 1953, p. 69 s. s; Dufau J. C. A. Fasc. 405 Introduction; selbst J. M. Auby in Conseil d'Etat, Etudes et Documents 1958 p. 42 s. s, bes. p. 55 s. s hat keine so kritische Einstellung wie Dementhon.

Vierter Teil

Die Theorien des französischen Rechts der öffentlichen Sachen und ihr Nutzen für das deutsche Recht

Das französische Recht der öffentlichen Sachen ist historisch gewachsen, größtenteils nicht kodifiziert und daher der Beeinflussung durch die Praxis, die Rechtsprechung, das Schrifttum verschiedenster Provenienz und Interessenlage ausgesetzt worden. Die seinen Regelungen zu Grunde liegenden Konzeptionen sind daher zahlreich. Im wesentlichen lassen sich aber drei Strömungen nennen, die besonders starke Wirkung hatten, und die hier die gemeinrechtliche, die liberale und die des öffentlichen Eigentums genannt werden sollen.

I. Die gemeinrechtliche Theorie

A. Die Behandlung öffentlicher Sachen nach gemeinem Recht

Die Anwendung des im Code Civil geregelten privaten Nachbarrechts zu Gunsten des Herrn der öffentlichen Sache[1] und der Schutz der öffentlichen Sache vor unzulässigen Einwirkungen mittels der privaten Klagen vor den Zivilgerichten[2], ja die Anwendung privaten Rechts an der öffentlichen Sache überhaupt sind Relikte aus einer Zeit, in der das französische öffentliche Recht noch unentwickelt war und die heute als öffentliche bezeichneten Sachen grundsätzlich wie alle anderen Sachen dem „droit commun", dem allgemein und regelmäßig geltenden Recht unterworfen waren.

Dies bestätigt die heute nicht mehr anerkannte Aufzählung der zum Domaine public gehörigen Gegenstände im Code Civil. So gehören nach Artikel 538 Code Civil zum Domaine public u. a. die dem Meere abgewonnenen Ländereien (lais et relais de la mer), oder die Reeden, nach Artikel 539 Code Civil herrenlose Sachen oder Nachlaßgegenstände

---

[1] s. oben S. 70 f.

[2] s. oben S. 72

bei Fehlen eines Erben, nach Artikel 541 Code Civil auch ehemalige, nicht mehr benutzte militärische Anlagen.

Die vier Artikel des Code Civil über den Domaine public (art. 538-541) sind fast wörtlich aus den Artikeln 2, 3, 5 des Code domanial (Dekret vom 22. Nov./1. Dez. 1790) übernommen, nur daß die Bezeichnung „Domaine national“ durch den damals gleichbedeutenden Begriff „Domaine public“ ersetzt wurde. Die genannten Artikel des Code domanial bezweckten, das Eigentum des Königs (domaine de la couronne) nach gelungener Revolution in die Hände der Nation zu überführen[3]. Eine Unterscheidung zwischen Domaine privé und Domaine public nach der Verwendung im Dienste öffentlicher Verwaltung gab es nicht. Es sollte lediglich die Verfügungsmacht der Nation über alle vorher in der Hand des Königs befindlichen Güter gesichert werden[4]. Daher betrafen die wenigen, vom „droit commun“ abweichenden Sonderbestimmungen auch nicht etwa die Nutzung der im Code Civil aufgezählten Sachen, sondern deren Erhalt im Staatsvermögen.

Mit dem sich seit Beginn des 19. Jahrhunderts allmählich durchsetzenden Verständnis des Domaine public als eines sachlichen Mittels öffentlicher Verwaltung verschwand auch das gemeine Recht, das man nach der Abtrennung des öffentlichen Rechts Zivilrecht nannte, mehr und mehr aus der Behandlung öffentlicher Sachen. Es wirkt heute lediglich in den eingangs genannten, vergleichsweise unbedeutenden zivilrechtlichen Nebenbestimmungen nach.

B. Die Versuche einer Modernisierung der gemeinrechtlichen Theorie

Eine Renaissance erlebte die gemeinrechtliche Theorie nicht. Lediglich einige vereinzelte Autoren haben zwischen 1930 und 1945 eine gewisse Wiederbelebung versucht, allerdings unter Beachtung der nun eindeutig einen öffentlichen Zweck verfolgenden Funktion öffentlicher Sachen.

Im Anschluß an eine in ihrer theoretischen Begründung nicht ganz eindeutige Entscheidung des Conseil d'Etat[5] waren es vor allem R. *Capitant*[6] und G. *Maroger*[7], die von der grundsätzlichen Geltung des

---

[3] Pelloux p. 60 s.

[4] Laubadère Manuel p. 277.

[5] C.E. 17-2-1932 Commune de Barran D. 1933 III 49.

[6] Note René Capitant D. 1933 III 49 sous C. E. 17-2-1932 Commune de Barran.

[7] Gilbert Maroger, L'affectation à l'usage public des biens des patrimoines administratifs, Sirey 1942.

Privatrechts für öffentliche Sachen ausgingen und diese nur mit einer durch die Widmung begründeten „Servitut des öffentlichen Interesses" belegen wollten[8].

Diese Versuche sind von der ganz herrschenden Meinung abgelehnt worden[9]. In der Praxis haben sie überhaupt keinen Niederschlag gefunden.

II. Die liberale Theorie

A. Der Ausschluß privaten Rechts und das liberale Verständnis der Funktion des Herrn der öffentlichen Sache

Wie dargestellt wurde, verzichtet das französische Recht bei der Regelung der Nutzung öffentlicher Sachen völlig auf die Beteiligung eines privaten Eigentümers, läge das private Eigentum nun in öffentlicher oder privater Hand[10]. Die Oberflächennutzungen an öffentlichen Wegen werden nur nach Gesichtspunkten der öffentlichen Sicherheit und Ordnung verwaltet[11], auch bei allen sonstigen Nutzungen öffentlicher Sachen besteht nach Ansicht einzelner Autoren die Aufgabe des öffentlichen Sachherrn nur in der Wahrung des „ordre public"[12]. Private Nachbarrechte gegenüber öffentlichen Sachen werden restlos ausgeschlossen[13].

Dies sind Auswirkungen der liberalen Doktrin des vorigen Jahrhunderts. Man verstand den Staat als obersten Schiedsrichter, der in die freie Betätigung der Bürger nur bei Gefährdung des eng gefaßten „ordre public" eingreifen sollte. Man beschränkte daher die Rechte des öffentlichen Sachherrn und erweiterte die Rechte derer, die die öffentlichen Sachen nutzen sollten: der Bürger. Man kannte nur die öffent-

---

[8] R. Capitant D. 1933 III 50: „L'affectation n'est pas nécessairement liée à l'idée du domaine. Des biens privés, appartenant à des particuliers, peuvent également être affectés à une destination publique. Telles sont les propriétés grevées d'une servitude d'utilité publique." „C'est le régime de l'affectation seul qui déroge au droit commun." Zu deutsch: „Die Widmung ist mit dem Begriff der Sache nicht notwendig verbunden. Private Güter, die Einzelnen gehören, können ebenfalls einer öffentlichen Bestimmung zugeführt werden. Das Eigentum an ihnen ist dann mit einer Servitut öffentlichen Interesses belastet." „Es ist allein das Recht der Widmung, das das gemeine (private) Recht ausschaltet."

[9] So als erster ausdrücklich Waline in D. 1934 II 101 s. s, s. besonders auch die Kritik von Laubadère, Domaine public, p. 15.

[10] s. oben S. 58 ff.

[11] s. oben S. 68.

[12] s. oben S. 66 ff.

[13] s. oben S. 69 f.

lichen Sachen im Gemeingebrauch und sagte von ihnen, das sie dem Publikumsgebrauch von Natur aus zu dienen hätten[14].

1. Die Eigentumsunfähigkeit öffentlicher Sachen

Ein Eigentumsrecht gab man dem Staat an den öffentlichen Sachen nicht. Man sagte, das Wesen des Eigentums sei es, daß es dem Eigentümer das Recht gäbe, die Sache zu seinem eigenen, alleinigen Profit zu nutzen und alle anderen davon auszuschließen. Demgegenüber mache es die Bestimmung und die Besonderheit öffentlicher Sachen aus, daß niemand von der Nutzung ausgeschlossen, sondern jedermann dazu eingeladen sei. Daher, so meint schon *Proud'hon,* könne weder der Staat noch sonst jemand öffentliche Sachen zu Eigentum haben[15].

Diese Theorie setzte sich bereits in der ersten Hälfte des 19. Jahrhunderts durch. Die Nachfolger Proud'hons verwiesen besonders auch auf gesetzliche Bestimmungen wie Artikel 538 Code Civil, welche öffentliche Sachen als des privaten Eigentums unfähig erklärten. „Des privaten Eigentums unfähig" wurde von ihnen ohne weiteres als „des Eigentums schlechthin unfähig" verstanden[16].

2. Die beschränkte Kontrollfunktion des öffentlichen Sachherrn

Man gestand dem Staat oder den Gemeinden als Herren der öffentlichen Sachen statt eines Eigentums lediglich eine Befugnis zur Überwa-

---

[14] Vgl. Ducrocq, Cours de droit adm. II p. 75. Die öffentlichen Sachen sind, so heißt es bei Gaudry (I, p. 76), Reichtümer, die die Vorsehung dem Menschen zum Nutzen gegeben hat: „Certaines choses sont, par la disposition même de la nature ... consacrées à des usages publics ... L'homme ne pourrait pas subsister ou vivrait difficilement, s'il ne lui était pas permis de jouir de ces richesses données par la Providence."

[15] „Le caractère exclusif, suivant lequel nul autre que le maître de la chose n'a le droit de participer à la jouissance de la propriété, ne peut convenir aux biens, qui composent le domaine public, puisque chacun a en même titre le droit d'en jouir suivant leur destination. Le domaine public n'est donc pour personne, ni même pour l'Etat, un domaine de propriété, puisque nul n'en est exlus", Proud'hon, Domaine public (2) I p. 201 s. Zu deutsch: „Der Charakter der Ausschließlichkeit, nach dem niemand anders als der Herr der Sache ein Recht zur Nutzung seines Eigentums hat, paßt nicht auf die öffentlichen Sachen, da jedermann in gleicher Weise gemäß der Sachbestimmung ein Nutzungsrecht hat. Die öffentlichen Sachen sind für niemanden, auch nicht für den Staat, Gegenstand eines Eigentumsrechts, da niemand von ihrem Gebrauch ausgeschlossen ist."

[16] So noch das Répertoire Béquet 1892 unter: Domaine, S. 136: „Dire que la propriété privée n'est point compatible avec le domaine public c'est affirmer aussi énergiquement que possible que l'Etat n'est point propriétaire de ce domaine ... Toute propriété, qu'elle réside sur la tête de la nation ou sur celle d'un seul homme, est donc une propriété privée." „Wenn man sagt, daß an öffentlichen Sachen privates Eigentum nicht möglich ist, so muß man dabei so energisch wie möglich feststellen, daß auch der Staat nicht Eigentümer sein kann ... Jedes Eigentum, sei es nun in der Hand der Nation oder eines einzelnen Mannes, kann nur privates Eigentum sein."

chung und Leitung zu: „pouvoir de garde et de surintendance". Der Begriff „surintendance" wurde von *Ducrocq* in sein System eingebaut[17], nachdem er erstmals von *Loyseau* (1666) verwandt worden war, um das Recht des Königs in Bezug auf die königlichen Domainen zu beschreiben[18]. Nun sollte der Herr der öffentlichen Sachen nichts tun, als den Gebrauch der Sache durch das Publikum im Interesse der öffentlichen Sicherheit und Ordnung zu überwachen, dafür sorgen, daß die Sache in ihrem Bestand erhalten bleibe[19].

Diese Befugnis des Herrn der öffentlichen Sache wurde hoheitsrechtlich verstanden. Dabei stützte man sich auf die damals herrschende Scheidung des Staates als obrigkeitlichem Machtgebilde (état-puissance) und des Staates als privater Rechtsperson (état-personne morale). Dementsprechend könne, so hieß es, die Sachherrschaft des Staates zweifacher Art sein: Sie könne dem Staat in seiner Eigenschaft als Hoheitsträger (en qualité de puissance publique, comme souverain) oder in seiner Eigenschaft als private Rechtsperson zustehen. Der Staat als Hoheitsträger herrsche mit den Mitteln des öffentlichen Rechts — und zwar ausschließlich mit ihnen — über den Domaine public, der Staat als private Rechtsperson herrsche mit dem Mittel des Eigentums („propriétairement") über den Domaine privé, das Finanzvermögen[20].

B. Die Bedeutung der liberalen Theorie in der Gegenwart

Der bedeutendste Autor dieses Jahrhunderts, der die liberale Theorie verfocht, war *Berthelémy*[21]. Er ging wie Ducrocq davon aus, daß es öffentliche Sachen gebe, die von Natur aus des Eigentums unfähig seien. Nur soweit die Natur nicht schon eine Widmung ausspreche, sei eine solche durch die Verwaltung noch möglich. In diesen Fällen „denaturiere" die rechtsgeschäftliche Widmung die öffentliche Sache derart, daß sie wie die öffentliche Sache kraft natürlicher Bestimmung des Eigentums unfähig sei[22]. Auch Berthelémy wollte die Stellung des Herrn der öffentlichen Sache auf eine Überwachungs- und Erhaltungsfunktion beschränken und deshalb z. B. die Einziehung von Nutzungsgebühren durch den Herrn der öffentlichen Sache nur ganz ausnahmsweise wie einen Schönheitsfehler in Kauf nehmen[23].

---

17 Ducrocq (7) IV p. 85 s., p. 89 et p. 95.

18 Loyseau, De l'abus des justices des villages, 1666, p. 35, cit. Pelloux p. 37.

19 Der Herr der öffentlichen Sache als „gendarme et cantonnier" (Polizist und Chausseewärter), so die Beschreibung von Jansse p. 32.

20 Pelloux p. 130, 134.

21 Traité (13) 1933 p. 470 s. s.

22 Traité (13) p. 482.

23 Traité (13) p. 486.

Die liberale Theorie hat in den letzten Jahrzehnten ihre Vormachtstellung verloren. Sie findet nichtsdestoweniger nach wie vor Anhänger. Diese sehen die Funktion des öffentlichen Sachherrn noch immer als eine ordnungspolizeiliche, lediglich am „ordre public“ ausgerichtete[24].

Die Rechtsprechung hat sich zuletzt um die Jahrhundertwende klar für die liberale Theorie ausgesprochen[25]. Seither vermeidet sie eine klare Stellungnahme zu Gunsten einer bestimmten Theorie.

III. Die Theorie des öffentlichen Eigentums

A. Die Erklärung des öffentlichen Sachherrn zum öffentlichen Eigentümer

Die dritte, für das geltende französische Recht der öffentlichen Sachen bestimmend gewordene Theorie schließt wie die liberale Theorie privat-rechtliche Behandlung öffentlicher Sachen aus. Ihre Auswirkungen zeigen sich insbesondere in der Ausweitung der Befugnis des öffentlichen Sachherrn zur Beachtung aller öffentlichen Interessen, insbesondere bei der Regelung der Nutzungen[26], beim Schutz[27] und bei der Unterhaltung[28] der öffentlichen Sache. Sie zeigen sich aber auch in dem vollständigen Ausschluß von Nachbarrechten[29]. Erst diese Theorie macht den öffentlichen Sachherrn zum öffentlichen Eigentümer.

1. Die Abwendung von der liberalen Theorie

Die liberale Theorie hatte zwar das private Eigentum an öffentlichen Sachen ausgeschlossen, aber nichts Vergleichbares an seine Stelle gesetzt. Sie hatte behauptet, die Natur der öffentlichen Sachen schließe jedes Eigentum an ihnen aus[30].

Diese Ansicht unterliegt seit Beginn dieses Jahrhunderts scharfer Kritik. Es sei irrig anzunehmen, so argumentierte besonders *Teissier*[31],

---

[24] So besonders Claude Klein, vgl. oben S. 66 ff.

[25] s. z. B. noch C. Cass. 20-12-1897 rec. p. 259; Cour de Paris 24-12-1896 Ville de Paris D. P. 97 II 251; C. Cass. 11-5-1909 Gaz. Pal. 1909 II p. 141. Vgl. näheres über diese Rechtsprechung bei Waline Mutations p. 99; Duverger p. 359; Jansse p. 188 s.

[26] Vgl. oben S. 61 ff.

[27] Vgl. oben S. 71 f.

[28] Vgl. oben S. 72.

[29] Vgl. oben S. 69 f.

[30] Vgl. oben S. 79 f.

[31] Conclusion sur C. E. 16-7-1909 rec. p. 713 s., ebenso Duez-Débeyre n. 1107.

die physische Natur von Sachen könne deren Fähigkeit, Gegenstand des Eigentums zu sein, ausschließen. Dies könne nur die menschliche Rechtsordnung tun[32]. Die Rechtsordnung aber schließe ein Eigentum an öffentlichen Sachen keineswegs aus. Sie behandle die öffentlichen Sachen vielmehr so, als seien sie Gegenstand eines Eigentumsrechts.

Auch *Hauriou* wandte sich gegen die eigentumsfeindliche Haltung der liberalen Theorie. Er hielt es für eine nicht mehr aufrechtzuerhaltende Fiktion, die Rechte des öffentlichen Sachherrn auf die Kontrolle und Überwachung beschränken zu wollen[33]. In Wirklichkeit, so sagte er, sei die Berechtigung des Sachherrn viel umfassender, besonders, wenn man die einem Service public als Verwaltungsmittel gewidmeten öffentlichen Sachen in die Betrachtung einbeziehe.

Der Herr der öffentlichen Sache dürfe diese für andere Zwecke nutzen, wenn der Widmungszweck erfüllt sei. Er habe ein echtes Eigentum: „une véritable propriété du domaine public", allerdings eines besonderer Art.

2. Die Entwicklung des öffentlichen Eigentumsbegriffes

Die Besonderheit dieses Eigentums ergäbe sich, so meinte die neue Lehre, aus der sozialen Funktion der öffentlichen Sache, ihrer Widmung für die öffentliche Verwaltung. Diese Widmung solle nicht zu einer außerhalb des Eigentums liegenden, das Eigentum beschwerenden Last, sondern vollkommen in das Eigentum integriert werden. Das Interesse des Eigentümers einer öffentlichen Sache und das Interesse, die öffentliche Sache dem Widmungszweck dienstbar zu machen, schlösse sich nicht aus; das Widmungsinteresse sei vielmehr das erste Interesse des Eigentümers. Der das Widmungsinteresse verfolgende öffentliche Sachherr und der Eigentümer seien daher identisch. Während das Eigentum an privaten Sachen dem privaten Nutzen diene, wirke das Eigentum an öffentlichen Sachen zum öffentlichen Nutzen. Hauriou nannte es: „propriété administrative", zu deutsch: öffentliches Eigentum[34 35].

---

[32] Vgl. Pelloux p. 298.

[33] Précis (10) p. 614 s. s.

[34] Précis (11) p. 659 s. „Propriété administrative" wird hier mit „öffentliches Eigentum" übersetzt, denn es ist als Pendant zum privaten Eigentum unter dieser Bezeichnung im deutschen Sprachgebrauch geläufig.

[35] Daher entspricht die Ansicht von Schultze-v. Lasaulx (Sitzung des Wegerechtsausschusses der Hbg. Bürgerschaft vom 22. 2. 1960, Stenogr. Bericht S. 4), das französische Recht habe schon zur Zeit der Einführung des BGB im Jahre 1900 das öffentliche Eigentum gekannt, nicht den Tatsachen. Vor 1900 war von öffentlichem Eigentum in Frankreich noch nicht die Rede.

Obwohl man sich sehr schnell in der Ablehnung der liberalen Theorie einig wurde, hatte die Theorie des öffentlichen Eigentums doch zunächst einige Mühe sich durchzusetzen[36].

B. Das Verständnis und der Erfolg des öffentlichen Eigentums in der Gegenwart

In den letzten Jahrzehnten hat die Theorie des öffentlichen Eigentums zwar eine beherrschende Stellung einnehmen können, sie ist jedoch nicht ohne erklärte Gegner geblieben.

Berthelémy hatte bereits vor dem letzten Krieg die kritische Frage an Hauriou gerichtet, ob man denn unter „öffentlichem Eigentum" ein Recht sui generis verstehe, ungleich dem Eigentum im Sinne des Zivilrechts. Wenn ja, so sei nicht einzusehen, daß man es „Eigentum" nenne. Man solle den festen zivilistischen Begriff des Eigentums nicht durch das Adjektiv „öffentlich" in Frage stellen. Wenn nein, so sei nicht zu verstehen, was die Bezeichnung des Eigentums als öffentlich am Rechtscharakter dieses zivilrechtlichen Institutes ändern könne[37].

Nach einer Generation großer Verwaltungsrechtler wie Hauriou, Berthelémy, Jèze ist diese Frage noch immer aktuell: Sind die Unterschiede des öffentlichen Eigentums zum privaten Eigentum wirklich so bedeutend, daß man ein anderes, ein neues Eigentum konstruieren muß?

Die heute herrschende Meinung bejaht dies, behauptet sie doch, das öffentliche Eigentum weise wesentliche Unterschiede zum privaten Eigentum auf. Das öffentliche Eigentum sei aber gleichzeitig nicht so weit

---

[36] Duguit und Jèze haben gemeinsam mit Hauriou die Grundlage für die Erweiterung des Domaine public durch die Einführung des Begriffes der „affectation à un service public", der Widmung für Zwecke eines Service public, gelegt. Sie sind Hauriou jedoch nicht in der Konstruktion eines öffentlichrechtlichen Eigentums gefolgt. Sie lehnten das öffentliche Eigentum aber nicht eigentlich wie die Verfechter der liberalen Theorie deshalb ab, weil die Widmung und das Eigentum sich nicht vertrügen, sondern weil es ihnen unmöglich schien, den Staat als Rechtssubjekt zu verstehen.Sie konnten dem Staat kein Eigentum zugestehen, ob dieses Eigentum nun privaten oder öffentlichen Rechts war. Nach Duguit waren die staatlichen Sachgüter in Vermögensmassen (patrimoines) zusammengefaßt, die Duguit je nach ihrer Zweckbestimmung als private oder öffentliche bezeichnete, und die bestimmte Beamte zu verwalten kompetent waren (Zweckvermögen). Vgl. Duguit Traité III § 74 p. 315 s. s, 323; Jèze R. D. P. 1910 p. 625; 1911 p. 307; 1915 p. 405; 1921 p. 361.

[37] Berthelémy Traité (13) p. 484 note 2: „Pourquoi, sur des phénomènes particuliers au droit public, tient-on à mettre des étiquettes faites pour le droit privé? Or, si ces expressions gardent leur sens habituel, pourquoi les faire suivre d'un signe particulier d'une portée indécise? et si ce signe particulier a pour objet de montrer que les mots perdent leur sens habituel, pourquoi s'en servir?".

vom privaten Eigentum entfernt, daß man es nicht mehr als Eigentum bezeichnen könne. Laubadère schreibt: „La propriété du domaine public doit être considérée comme une propriété différente de la propriété privée; Hauriou lui a donné à juste titre le nom de 'propriété administrative'; indiquant par là qu'il s'agit d'une catégorie transposée du droit civil avec un fond essentiel commun, mais des différences comme le contrat administratif par rapport au contrat du droit civil“[38].

In diesem Sinne ist auch die Bemerkung *Vedels* zu verstehen, daß die öffentliche Rechtsordnung dem Eigentum übergestülpt werde[39].

1. Die Gemeinsamkeiten von öffentlichem und privatem Eigentum

Nach herrschender Auffassung hat das öffentliche Eigentum mit dem privaten Eigentum des französischen Rechts gemein, daß es das umfassendste an einer Sache mögliche, absolut wirkende Herrschaftsrecht ist, das es gibt. Das öffentliche wie das private Eigentum legen das Schicksal der öffentlichen Sache voll in die Hand des Eigentümers. Dieser ist berechtigt, andere an der Verwendung der Sache teilhaben zu lassen, aber auch davon auszuschließen. Wie der private Eigentümer, so ist auch der öffentliche Eigentümer der Herr der ihm gehörigen Sache. Niemand sonst hat ein Recht, das stärker wäre als das des öffentlichen Eigentümers. Das öffentliche Eigentum schließt privates Eigentum an der öffentlichen Sache aus.

2. Die Besonderheiten des öffentlichen Eigentums

Der besondere öffentlichrechtliche Charakter des öffentlichen Eigentums ergibt sich aus den öffentlichen Sachzwecken. Diese führen die finale Bestimmung des Eigentums herbei, diese begründen alle den gemeinsamen Grund von öffentlichem und privatem Eigentum ergänzenden besonderen Normen des öffentlichen Eigentums. Während das private Eigentum dem privaten Nutzen und der Vielfalt privater Verwendungszwecke zugeordnet ist, wendet das öffentliche Eigentum die

---

[38] Laubadère Traité (3) II n. 241; zu deutsch: „Das Eigentum an öffentlichen Sachen muß als ein vom privaten Eigentum verschiedenes Eigentum angesehen werden. Hauriou hat es zu Recht ‚öffentliches Eigentum‘ genannt. Er hat so sichtbar gemacht, daß es sich um ein Institut handelt, das aus dem Privatrecht transponiert wurde und mit dem privaten Eigentum einen gemeinsamen Grund hat, das aber auch Unterschiede aufweist, — das öffentliche Eigentum steht zum privaten Eigentum so wie der öffentlichrechtliche Vertrag zum zivilrechtlichen Vertrag.“

[39] „La domanialité publique se surajoute à la propriété, mais ne la fait pas disparaître“, Vedel p. 1069. „Die öffentliche Sachqualität fügt sich dem Eigentum hinzu, sie läßt es nicht verschwinden.“

Nützlichkeiten einer Sache dem Widmungszweck und sonstigen Zwecken öffentlichen Interesses zu.

Das bedeutet, daß der öffentliche Eigentümer Nutzungen, die einem öffentlichen Interesse widersprechen, verhindern, und Nutzungen, die ein öffentliches Interesse fördern, bevorzugen darf.

Da der Begriff des öffentlichen Interesses ganz allgemein gehalten ist, gehört dazu auch das Interesse an staatlicher Wirtschaftslenkung und das Interesse an der Aufbringung von Geldmitteln. So schreibt Laubadère:

„A mesure que le domaine public apparaît plus clairement comme une propriété de l'administration, les actes de l'administration concernant ce domaine peuvent de plus en plus poursuivre un but économique ou financier"[40]. Der öffentliche Eigentümer gewinnt dadurch die Möglichkeit, mittels der öffentlichen Sache ganz allgemein Zwecke öffentlicher Verwaltung zu verfolgen.

Die durch die Bindung an den Widmungszweck und sonstige im öffentlichen Interesse gelegene Nutzungen hergestellte finale Beschränkung des öffentlichen Eigentümers bleibt kein außerhalb des öffentlichen Eigentums liegender Faktor, sondern wird in es integriert, ist ihm inhärent[41], ist „das Blut in seinen Adern"[42].

Eine Trennung zwischen dem zur Verwirklichung der öffentlichen Sachzwecke Verpflichteten und dem Eigentümer ist nicht möglich. Eine öffentliche Sache steht danach immer im öffentlichen Eigentum des öffentlichen Sachherrn[43].

Zu den Besonderheiten gehört, daß der Gebrauch, der „usus", den der private Eigentümer an einer privaten Sache hat, nicht der gleiche ist, der dem öffentlichen Eigentümer an der öffentlichen Sache erlaubt ist. Es heißt, der öffentliche Eigentümer sei Träger öffentlicher Verwaltung und repräsentiere die Öffentlichkeit. Gemeinde oder Staat z. B. seien doch nichts anderes als die fiktiv personifizierte Gesamtheit der Gemeinde- oder Staatsbürger[44]. Wer vom usus des öffentlichen Eigentümers spreche, meine damit im Grunde den Gebrauch der hinter dem

---

[40] Note sous C. E. 7-11-1934 Jacquin R. D. P. 1935 p. 815. Zu deutsch: „Seitdem es klar geworden ist, daß die öffentlichen Sachen Gegenstand eines öffentlichen Eigentums sind, können die Akte des öffentlichen Sachherrn mehr und mehr ein wirtschaftspolitisches oder finanzielles Interesse verfolgen."

[41] Vgl. Ch. Blaevoet note sous Trib. adm. de Nice 30-5-1956 D. 57, 223.

[42] Elle „circule comme un sang pour lui donner sa vie et sa personnalité", Laubadère Domaine public p. 27.

[43] Travaux p. 808, Rolland n. 534, C. E. 1-5-1936 D. H. 1936, 413.

[44] Waline Mutations p. 92, 136.

öffentlichen Sachherrn, dem öffentlichen Eigentümer, stehenden Öffentlichkeit[45].

Darum betont Waline, daß das öffentliche Eigentum kein individuelles Eigentum einer Person des öffentlichen Rechts sei, sondern das Eigentum einer Vielzahl von natürlichen Personen, sei es der Bürger einer Gemeinde, eines Départements, des Staates[46].

Die öffentliche Sache ist damit eine „richesse collective"[47], deren Verwendung immer mit den Interessen der Allgemeinheit abgestimmt werden muß: „Par l'incorporation au domaine public les utilités de la chose sont attribuées non pas à l'un des services de l'Administration mais à tous les administrés ... C'est la propriété administrative ce qui ne veut pas dire nécessairement, quant à l'utilisation des biens du domaine public, que tous peuvent s'en servir mais seulement qu'ils servent à tous"[48].

Diese Bindung des öffentlichen Eigentümers an die Interessen der hinter ihm stehenden Allgemeinheit wird nicht als Hindernis angesehen, von öffentlichem „Eigentum" zu sprechen. Die alte liberalistische Auffassung, Eigentümer könne nur sein, wer in seiner Zweckwahl restlos frei ist, wer mit seiner Sache machen kann, was er will[49], entspricht nicht mehr der herrschenden Auffassung in Frankreich. Diese nämlich verlangt wohl, daß der Eigentümer seine Sache unter Ausschluß anderer

---

[45] Vgl. Bernard (p. 56) unter Hinweis auf Jhering: „Les véritables sujets de droit, ce ne sont point les personnes juridiques comme telles; ce sont les membres isolés. Celles-là ne sont autre chose que la forme spéciale dans laquelle ceux-ci manifestent leurs rapports juridiques avec le monde extérieur." Zu deutsch: „Die juristischen Personen sind als solche nicht die eigentlichen Rechtssubjekte. Das sind nur die einzelnen Mitglieder. Die juristischen Personen sind nichts anderes als die besondere Form, in der die Mitglieder ihre Rechtsbeziehungen zur Außenwelt zum Ausdruck bringen."

[46] Waline, Mutations p. 88. Dem Einwand, daß Sachen im direkten Publikumsgebrauch auch Personen, die nicht Bürger im Verbande des jeweiligen Trägers der öffentlichen Sache sind, zum Gebrauch offenstehen, daß z. B. Gemeindewege auch von Bürgern der Nachbargemeinde, und daß Staatsstraßen von Ausländern benutzt werden können, begegnet man mit dem Argument, daß es sich hierbei um eine zweckmäßige Vergünstigung auf der Basis der Gegenseitigkeit handele. Die eigentlichen Herren der öffentlichen Sache seien aber doch die jeweiligen Gebietsangehörigen. Waline, Mutations p. 89.

[47] s. Laubadère Automobile p. 9; concl. Chenot sur C.E. 5-5-1944 C.ie Maritime D. C. 1944, 165.

[48] So Siorat p. 886 unter Berufung auf Saleilles note S. 1895 II 186. Zu deutsch: „Durch die Eingliederung in den Kreis der öffentlichen Sachen werden die Nutzbarkeiten der Sache nicht etwa einem einzigen Verwaltungszweck zugeteilt, sondern allen der öffentlichen Verwaltung unterliegenden Bürgern. Nutzung der im öffentlichen Eigentum stehenden öffentlichen Sachen, das bedeutet nicht notwendigerweise, daß jeder Einzelne sich ihrer bedienen kann, sondern daß sie allen dienen." Ähnlich Duez-Débeyre Rn. 1107, Waline (8) Rn. 1525.

[49] „attribution totale et exclusive des utilités au propriétaire".

nutzen können und daß dieses Recht das höchstmögliche Herrschaftsrecht an der Sache sein müsse, sie fordert aber nicht Schrankenlosigkeit bei Verwendung der Sache durch den Eigentümer[50].

Im übrigen handelt es sich im Grunde um eine selbst gewählte Beschränkung. Der öffentliche Eigentümer selbst hat die Sache gewidmet und damit für einen beschränkten Kreis von Zwecken bestimmt. Er kann die öffentliche Sache auch wieder entwidmen und sie anderen Zwecken zuführen[51]. Das französische Recht betrachtet das private Eigentum vor der Widmung und das öffentliche Eigentum nach der Widmung, wenn nicht als identisch, so doch als in kontinuierlicher Aufeinanderfolge stehend, wobei ein gemeinsamer Kern immer vorhanden ist. Privates und öffentliches Eigentum der öffentlichen Verwaltung sind sozusagen nur zwei verschiedene Aggregatzustände des gleichen Elementes Eigentum, einmal im mittelbaren, einmal im unmittelbaren Dienst am Gemeinwohl.

3. Der Erfolg der Theorie des öffentlichen Eigentums

Der tiefere Grund des Erfolges der öffentlichen Eigentumstheorie im 20. Jahrhundert liegt wohl in dem Wandel der von der Verwaltung zu befriedigenden Bedürfnisse. Der Service public ist mit der aktiven Rolle des Staates in der Leistungsverwaltung groß geworden und hat die mehr schiedsrichterliche, passive Seite der Verwaltung in den Hintergrund treten lassen. Der Staat ist nicht mehr eine abgeschlossene Einheit mit einem Sonderleben, vielmehr repräsentiert er die Staatsbürger in der Verwirklichung öffentlicher, sozialer Aufgaben. Daher sind die Sachen, derer sich der Staat zur Erfüllung dieser Aufgaben bedient, einer Rechtsordnung unterstellt, die diese Zweckerfüllung sichern und erleichtern soll[52], der des öffentlichen Eigentums.

Nicht nur in der rechtswissenschaftlichen Diskussion, auch in der Rechtsprechung ist das öffentliche Eigentum weitgehend anerkannt. Allerdings zieht diese dem Begriff der „propriété administrative" (öffentliches Eigentum) den neutralen Begriff der „gestion domaniale" (öffentliche Sachträgerschaft) vor. In der Sache handelt es sich aber um das Gleiche. Die Rechtsprechung zieht aus dem Begriff der öffentlichen Sachtägerschaft die gleichen Konsequenzen wie die Literatur aus dem Begriff des öffentlichen Eigentums[53].

---

[50] s. Laubadère Manuel p. 220 s.

[51] Vgl. Waline Mutations p. 134 s. s.

[52] Vgl. Jansse p. 36 s. s.

[53] s. besonders C. E. 5-11-1937 S.té industrielle des schistes dérivés rec. p. 897; C. E. 30-10-1942 C.ie Générale des Eaux D. C. 1943-63; C. E. 20-12-1957 S.té Nationale d'Editions cinematographiques rec. p. 702.

Nur der Gesetzgeber scheint die Wandlung zum öffentlichen Eigentum nicht immer erkannt zu haben; zum Beispiel geht er in dem sogenannten Code des domaines de l'Etat[54], der sich allerdings hauptsächlich mit dem Finanzvermögen des Staates und nur am Rande mit den öffentlichen Sachen befaßt, noch von der liberalen Konzeption aus.

Diese ist, so bestätigt *Borella*[55], hundert Mal von Lehre und Rechtsprechung verdammt worden. Ihre Abwegigkeit, so sagt er, sei so evident, daß man sich wundern müsse, daß den Redakteuren des Dekretes dies nicht schon bei der einfachen Lektüre aufgefallen sei. Demgegenüber haben die früher von Frankreich abhängigen Staaten Afrikas bereits viel modernere Kodifikationen des Rechts der öffentlichen Sachen geschaffen.

IV. Der Beitrag der drei Theorien zur Lösung der Probleme des deutschen Rechts

A. Der mangelnde Nutzen der gemeinrechtlichen Theorie

Die gemeinrechtliche Theorie geht von dem privaten Eigentum an öffentlichen Sachen aus und beschränkt den von dem öffentlichen Sachherrn zu unterscheidenden privaten Eigentümer nur insoweit, als der Widmungszweck es erfordert[56]. Sie entspricht daher der deutschen Theorie der beschränkt öffentlichen Sache und teilt mit ihr alle Nachteile einer den Erfordernissen der Zeit nicht mehr gerecht werdenden Einstellung[57]. Sie kann daher nichts zur Lösung der Probleme des deutschen Rechts, die sich ja aus der Theorie der beschränkt öffentlichen Sache ergeben, beitragen.

B. Der Beitrag der liberalen Theorie

Eine Anwendung der liberalen Theorie auf die deutschen Verhältnisse könnte einige beträchtliche Fortschritte bringen.

1. Die Ausschaltung privater Rechtselemente

Wer die liberale Theorie akzeptiert, der schließt privates Eigentum an öffentlichen Sachen und damit den Einfluß eines privaten Eigentümers auf die Nutzungen aus. Da allein der öffentliche Sachherr die Nut-

---

[54] Dekret vom 28. Dezember 1957.
[55] Borella p. 518.
[56] s. oben S. 76 ff.
[57] Vgl. oben S. 23 ff.

zungen reguliert, gibt es niemanden mehr, der sich der Beachtung der Grundrechte und der Interessen der Allgemeinheit bei der Vergabe der Nutzungen entziehen darf. Der öffentliche Sachherr hat nur dann ein Recht, eine beantragte Nutzungserlaubnis zu versagen, wenn die Nutzung dem „ordre public", der öffentlichen Sicherheit und Ordnung widerspricht.

Was die Nachbarrechtsfrage betrifft, so bringt die liberale Theorie auch hier einen gewissen Fortschritt. Mit dem Ausschluß aller privaten Rechtselemente werden nämlich die bisher privaten Nachbarrechte in das öffentliche Recht transponiert. Eine inhaltliche Änderung erfahren sie nicht, aber es kann um sie nur noch vor den Verwaltungsgerichten gestritten werden.

Der Schutz der öffentlichen Sache vor unzulässigen Einwirkungen wird nicht mehr mit Hilfe privater Rechtstitel, etwa des privaten Eigentums, besorgt. Ein „Hausrecht" des öffentlichen Sachherrn im privatrechtlichen Sinne besteht nicht.

2. Die Verdrängung der Zivilgerichtsbarkeit

Die Anwendung der liberalen Theorie führt zu einer Zurückdrängung der Zivilgerichtsbarkeit bei Streitigkeiten über öffentliche Sachen. Dadurch, daß die liberale Theorie die öffentlichen Sachen einer rein öffentlichen Rechtsordnung unterstellt, wird die Zivilgerichtsbarkeit an öffentlichen Sachen erheblich eingeschränkt. Der allein an der öffentlichen Sache berechtigte öffentliche Sachherr verwaltet die öffentliche Sache mit den Mitteln des öffentlichen Rechts; hieraus können nur öffentliche Rechtsstreitigkeiten entstehen.

Ganz ausgeschlossen wird die Zivilgerichtsbarkeit aber nicht. Amtspflichtverletzungen der für den öffentlichen Sachherrn handelnden Beamten zum Beispiel werden nach wie vor zivilgerichtlich geltend gemacht (§ 71 Abs. 2 Nr. 2 GVG). Nach wie vor steht man vor einigen unlösbaren Rechtswegproblemen, etwa dann, wenn der frühere private Eigentümer ein privates Nutzungsrecht mit der Begründung geltend macht, die Sache sei gar nicht wirksam gewidmet[58].

Hier kann die Entscheidung für den zivilen oder öffentlichen Rechtsweg nicht nach dem zivilen oder öffentlichen Charakter der Streitigkeit gefällt werden, da weder der eine noch der andere überwiegt[59].

---

[58] Nach Lerche DVBl. 55, 287 ebenso, wenn um den Besitz an öffentlichen Sachen gestritten wird, da unser Recht nur einen bürgerlich-rechtlichen Besitz kennt. Es wäre aber zu fragen, ob im Zuge einer allgemeinen Unterstellung der öffentlichen Sache unter das öffentliche Recht nicht auch ein öffentlich-rechtlich zu qualifizierender Besitz konstruierbar und zu konstruieren wäre.

[59] Vgl. oben S. 33 f.

Im ganzen gesehen wird der Raum der Zivilgerichtsbarkeit und damit die aus der Zweispurigkeit des Rechtsweges folgende Rechtsunsicherheit aber doch wesentlich eingeschränkt.

C. Der Beitrag der Theorie des öffentlichen Eigentums

Eine Anwendung der Theorie des öffentlichen Eigentums in Deutschland stößt erfahrungsgemäß auf besonders große Schwierigkeiten. Es unterliegt bereits erheblichen Zweifeln, ob im deutschen Recht ein „öffentliches Eigentum" begrifflich überhaupt konstruiert werden kann. Erst wenn diese Frage bejaht ist, hat es Sinn, nach den Auswirkungen der öffentlichen Eigentumstheorie im Hinblick auf die Probleme des deutschen Rechts zu fragen.

1. Die Übertragbarkeit des öffentlichen Eigentumsbegriffes in das deutsche Recht

a) Das öffentliche Eigentum bei Otto Mayer

Das „öffentliche Eigentum" ist in Deutschland längst nicht mehr unbekannt. Otto Mayer hat es zu Beginn dieses Jahrhunderts vom französischen Recht, wo es eben entstanden war, auf das deutsche Recht übertragen wollen. Er hat es aber nicht so übernommen, wie Hauriou es ihm anbot, er hat seinen Begriff des öffentlichen Eigentums vielmehr mit seiner Staatsauffassung verquickt.

Otto Mayer sah im Staat noch lediglich das dem Untertan übergeordnete, durch rechtliche Beziehungen nicht erreichbare Machtwesen[60]. Der Staat war ihm zu mächtig, als daß er ihn mit den übrigen Rechtssubjekten auf eine Stufe stellen wollte[61]. Dies wirkte sich auch auf seine Vorstellungen vom öffentlichen Eigentum aus.

Otto Mayer kennzeichnete das öffentliche Eigentum durch das Überordnungsverhältnis des Staatswillens gegenüber dem Einzelnen. Öffentliches Eigentum mochte dann zwar als objektives Recht begreifbar sein, nicht aber als subjektive Berechtigung. Daher stellte Otto Mayer öffentliches Eigentum lediglich als ein Stück öffentliche Verwaltung, als eine

---

[60] Otto Mayer (3) II 329: „Der Staat ist demnach in seiner Sonderstellung verblieben. Auf ihn paßt nicht die Bezeichnung rechtsfähige Verwaltung; ... die juristische Persönlichkeit wäre hier eine kleinliche Künstelei, unwürdig der majestas, vor der wir stehen." Und Fußn. 14 S. 329: „Wir teilen hier die Gefühle Gierkes, Dt.Priv.Recht I S. 469, gegen die Leute, die in mutiger Folgerichtigkeit das Gespenst der fingierten Person zum Subjekte der Staatsgewalt erhoben haben. Eine juristische Konstruktion aber, die das Recht über Leben und Tod der Menschen einem so schattenhaften Wesen verleiht, richtet sich selbst." Vgl. dazu Niehues S. 11.

[61] Otto Mayer (3) I S. 104 ff.

Funktion öffentlicher Verwaltung dar[62]. Öffentliches Eigentum war ihm Ausdruck der gerichtlich nicht kontrollierbaren Herrschaftsmacht des Staates[63].

Dieser Begriff des öffentlichen Eigentums ist mit vollem Recht von der späteren Verwaltungsrechtswissenschaft, insbesondere von *Maunz*[64], abgelehnt worden. Die aus der absolutistischen Staatsauffassung erwachsene Vorstellung Otto Mayers vom öffentlichen Recht im allgemeinen und vom öffentlichen Eigentum im besonderen kann heute keine Anerkennung mehr finden. Wer in der „öffentlichen Gewalt" nur die Entfaltung obrigkeitlichen Herrschaftswillens, nicht aber eine rechtliche Beziehung sieht, der kann auch das öffentliche Eigentum nicht als ein echtes subjektives Recht konstruieren, das mit dem privaten Eigentumsrecht verglichen werden könnte. Ja, hier ist die Bezeichnung „Eigentum" fehl am Platze und irreführend, es bliebe dann besser bei „öffentliche Sachhoheit"[65] oder ähnlichem.

b) Der revidierte Begriff des öffentlichen Eigentums

Eine moderne Konstruktion des Begriffes „öffentliches Eigentum" muß den von Maunz gegen Otto Mayer vorgebrachten, berechtigten Einwendungen Rechnung tragen und das öffentliche Eigentum formell als ein subjektives Recht, materiell als ein Vollrecht an der Sache zu bestimmen versuchen. Dies fällt nicht schwer, wenn man von dem französischen Begriff der „propriété administrative" ausgeht.

α) Die Herrschaft des öffentlichen Sachherrn kann auch in einem monistischen System des Rechts öffentlicher Sachen, das die Unterschei-

---

62 Siehe Otto Mayer (3) II S. 40. So schrieb nach Otto Mayer auch H. Schelcher: „Das private Eigentum, wenn es an der Hand des Staates zu der öffentlichen Herrschaft über die öffentliche Sache hinzutritt, geht in dieser öffentlichen Verwaltung auf, und wird gleichsam selbst zur öffentlichen Verwaltung." Das öffentliche Eigentum ist „Ausfluß und Bestandteil öffentlicher Verwaltung" (Fisch.Ztschr. 48 (1918) S. 387 f.).

63 Maunz hat in Hauptprobleme S. 134 Otto Mayer treffend erläutert: Das öffentliche Eigentum ist nach Otto Mayer „gerade das nicht, was das Privateigentum seinem Wesen nach ist, nämlich ein subjektives Recht. Das öffentliche Eigentum ist nach Mayer ein Stück öffentlicher Verwaltung. Statt der öffentlichen Verwaltung als Mittel zu dienen wie das Privateigentum, stellt es selbst öffentliche Verwaltung dar. Die öffentliche Verwaltung ist in einem Wortsinn eine Tätigkeit (das Verwalten), im anderen ein Zustand (des Verwaltetwerdens). Eine Tätigkeit oder ein Zustand können aber kein subjektives Recht sein."

64 Hauptprobleme S. 55 ff., 125 ff., 132ff.

65 Als was Bernard p. 148 das öffentliche Eigentum Otto Mayers kritisch beschreibt: „un simple droit de police, de haute surveillance". Die Gründe, die Maunz gegen den öffentlichen Eigentumsbegriff Otto Mayers vorbringt, sind später in ähnlicher Weise auch von den Vertretern der französischen Theorie des öffentlichen Eigentums gegen Otto Mayers Begriff ins Feld geführt worden, siehe besonders Laubadère Domaine public p. 19.

dung von öffentlicher Sachherrschaft und Eigentum vermeidet, rechtlich geordnet und kontrolliert werden. Was Maunz über das Eigentum an sich geschrieben hat, gilt auch für das öffentliche Eigentum:

„Der Begriff des Eigentums ist ein Rechtsbegriff. Außerhalb des Rechts gibt es zwar die natürlichen Grundlagen des Eigentums in Gestalt von körperlichen Gegenständen ... Aber diese Grundlagen sind nicht das Eigentum. Eigentum daran entsteht nur durch eine Rechtsnorm. In dem Satz ‚A. hat Eigentum' kommt die Zurechnung eines konkreten Normeninhaltes zu einer Rechtsperson zum Ausdruck ... Eigentum ist hiernach die rechtliche Herrschaft einer Person in Bezug auf eine Sache"[66].

β) Eigentum ist nach Maunz[67] ein „Vollrecht an der Sache". Nun bezeichnet das öffentliche Eigentum wie das private Eigentum das umfassendste an der Sache mögliche Recht. Es gibt kein Recht an der öffentlichen Sache, das weiterginge und größere Befugnisse verliehe als das öffentliche Eigentum. Insofern ist auch das öffentliche Eigentum ein „Vollrecht an der Sache"[68].

Der Unterschied zwischen privatem und öffentlichem Eigentum besteht eben nur darin, daß der private Eigentümer eine größere finale Handlungsfreiheit an der Sache hat. Während der private Eigentümer seine Sache für nahezu alle beliebigen Zwecke benutzen darf, ist der öffentliche Eigentümer auf Zwecke öffentlichen Interesses beschränkt. Das private Eigentum will privatnützig, das öffentliche Eigentum gemeinnützig sein.

Es zeigt sich, daß auch im deutschen Recht ein dem französischen Begriff des öffentlichen Eigentums entsprechender Begriff konstruierbar ist.

2. Die Vorteile einer Anwendung der öffentlichen Eigentumstheorie

Zunächst kann man feststellen, daß eine etwaige Anwendung der Theorie des öffentlichen Eigentums die Vorteile hat, die auch die Anwendung der liberalen Theorie mit sich bringt:

Ausschluß des an die Grundrechte und das Gemeinwohl nicht gebundenen privaten Eigentümers von der öffentlichen Sachnutzung, Kontrolle der Nutzungen allein durch den öffentlichen Sachherrn, Ausschaltung der privaten Nachbarrechte und eines privaten „Hausrechts"; kurz:

---

66 Maunz, Hauptprobleme S. 132.

67 Hauptprobleme S. 132, 135.

68 So auch BGHZ 9, 373 ff. (381 f.): „eine umfassende Vollherrschaft, die man als öffentliches Eigentum bezeichnen mag".

die Unterstellung der öffentlichen Sachverwaltung unter das öffentliche Recht[69].

Die öffentliche Eigentumstheorie bringt aber eine wesentliche Neuerung, in der ein gewisser Fortschritt auch gegenüber der liberalen Theorie steckt: Die Berechtigung des öffentlichen Sachherrn zur Beachtung öffentlicher Interessen über das Widmungsinteresse hinaus.

Der Herr der öffentlichen Sache ist berechtigt, widmungsfremde, die widmungsgemäße Nutzung nicht beeinträchtigende Nutzungen zu verhindern, wenn sie öffentlichen Interessen widersprechen. Er ist außerdem berechtigt, eine die widmungsgemäße Verwendung störende Nutzung bei überwiegendem öffentlichem Interesse an ihr zuzulassen[70].

Nach der Theorie des öffentlichen Eigentums wie nach der liberalen Theorie werden die bisher privaten Nachbarrechte an öffentlichen Sachen in das öffentliche Recht transponiert[71], nach ersterer Theorie aber nur unter dem Vorbehalt der Vereinbarkeit mit dem widmungsgemäßen und mit jedem anderen, im öffentlichen Interesse gelegenen Gebrauch. Ein völliger Ausschluß von Nachbarrechten, so wie ihn das geltende französische Recht kennt[72], ist auch nach der Theorie des öffentlichen Eigentums nicht nötig .

Weiter hat der öffentliche Sachherr die öffentliche Sache nicht nur gegen solche unzulässige Einwirkungen zu schützen, die die widmungsgemäße Verwendung, sondern auch gegen solche, die die sonstigen im öffentlichen Interesse gelegenen Nutzungen stören könnten.

Der öffentliche Sachherr hat die öffentliche Sache so zu unterhalten, daß sie sowohl dem Widmungszweck wie anderen öffentlichen Zwecken dienstbar gemacht werden kann.

D. Die gemeinsamen Nachteile der liberalen und der öffentlichen Eigentumstheorie

Beide Theorien beschränken sich nicht etwa darauf, die Einwirkung etwaiger privater Rechtsinhaber an der öffentlichen Sache und auf die öffentliche Sache durch ein Verbot der Ausübung des privaten Rechts auszuschließen, sie schließen das private Recht selbst aus. Privates Eigentum an öffentlichen Sachen etwa gibt es auch als „nudum ius" nicht. Das hat Nachteile, die die deutsche Theorie der beschränkt öffentlichen Sache nicht kennt.

---

69 Vgl. oben S. 88 ff.

70 Vgl. oben S. 28 f., 61 ff.

71 Vgl. oben S. 89.

72 s. oben S. 69 f.

1. Die Begründung der Widmung im privaten Eigentumsrecht

Zum Eintritt einer bis dahin privaten Sache in den Kreis der öffentlichen Sachen ist auch nach französischem Recht ein besonderer, stillschweigend möglicher Widmungsakt erforderlich. Nach der Widmung besteht an der nun öffentlichen Sache gemäß der öffentlichen Eigentumstheorie öffentliches Eigentum, gemäß der liberalen Theorie ein öffentliches Sachherrschaftsrecht.

Das private Eigentum kann nach der Widmung nicht neben dem öffentlichen Eigentum bzw. dem öffentlichen Sachherrschaftsrecht fortbestehen. Vielmehr geht es nach französischer Rechtsauffassung in dem Recht des Herrn der öffentlichen Sache auf. Das vor der Widmung bestehende private Eigentum setzt sich nach der Widmung in einer anderen, öffentlichrechtlichen Form fort, als öffentliches Eigentum bzw. als öffentliches Sachherrschaftsrecht. Mit der Entwidmung gewinnt es seine frühere, privatrechtliche Gestalt zurück.

Will nun ein Träger öffentlicher Verwaltung eine private Sache zur öffentlichen widmen und damit öffentlicher Sachherr bzw. öffentlicher Eigentümer werden, so kann er das ohne Rechtsverletzung anderer nur tun, wenn er vorher alle an der privaten Sache bestehenden privaten dinglichen Rechte erwirbt. Eine wie auch immer geartete Zustimmung der mit dem widmenden Verwaltungsträger nicht identischen privat dinglich Berechtigten genügt nicht, denn weder eine solche Zustimmung noch die Widmung selbst haben rechtsvernichtenden oder rechtsübertragenden Charakter. Die Widmung begründet die Öffentlichkeit einer Sache, sie kann aber nicht Rechte beseitigen oder diese von einer anderen Rechtsperson auf den öffentlichen Sachherrn übertragen. Daher setzt die Widmung einer Sache sowohl nach der liberalen Theorie wie nach der Theorie des öffentlichen Eigentums privates Eigentum des Widmenden voraus.

Dies bestimmt konsequenterweise auch das französische Recht[73]. Die durch einen Träger öffentlicher Verwaltung vorgenommene Widmung einer privaten Sache zur öffentlichen ist daher gleichzeitig eine Form der Ausübung des Eigentumsrechts[74]. Hauriou hat die Widmung daher zutreffend „prérogative de l'exercice de la propriété“[75] genannt[76].

---

[73] Statt vieler Laubadère Traité (3) II n. 257, 258; Duverger p. 9, C. E. 13-3-1923 Mariole S. 1925 III 1; vgl. Jansse p. 62 s., p. 319.

[74] Duverger p. 302, Laubadère Traité (3) II n. 257.

[75] Précis (12) p. 787 note 11.

[76] Der Unterschied der Widmung einer privaten Sache durch ihren privaten Eigentümer für einen privaten Zweck zur Widmung einer privaten zur öffentlichen Sache besteht daher lediglich darin, daß letztere zusätzlich einen Verwaltungsakt enthält, der besondere öffentliche Rechtsfolgen hat. Wäh-

a) Die mangelnde Reichweite des Rechts der öffentlichen Sachen

Wenn aber jeder Träger öffentlicher Verwaltung, bevor er eine Sache widmen kann, vorher das private Eigentum und alle anderen eventuell an der Sache bestehenden dinglichen Rechte, sei es durch privates Rechtsgeschäft, sei es durch Enteignung erwerben muß, so ist es fortan nicht mehr möglich, Gegenstände zu öffentlichen Sachen zu widmen, die der Verwaltungsträger nur gemietet hat. Es ist dann in Deutschland nicht mehr möglich, einem Gebäude oder einer Etage, die eine Abteilung des Amtsgerichts, des Finanzamtes, der Gemeindeverwaltung aufnehmen soll und möglicherweise für 50 Jahre gepachtet ist, den besonderen Schutz des öffentlichen Sachenrechts zu geben. Diese Schwierigkeit besteht natürlich auch in Frankreich. Das französische Recht hat daher seine Zuflucht zu einer Hilfskonstruktion genommen.

b) Die Widmung zu Gunsten Dritter im französischen Recht

Es besteht auch unter der Geltung der liberalen und der öffentlichen Eigentumstheorie in Frankreich ein Bedürfnis dafür, daß bestimmten Sachen, die ein Träger öffentlicher Verwaltung zwar nicht zu Eigentum erwerben will oder kann, von ihm aber dennoch unmittelbar im Interesse öffentlicher Verwaltung verwendet werden sollen, mit der Verwendung als öffentliche Sachen der besondere Schutz des Rechts der öffentlichen Sachen zukommt.

Diesem Bedürfnis trägt das französische Recht dann Rechnung, wenn der Eigentümer seinerseits ein potentieller Herr öffentlicher Sachen, wenn er also eine juristische Person des öffentlichen Rechts ist. In diesem Fall ist es diese juristische Person, welche die Sache als Eigentümerin für den öffentlichen Zweck widmet, den der Verwaltungsträger, der das Eigentum nicht hat, verwirklicht (affectation externe).

Danach hat der von der Widmung begünstigte Verwaltungsträger an der Sache trotz fehlenden Eigentums im wesentlichen die Rechte, die er hätte, wenn er die Sache selbst als Eigentümer gewidmet hätte. Insbesondere ist der begünstigte Verwaltungsträger zur Verwendung der Sache für den Widmungszweck berechtigt. Die Sache bleibt aber letztlich in der Verantwortung des widmenden Verwaltungsträgers. Dieser behält auch das Recht der Entwidmung (zu Lasten des dritten, begünstigten Verwaltungsträgers).

---

rend der private Eigentümer, der die privaten Zwecke seiner Sache austauscht, hiermit an sich überhaupt noch keine Rechtswirkungen erzielt, wird die vom Verwaltungsträger öffentlichen Sachzwecken gewidmete private Sache der Herrschaft des privaten Rechts entzogen und der des öffentlichen Rechts unterstellt.

Bei der Widmung zu Gunsten Dritter gewährt also nicht der widmende Verwaltungsträger selbst (service public affectatrice) den Gemeingebrauch noch hat er selbst den Verwaltungsgebrauch, sondern der von der Widmung begünstigte, vom Widmenden verschiedene Verwaltungsträger (service public affectataire). Als Beispiel kann ein Binnenschiffahrtshafen angeführt werden, den der französische Staat während des Krieges 1914/18 auf seine Kosten geschaffen hat, und der zunächst allein für militärische Zwecke verwandt wurde. Als der Hafen nach dem Kriege für militärische Zwecke nicht mehr gebraucht wurde, aber die private Binnenschiffahrt aus volkswirtschaftlichen Gründen unterstützt werden sollte, widmete der Staat die Hafenanlagen mit Dekret vom 4. 2. 32 zu Gunsten des Office nationale de la navigation, einer selbständigen durch Gesetz geschaffenen öffentlichen Anstalt zur Förderung der Binnenschiffahrt, auf daß diese Anstalt den Hafen für Zwecke der Binnenschiffahrt betreibe[77][78].

c) *Die Widmung zu Gunsten Dritter im deutschen Recht*

Im deutschen Recht gibt es bisher die Widmung zu Gunsten Dritter nicht. Jeder Träger öffentlicher Verwaltung kann öffentlicher Sachherr sein und dementsprechend widmen, wenn er die Zustimmung des privaten Eigentümers hat. Wollte man das deutsche Recht nach der liberalen oder nach der öffentlichen Eigentumsheorie auslegen, so müßte man wohl auch die Konstruktion der Widmung zu Gunsten Dritter mitübernehmen.

Hiermit würde aber der durch die Verankerung der Widmung im Eigentumsrecht entstandene Engpaß nur wenig erweitert, denn die Widmung zu Gunsten Dritter setzt immerhin voraus, daß der Eigentümer seinerseits Herr öffentlicher Sachen sein kann, nach deutschem Recht also Träger öffentlicher Verwaltung ist. Es kann also nur ein Verwaltungsträger zu Gunsten eines anderen widmen. In den meisten Fällen, in denen bisher nur gemietete oder gepachtete Sachen gewid-

---

[77] C. E. 19-10-1956 S. té Le Béton D. 1956 J. 681.

[78] Die Widmung zu Gunsten Dritter ist wohl zu unterscheiden von dem rein privaten Überlassungsverhältnis. Erstere ist ein Vorgang des öffentlichen Rechts, der die Sache der rein öffentlichen Sachenrechtsordnung unterstellt, letzteres ist privatrechtlich und hält die Sache unter der privaten Sachenrechtsordnung. Dies bringt große praktische Unterschiede mit sich, es sei hier nur als Beispiel die Dauer des Rechtsverhältnisses genannt: Die Widmung zu Gunsten Dritter erfolgt auf unbestimmte Zeit, kann aber vom Widmenden nach Maßgabe der öffentlichen Interessenlage widerrufen werden, die privatrechtliche Überlassung erfolgt in der Regel auf eine bestimmte Zeitspanne, kann dafür aber nicht vorzeitig vom Eigentümer rückgängig gemacht werden, es sei denn, der Vertragspartner stimmte dem zu. Man sieht schon hier, daß die Widmung die elastischere und somit den wechselnden öffentlichen Interessen adäquatere Form ist. Vgl. Jansse p. 89 s.

met wurden, ist der private Eigentümer aber gerade nicht Verwaltungsträger. In diesen Fällen bleibt es dabei, daß der private Eigentümer dem Verwaltungsträger die Sache nur in den Formen des Privatrechts zur Verfügung stellen kann. Dies bedeutet, daß die private Sache nicht öffentliche Sache wird und folglich nicht den Schutz des besonderen Rechts der öffentlichen Sachen besitzt.

Das ist an sich auch in Frankreich so. Nur wirkt sich dort der beschriebene Engpaß weit weniger hinderlich aus, weil dort die meisten Sachen, die in Deutschland bisher gemietet und dann gewidmet werden, auf Grund eines engeren öffentlichen Sachbegriffes[79] ohnehin nicht öffentliche Sachen werden können. Für das deutsche Recht würde die durch die liberale oder die öffentliche Eigentumstheorie bedingte Verankerung der Widmung im Eigentumsrecht aber doch eine empfindliche Beschneidung des bisherigen rechtlichen Besitzstandes mit sich bringen.

2. Die Verkehrsunfähigkeit öffentlicher Sachen

Öffentliche Sachen sind nach geltendem deutschem Recht in bestimmten Grenzen verkehrsfähig, das heißt, gewisse dingliche Berechtigungen an ihnen können verändert, übertragen, aufgegeben werden. Durch die Anwendung der liberalen Theorie oder der Theorie des öffentlichen Eigentums tritt hier eine wesentliche Änderung ein.

a) Die Unveräußerlichkeit

α) Die Veräußerlichkeit nach geltendem deutschem Recht

Nach dem geltenden deutschen Recht ist die öffentliche Sache Gegenstand privater dinglicher Rechte. Im Prinzip kann jeder Inhaber eines privaten dinglichen Rechts über dieses verfügen. An öffentlichen Sachen aber ist nach herrschender Meinung die Ausübung aller privaten Sachenrechte insofern beschränkt, als der öffentliche Sachzweck berührt ist. Auch Verfügungen über private Rechte an öffentlichen Sachen müssen daher grundsätzlich den öffentlichen Sachzweck beachten[80].

Die herrschende Lehre geht nun wie selbstverständlich davon aus, daß rechtsgeschäftliche Verfügungen über private Rechte an öffentlichen Sachen mit der öffentlichen Zweckbestimmung unvereinbar sein können und daß die Sanktion hiergegen, wenn es sich um verbotene Rechtsgeschäfte handelt, deren Nichtigkeit ist. Man liest: „Eine dagegen (gegen die öffentliche Zweckbestimmung) verstoßende privatrechtliche

---

79 s. oben S. 57 Fußn. 6.

80 Vgl. Sieder-Zeitler Art. 6 Rn. 47.

Verfügung wäre nichtig"[81]. So schrieb schon Hatschek[82]: „Eine rechtliche Verfügung über die öffentliche Sache, welche eine solche Zweckentfremdung vornimmt, ist nichtig", und er nennt auch ein Beispiel: „Wird eine Grunddienstbarkeit bestellt, welche dem Gemeingebrauch widerstreitet, so ist sie nichtig".

Hiergegen haben bereits *Marschall*[83] und *Zippelius*[84] mit Recht eingewandt, die öffentlichrechtliche Beschränkung wirke nur für die Dauer der Widmung, daher dürfe man die die öffentliche Zweckbestimmung beeinträchtigenden rechtsgeschäftlichen Verfügungen nicht als nichtig, d. h. endgültig unwirksam bezeichnen, sondern höchstens als schwebend, bis zur Entwidmung unwirksam.

Dennoch geht die Argumentation von Marschall und Zippelius am Kern der Sache vorbei. Beide gehen nämlich wie die von ihnen angegriffenen Autoren ohne weiteres davon aus, daß eine rechtsgeschäftliche Verfügung über private Rechte an öffentlichen Sachen überhaupt gegen die öffentliche Zweckbestimmung verstoßen kann: „Wenn jedoch schon das materielle Rechtsgeschäft selber und nicht erst seine Geltendmachung der öffentlichen Zweckbindung zuwiderläuft, wird man darüberhinaus bereits es selber insoweit ... für unwirksam ansehen müssen"[85].

Zippelius nennt diejenigen rechtsgeschäftlichen Verfügungen über private Rechte an öffentlichen Sachen aber nicht, die gegen die öffentliche Zweckbestimmung der öffentlichen Sache verstoßen könnten. Er kann dies auch gar nicht, weil es sie nämlich nicht gibt. Gegen die öffentliche Zweckbestimmung selbst können rechtsgeschäftliche Verfügungen über private Rechte an öffentlichen Sachen ohnehin nicht verstoßen, dies können sie höchstens gegen die Verwendung der öffentlichen Sache im Sinne der öffentlichen Zweckbestimmung. Denn die Widmung kann nur durch die öffentlichrechtliche Entwidmung oder Widmungsänderung beseitigt werden, sie ist von privaten Rechtsvorgängen ganz unabhängig. Es kommt also nur eine Kollision rechtsgeschäftlicher Verfügungen über private Rechte mit der widmungsgemäßen Verwendung in Frage.

Das deutsche öffentliche Sachenrecht schreibt aber nun nicht vor, daß nur diejenigen privaten Rechtsinhaber an der öffentlichen Sache in der Ausübung ihrer Rechte beschränkt sein sollen, die ihre Rechte schon

---

[81] BGH Urteil vom 14. 7. 1953 in NJW 53, 1705; ähnlich Siedler-Zeitler Art. 6 Rn. 46, 47.

[82] Institutionen S. 484.

[83] § 2 Rn. 3.

[84] DÖV 1958, 839.

[85] Zippelius DÖV 1958, 840.

bei der Widmung innehatten, sondern es erstreckt die Beschränkung auf alle privaten Rechte an der öffentlichen Sache. Jeder private Rechtsinhaber an der öffentlichen Sache, ob er sein Recht nun schon vor der Widmung oder erst nach der Widmung begründet hat, ist verpflichtet, die widmungsgemäße Verwendung zu dulden.

Es ist für die widmungsgemäße Verwendung der öffentlichen Sache somit ganz gleichgültig, wer das private Eigentum an der öffentlichen Sache hat und wieviele dinglich Berechtigte es sonst noch gibt. Ebenso ist es gleichgültig, ob die privaten Rechte an der öffentlichen Sache ihren Inhaber wechseln, ob sie erweitert oder eingeschränkt werden. Denn jeder Inhaber privater Rechte an der öffentlichen Sache ist in gleicher Weise verpflichtet, die öffentliche Sachherrschaft und den widmungsgemäßen Gebrauch zu dulden und insoweit die Ausübung des eigenen Rechts hintanzustellen. Eine rechtsgeschäftliche Verfügung des privat dinglich Berechtigten, die das Recht überträgt oder verändert, kann daher die widmungsgemäße Verwendung nicht beeinträchtigen. Dies könnte nur eine andere Art der Ausübung der privaten Rechte, z. B. eine Veränderung der äußeren Gestalt der öffentlichen Sache.

Es ist damit festzustellen, daß privatrechtliche Verfügungen über private Rechte an öffentlichen Sachen weder mit der öffentlichen Zweckbestimmung noch mit der entsprechenden Verwendung der öffentlichen Sache kollidieren können und daher insoweit zulässig und wirksam sind, als es das Zivilrecht selbst zuläßt[86].

β) Die Unveräußerlichkeit nach der liberalen und der öffentlichen Eigentumstheorie

Ganz anders ist die Situation nach der liberalen Theorie und nach der Theorie des öffentlichen Eigentums. Rechtsgeschäftliche Verfügungen in Bezug auf eine Sache, an der der Verfügende bereits alle Rechte hat, die an ihr möglich sind, können nur in Veräußerungen aller oder

---

[86] Es gibt allerdings besondere gesetzliche Ausnahmevorschriften, die die Verfügungsmacht der privaten dinglich Berechtigten, insbesondere des privaten Eigentümers, einschränken, etwa die Art. 89 Abs. 1, 90 Abs. 1 GG, die implicite dem Bund die Übertragung des Eigentums an den bisherigen Reichswasserstraßen und Reichsfernstraßen verbieten (vgl. Maunz-Dürig Art. 89 Rn. 26, Art. 90 Abs. 1 Rn. 15), oder § 4 Saarl. StrG oder Art. 13 (1) i. V. m. Art. 22 BayStrWG. Hierher gehören nicht die Nachfolgebestimmungen des § 3 des Straßenneuregelungsgesetzes vom 26. März 1934 in den Landeswegegesetzen, etwa § 14 (1) StrG BW, § 13 (1) Hess.StrG, § 13 (4) Nds. StrG, § 11 (4) LStrG NRW, § 33 (1) LStrG Rh.Pf., § 18 (1) StrWG Schl.H. Diese schränken zwar die Ausübung (sic! vgl. Weber S. 133 f., BGH NJW 54, 598 f.) des Eigentums des mit dem öffentlichen Wegeherrn nicht identischen Rechtsträgers ein, erfassen aber genau so wenig wie die öffentliche Zweckbestimmung allgemein die rechtsgeschäftliche Verfügung über das Recht. A. A. anscheinend Sieder-Zeitler Art. 6 Rn. 44.

eines Teiles dieser Rechte bestehen. So kann eine rechtsgeschäftliche Verfügung in Bezug auf eine Sache, an der der Verfügende öffentliches Eigentum hat, nur darin bestehen, daß er entweder das öffentliche Eigentum aufgibt oder an ein anderes Rechtssubjekt überträgt, oder darin, daß er beschränkte dingliche Rechte an der öffentlichen Sache begründet.

Die liberale Theorie wie auch die Theorie des öffentlichen Eigentums geht nun aber davon aus, daß alle Rechte an der öffentlichen Sache in der Hand des öffentlichen Sachherrn nicht nur bei Widmung vereinigt werden, sondern auch später vereinigt bleiben müssen. Weder die eine noch die andere Theorie kann daher eine Verfügung über das einzige an einer öffentlichen Sache bestehende — öffentliche — Recht, die öffentliche Sachherrschaft bzw. das öffentliche Eigentum zulassen.

Dementsprechend hat das französische Recht der öffentlichen Sachen die Unveräußerlichkeit (inaliénabilité) schon in der ersten Hälfte des 19. Jahrhunderts übernommen[87]. So konnte schon im Jahre 1845 an einem Molière-Manuskript, das versehentlich aus der Bibliothèque Royale abgegeben worden war, kein privates Recht erworben werden[88].

Es hat einmal eine Rechtsprechung des Cour de Cassation gegeben, die wenigstens eine beschränkte Veräußerlichkeit in Form der Begründung beschränkter privater dinglicher Rechte dann zulassen wollte, wenn deren Ausübung die widmungsgemäße Verwendung nicht gefährde[89]. Diese Ansicht hat sich aber als mit den Grundlagen des französischen Rechts der öffentlichen Sachen unvereinbar nicht durchsetzen können[90].

---

87 Vgl. Laubadère Traité (3) II n. 302, Georgin p. 14. s. s, Rivéro n. 591, Waline (8) n. 1541.

88 s. C. Paris 3-1-1846 S. 1847 III 77: „Considérant en principe, que les ouvrages, manuscrits, plans, autographes et autres objets précieux, faisant partie de la Bibliothèque Royale, sont inaliénables comme appartenant au domaine public, . . .".

89 So z. B. Cass.Civ. 19-5-1926 S. 1926 I 230, 27-6-1929 Bull.civ. n. 154; Cour de Poitiers 21-7-1931 S. 1931 II 229.

90 So die st. Rspr. des Conseil d'Etat, z.B. C.E. 11-5-1959 Dauphin D. 59. J. 316 (317) concl. Mayras; C.E. 22-4-1960 Berthier A.J.D.A. 60 II 160. Weiter: Dufau JCA Fasc. 406 n. 21; Duverger p. 384; Latournerie in Travaux p. 919; Combarnous et Galabert p. 78; Jansse p. 319; Laroque in der Anmerkung zu C.E. 3-11-1933 Porte S. 1934 III 41. Allerdings hat die Rechtsprechung des Conseil d'Etat nicht die gleiche Konsequenz bei den vor der Widmung begründeten und bei der Widmung nicht beseitigten privaten beschränkten dinglichen Rechten gezeigt. Sie hat hier nicht nach dem Prinzip, den öffentlichen Sachherrn niemals gegen das eventuelle öffentliche Interesse zu binden, gehandelt, sondern das Fortbestehen der bezeichneten privaten Rechte an der öffentlichen Sache anerkannt.

Die Sanktion gegen die Verfügung, welche die Regel der Unveräußerlichkeit nicht beachtet, ist die Unwirksamkeit. So erklärte der Cour de Cassation den Verkauf eines Bildes von Seurat aus einem öffentlichen Museum: „Le Dimanche à la grande Jatte" für null und nichtig, weil es als öffentliche Sache angesehen wurde.

Es ergibt sich, daß die bisher nach deutschem Recht zulässige rechtsgeschäftliche Verfügung über das Eigentum an öffentlichen Sachen mit der Anwendung der liberalen oder der öffentlichen Eigentumstheorie entfällt.

b) *Der Ausschluß der Ersitzung*

Ähnlich wie mit der Veräußerlichkeit verhält es sich mit der Ersitzung von Rechten an öffentlichen Sachen.

α) Die Ersitzung nach geltendem deutschem Recht

Das Reichsgericht hatte einmal[91] folgenden Fall zu entscheiden: Der Kläger, ein westfälischer Rittergutsbesitzer, machte an 170 Registerbänden, die Urkunden und Abschriften aus der Mark Kleve von 1365 bis 1803 enthielten und ursprünglich dem preußischen Staat zu Eigentum gehörten, Ersitzung geltend. Die Registerbände waren im Jahre 1809 in den Besitz des Urgroßvaters des Klägers gekommen, der sie jahrzehntelang als ihm gehörig besessen hatte. Später hatte das westfälische Staatsarchiv den Besitz der Bände zurückerlangt.

Das Staatsarchiv vertrat die Ansicht, eine Ersitzung öffentlicher Sachen sei nicht möglich. Das Reichsgericht erkannte die Ersitzung durch den Rechtsvorgänger des Klägers an und wies die Klage nur deshalb ab, weil der Staat trotz privaten Eigentums des Klägers ein Besitzrecht auf Grund öffentlicher Sachherrschaft habe.

Dem ist die herrschende Meinung gefolgt. Danach ist die Ersitzung des privaten Eigentums oder anderer zum Besitz berechtigender privater dinglicher Rechte an öffentlichen Sachen nach deutschem Recht ebenso möglich wie die privatrechtsgeschäftliche Veräußerung öffentlicher Sachen[92]. So wenig der Herr der öffentlichen Sache in der widmungsgemäßen Verwendung durch rechtsgeschäftliche Verfügungen beeinträchtigt werden kann, so wenig interessiert ihn — in seiner Eigenschaft als öffentlicher Sachherr — die Ersitzung von privaten dinglichen Rechten an der öffentlichen Sache.

---

[91] Urt. vom 24. 4. 1914 Verw.Arch. Bd. 24 (1916) S. 167.

[92] Merten S. 55 ff., Stritter S. 33. Allerdings erfordert die Ersitzung die Erfüllung der bei Grundstücken strengen zivilrechtlichen Voraussetzungen des § 900 BGB, bei Mobilien die des § 937 BGB.

Würde die Ausübung des ersessenen privaten Rechts an der öffentlichen Sache mit der widmungsgemäßen Verwendung kollidieren, so müßte der private Berechtigte insoweit von der Ausübung seines Rechts absehen[93]. Der Rittergutsbesitzer oder seine Vorfahren konnten also im oben genannten Fall rechtswirksam das Eigentum an den Registerbänden erwerben, das Staatsarchiv war aber kraft öffentlicher Sachherrschaft zur Zurückhaltung und zur widmungsgemäßen Verwendung im Interesse der Archivforschung berechtigt.

β) Der Ausschluß der Ersitzung nach der liberalen und der öffentlichen Eigentumstheorie

So wenig die liberale oder die öffentliche Eigentumstheorie Verfügungen über Rechte an öffentlichen Sachen zuläßt, so wenig ist auch eine Ersitzung von Rechten an öffentlichen Sachen möglich. Das Recht des Herrn der öffentlichen Sache soll heil und ungeschmälert bewahrt und keinen dinglichen Ansprüchen Dritter ausgesetzt werden. Daher muß es auch vor der Ersitzung geschützt sein. Die Ersitzung ist sogar besonders gefährlich, weil sie ohne Kenntnis des Herrn der öffentlichen Sache erfolgen kann. Der Ersitzende könnte dem Herrn der öffentlichen Sache sein Recht unter der Hand und unbemerkt entwinden. Daher wird die Ersitzung ganz ausgeschlossen[94].

Dies ist auch im französischen Recht so. Eine öffentliche Sache ist „imprescriptible", unersitzbar[95], und zwar so lange, als sie nicht entwidmet worden, als sie also öffentliche Sache ist. Die Ersitzungsfrist beginnt frühestens im Augenblick des Ausscheidens der öffentlichen Sache aus dem Domaine public zu laufen[96].

c) *Das Interesse an der Verkehrsfähigkeit öffentlicher Sachen*

Wenn auch das geltende deutsche Recht der öffentlichen Sachen die Verkehrsfähigkeit öffentlicher Sachen im Gegensatz zu einer auf der liberalen Theorie oder der Theorie des öffentlichen Eigentums aufbauenden Rechtsordnung erhält, so ist dabei doch zu bedenken, daß das Ergebnis einer Verfügung über ein privates Recht an der öffentlichen Sache nach deutschem Recht nicht das sein kann, daß der eventuelle neue, an der öffentlichen Sache dinglich Berechtigte unbeschränkt sein

---

[93] Stritter S. 33 f. Die Ansicht Hatscheks, Institutionen S. 485, in einem solchen Fall müsse das ersessene Recht selbst aufgegeben werden, geht daher zu weit.

[94] So auch Otto Mayer (2) II § 35 S. 81; Peters Verw.Arch. Bd. 24 (1916) S. 172.

[95] Vgl. besonders Cass. Req. 17-6-1896 Ville de Lyon S. 1896 I 108.

[96] Cass. Req. 24-4-1855 Gorose S. 1856 I 443.

privates Recht ausüben darf. Er ist vielmehr genau so an die Beachtung des Widmungszweckes gebunden, er hat genau so die widmungsgemäße Verwendung zu beachten wie sein Vorgänger.

Daher führt das geltende deutsche Recht in vielen Fällen zu dem gleichen Ergebnis wie das französische Recht. Ein historischer Fall mag dies verdeutlichen:

Die französische Gemeinde Barran hat aus dem 15. Jahrhundert stammende und als öffentliche Sachen angesehene Chorstühle aus einer in ihrem Eigentum befindlichen Kirche an einen Antiquitätenhändler verkauft und übereignet. Als der Erwerber das Gestühl abholen wollte, griff die Rechtsaufsichtsbehörde ein. In dem sich daraufhin ergebenden Streit hat der Conseil d'Etat entschieden, daß die Chorstühle in der Kirche zu bleiben und weiter ihren kultischen Zwecken zu dienen hätten, da sie nicht entwidmet seien[97].

Nach französischem Recht konnte der Händler ein Recht an den Stühlen nicht erwerben.

Dieser Streit wäre nach deutschem Recht im Ergebnis genau so entschieden worden. Beurteilt man obigen Fall nämlich nach deutschem Recht, so hat der Händler zwar Eigentum erworben, er muß jedoch die weitere Benutzung der Stühle durch die Kirchengemeinde dulden, so lange sie nicht entwidmet sind. Das Ergebnis ist in jedem Fall: Die Stühle bleiben in der Kirche[98].

Dennoch besteht auch in Bezug auf die Verkehrsfähigkeit ein nicht nur theoretischer, sondern auch praktischer Unterschied zwischen dem geltenden deutschen und dem von der liberalen oder der öffentlichen Eigentumstheorie geprägten Recht:

Derjenige, der ein Recht zwar erworben hat, es aber auf Grund eines besonderen Hindernisses nicht ausüben kann, darf sein Recht frei geltend machen, wenn das Hindernis entfällt. Wer ein privates dingliches Recht an einer öffentlichen Sache erwirbt, unterliegt zwar zunächst allerlei Ausübungsbeschränkungen. Sobald die öffentliche Sache aber entwidmet ist, kann er sein Recht frei ausüben.

Diese Chance läßt ein auf der liberalen Theorie oder der Theorie des öffentlichen Eigentums aufgebautes Recht der öffentlichen Sachen nicht. Da der Interessent nicht einmal eine formale Rechtsposition erwerben kann, hat er vor der Widmung nichts und hat er nach der Widmung nichts.

---

[97] C.E. Commune de Barran D. 1934 II 101 s.s.

[98] Entsprechendes gilt für die Einräumung eines beschränkten dinglichen Rechts und die Ersitzung.

Auch der restlose Ausschluß der Verkehrsfähigkeit öffentlicher Sachen erweist sich daher als eine Verschlechterung des bestehenden deutschen Rechtszustandes.

E. Die extreme Enge und Weite der finalen Bindung des öffentlichen Sachherrn nach der liberalen und der öffentlichen Eigentumstheorie

Sowohl nach der liberalen Theorie wie nach der Theorie des öffentlichen Eigentums ist der öffentliche Sachherr (im Falle der öffentlichen Eigentumstheorie identisch mit dem öffentlichen Eigentümer) alleiniger Herr über die öffentliche Sache. Der Unterschied zwischen beiden Theorien besteht darin, daß sie den Rahmen, in dem der öffentliche Sachherr zu wirken hat, verschieden weit ziehen; oder daß sie die Zwecke, die der öffentliche Sachherr bei der Regulierung der Nutzung zu verfolgen hat, ungleich bestimmen.

1. Die Bindung des öffentlichen Sachherrn an den „ordre public"

Die liberale Theorie macht den öffentlichen Sachherrn zum Polizisten. Sie schreibt ihm vor, alle Nutzungen der öffentlichen Sache zuzulassen, es sei denn, sie verstießen gegen den „ordre public", die öffentliche Sicherheit und Ordnung. Hierdurch ist die öffentliche Sache dem freien Spiel der privaten Interessen ausgeliefert. Diese haben sich, wie überall, dem „ordre public" unterzuordnen, sind aber sonst unbeschränkt durchsetzbar. Der öffentliche Sachherr vertritt die staatliche Ordnungsgewalt auf öffentlichen Sachen, er wacht z. B. darüber, daß die nach der Priorität der Anmeldung zugelassenen Nutzungen sich nicht gegenseitig behindern.

Dies folgt aus der Vorstellung, daß die öffentliche Sache dazu da sei, von den einzelnen Bürgern genutzt zu werden. Die öffentliche Sachnutzung soll den Bürgern frei von staatlicher Einmischung offenstehen.

Das bewirkt, daß der auf die Rolle des Ordnungshüters beschränkte öffentliche Sachherr keinerlei öffentliche Interessen, keinerlei Gesichtspunkte des Gemeinwohls ins Spiel bringen darf. Nicht einmal die Bevorzugung der dem Widmungszweck entsprechenden Nutzungen, derentwegen die Sache ja überhaupt zunächst zur öffentlichen wurde, ist erlaubt. Da individuelle Nutzungsinteressen in weitestmöglichem Umfang gefördert werden sollen, bleiben auch die Nachbarrechte — trotz ihrer Transponierung ins öffentliche Recht — so bestehen, als sei die öffentliche eine private Sache. Den Vorrang einer öffentlichen Sachnutzung vor der Nutzung des Nachbarn gibt es nicht.

Diese Auffassung vom Zweck der öffentlichen Sache kann heute nicht mehr geteilt werden. Mag man auch ein Individualinteresse am Gebrauch öfffentlicher Sachen anerkennen, so ist doch zu bedenken, daß die öffentliche Sache zunächst eine Sache aller, eine Sache der Gesamtheit ist und daß demnach die Interessen der Gesamtheit den Vorzug vor den reinen Einzelinteressen verdienen. Dem entsprechend ist die Funktion des öffentlichen Sachherrn durch die Orientierung allein am „ordre public" viel zu eng bestimmt.

2. Die Verfolgung jeden öffentlichen Interesses durch den öffentlichen Eigentümer

Die öffentliche Eigentumstheorie hat sich daher von der liberalen Konzeption radikal abgewandt. Sie erlaubt dem öffentlichen Eigentümer, die Nutzungen nicht nur nach dem „ordre public" zu verwalten, sondern jedes öffentliche Interesse, jeden Aspekt des Gemeinwohls zur Geltung zu bringen. Der öffentliche Eigentümer darf Nutzungen ablehnen, die einem beliebigen, von ihm erkannten öffentlichen Interesse widersprechen; er darf im Konkurrenzfall Nutzungen, die seiner Ansicht nach das Gemeinwohl besonders fördern, Nutzungen nur privaten Interesses vorziehen.

Hier wird mithin die Gemeinnützigkeit der öffentlichen Sache stark in den Vordergrund gerückt. Die öffentliche Sache wird ganz als Gemeingut, als „richesse collective" verstanden. Die Bedenken gegen diese Konzeption liegen in der von ihr geschaffenen Machtfülle des öffentlichen Eigentümers. Was nach der liberalen Theorie zu eng ausfiel, scheint nach der öffentlichen Eigentumstheorie zu weit. Es ist fraglich, ob man den öffentlichen Eigentümer, der die Sache doch zunächst eines ganz bestimmten Zweckes, eben des Widmungszweckes wegen zur öffentlichen machte, zum Anwalt des Gemeinwohls schlechthin erklären kann.

Die Gefahr ist sehr groß, daß die öffentliche Sachherrschaft zum Mittel eines kaum gehemmten wirtschaftlichen Interventionismus gemacht wird. Wer wird die Gemeinde als öffentlichen Eigentümer daran hindern, durch die Bedingungen ihrer Kreuzungserlaubnisse für Mineralölfernleitungen eigene Wirtschaftspolitik zu treiben? Eben dieser Gefahr wegen mehren sich inzwischen selbst in Frankreich die Stimmen gegen das öffentliche Eigentum. So liest man etwa:

„En réalité, la solution de la propriété est une solution de facilité car elle évite de chercher d'autres explications à certaines phénomènes spécifiques de l'interventionisme." „Ramener le lien de l'administration au domaine á un lien propriétariste, revient à escamoter le véritable problème des pouvoirs de l'administration sur le domaine public... La propriété devient un sésame qui permet toutes les combinaisons sans en justifier aucune"[99]. La propriété du domaine public „permet d'accomplir de veritables miracles:... on peut se demander véritablement quel détournement de pouvoir pourrait encore se greffer sur de tels pouvoirs"[100].

[99] Claude Klein in „La police du domaine public", Straßburg 1965, S. 45. Zu deutsch: In Wirklichkeit ist die Lösung des (öffentlichen) Eigentums eine Lösung der Bequemlichkeit, denn sie erspart es, für die von ihr gedeckten wirtschaftsinterventionistischen Maßnahmen besondere Begründungen zu geben. Wer die Beziehung der Verwaltung zur öffentlichen Sache als eine eigentümerische darstellt, der läßt das wahre Problem der Rechtsmacht der Verwaltung über die öffentliche Sache mit einem Taschenspielertrick verschwinden. . . Das öffentliche Eigentum wird zum Sesam, das alles erlaubt und nichts rechtfertigt.

[100] Claude Klein a.a.O. S. 252. Zu deutsch: Das öffentliche Eigentum bringt wahre Wunder hervor: . . . Man kann sich wirklich fragen, zu welchen Mißbräuchen die Vollmachten des öffentlichen Eigentümers wohl nicht das legalisierende Mäntelchen liefern mögen.

Fünfter Teil

Die neue Darstellung des deutschen Rechts der öffentlichen Sachen

Es hat sich ergeben, daß das französische Recht der öffentlichen Sachen weder so, wie es historisch gewachsen ist, noch in der bereinigten Form einer der drei großen Theorien zu einer befriedigenden Lösung der Probleme des deutschen Rechts der öffentlichen Sachen unmittelbar nutzbar gemacht werden kann. Eine Übernahme würde entweder zu unzureichenden Ergebnissen führen oder unerwünschte Nebenwirkungen haben. Außerdem stünden einer Übernahme große praktische Schwierigkeiten gegenüber, würde diese doch eine umfassende Neuregelung durch den Gesetzgeber erfordern.

Das Studium des französischen Rechts der öffentlichen Sachen hat aber einige wichtige Hinweise gegeben, die bei der Lösung der Probleme des deutschen Rechts weiterhelfen werden. Diese Lösung kann nicht in einer ganz neuen, aus dem Nichts hervorgezauberten Theorie gefunden werden. Wollte man an dieser Stelle der Untersuchung eine solche einführen, so liefe man Gefahr, das deutsche Recht in eine theoretische Zwangsjacke zu pressen und die sachgerechte Lösung der anstehenden Probleme zu verfehlen. Es soll daher versucht werden, mittels eines pragmatischen Vorgehens einen Weg zur Beseitigung der Schwierigkeiten des deutschen Rechts zu zeigen; einen Weg, der sich an jedem einzelnen Problem bewähren muß, und der im übrigen ohne den Gesetzgeber gangbar ist.

Die Mängel der bisher herrschenden Darstellung des deutschen Rechts der öffentlichen Sachen, daran soll noch einmal erinnert werden, bestehen im wesentlichen darin:

Spaltung der öffentlichen Sachherrschaft zwischen privatem Eigentümer und öffentlichem Sachherrn, —

unzureichende Berücksichtigung öffentlicher Interessen durch den Herrn der öffentlichen Sache, —

enge Verflechtung von privatem und öffentlichem Recht und daraus folgend Rechtsunsicherheit.

Wenn im folgenden die genannten Mängel durch eine neue Darstellung des deutschen Rechts der öffentlichen Sachen beseitigt werden sollen, so muß zweierlei beachtet werden.

Die Funktion der öffentlichen Sache erschöpft sich nicht mehr darin, dem Widmungszweck zu dienen. Eine eventuelle Erweiterung der Vollmachten des oder der die öffentliche Sache Verwaltenden muß aber im Einklang mit den allgemeinen, grundlegenden Prinzipien rechtsstaatlicher Verwaltung stehen.

Und zum zweiten: Ein Gewinn für die Rechtssicherheit, der sich aus einer Verdrängung des mit dem öffentlichen konkurrierenden privaten Rechts an öffentlichen Sachen ergäbe, darf nicht auf Kosten der materiellen „Richtigkeit", der Sachgerechtigkeit der neuen Darstellung des deutschen Rechts der öffentlichen Sachen gehen. Nur da, wo das private Recht einer „lebendigen Durchblutung und Auffrischung" des Rechts der öffentlichen Sachen entgegensteht, — da, wo der „öffentlichrechtliche Kern von einer ihn überziehenden zivilen Kruste"[1] befreit werden kann, ist eine Trennung von privatrechtlichen Elementen angebracht.

I. Das Nutzungsrecht

Das Nutzungsrecht ist das Kernstück des Rechts der öffentlichen Sachen. Seine Ordnung ist daher von größter Wichtigkeit.

A. Die dem öffentlichen Sachzweck entsprechenden Nutzungen

Das Recht der Nutzung öffentlicher Sachen kann nur den Sinn haben, diejenigen Nutzungen zu ermöglichen und zu sichern, für die die öffentliche Sache gedacht ist. Daher muß zunächst geklärt werden, welche Nutzungen nach dem Zweck der öffentlichen Sache überhaupt zuzulassen und zu fördern sind, ohne damit auch schon auf die weitere Frage einzugehen, ob der öffentliche Sachherr oder der private Eigentümer oder ein Dritter für die Nutzungen verantwortlich ist.

1. Der widmungsgemäße Gebrauch

Es soll und kann nicht davon abgegangen werden, daß öffentliche Sachen zunächst dem Widmungszweck zu dienen haben. Das Nutzungsrecht hat also zu gewährleisten, daß die widmungsgemäße Nutzung,

[1] Lerche DVBl. 1955, S. 286.

entweder in Form des Gemeingebrauches oder in Form des Gebrauchs durch den öffentlichen Sachherrn (dies bei öffentlichen Sachen des „Verwaltungsvermögens"), stattfindet. Dieser widmungsgemäßen Nutzung wegen ist die Sache ja zunächst eine öffentliche geworden. Ein Weg z. B. wird ursprünglich deshalb zum öffentlichen gemacht, weil er den Verkehr, die Ortsveränderung des Publikums ermöglichen soll, nicht weil etwa die Bundespost und das städtische Gaswerk passende Grundstücke zur Verlegung ihrer Leitungen sucht[2].

2. Der widmungsfremde Publikumsgebrauch

Die Theorie der beschränkt öffentlichen Sache, die bisher herrschend war, geht davon aus, daß die öffentliche Sache sich nur insoweit von der privaten Sache unterscheide, als sie dem Widmungszweck diene. Sie unterstreicht und sichert daher den widmungsgemäßen Gebrauch. Über sonst etwa an der öffentlichen Sache technisch noch mögliche Nutzungen sagt sie daher nichts aus. Diese zu regeln ist nach der Theorie der beschränkt öffentlichen Sache zunächst Aufgabe des privaten Sachenrechts.

Die beschränkt öffentliche Sache gehört aber der Vergangenheit an. Heute interessiert sich die Allgemeinheit nicht nur insoweit für die öffentlichen Sachen, als sie dem Widmungszweck dienen, sondern auch insoweit, als sie anderen Zwecken dienstbar gemacht werden. Die Aufgaben der Verwaltung und die Ansprüche der Verwalteten gehen heute weit über das noch um die Jahrhundertwende gekannte Maß hinaus.

Eine Straße wird dementsprechend nicht mehr nur zum Verkehr, sondern auch als Medium aller möglichen anderen Leistungen der Verwaltung benutzt. Sie nimmt Versorgungsleitungen auf, sie schafft dem Handel und dem Dienstleistungsgewerbe Arbeitsplätze und Entfaltungsmöglichkeiten. So verhält es sich auch bei den anderen öffentlichen Sachen[3].

Man kann das erweiterte Interesse der Allgemeinheit an der Nutzung öffentlicher Sachen nun nicht mit *Köttgen* dadurch zur Geltung bringen, daß man den Widmungszweck öffentlicher Sachen künstlich erweitert[4]. Wenn man behauptet, eine öffentliche Sache sei neben dem ursprünglichen Zweck auch noch einem oder zwei weiteren, gerade wichtig erschei-

---

[2] Dies kann natürlich nur da gelten, wo ein solcher besonderer Widmungszweck noch erkennbar ist. Das neue Wasserrecht z. B. kennt keinen besonderen Widmungszweck der Gewässer mehr.

[3] Vgl. Weber VVdStLR 21, 153; Riederer-Sieder Art. 1 Rn. 32; Wüsthoff Einführung S. 32 und oben S. 35 f.

[4] Köttgen, S. 28 ff.

nenden Zwecken gewidmet, so etwa ein öffentlicher Weg nicht nur dem Verkehr, sondern auch der Verlegung von Versorgungsleitungen, so wird das zunächst einmal der Intention des Widmenden nicht gerecht:

Der Bund bzw. das Land, der bzw. das eine Straße widmet, denkt hierbei zunächst nur an den Verkehr. Dieser soll durch die Widmung den Vorrang vor allen anderen Nutzungsmöglichkeiten haben, dieser ist der Zweck, der den widmenden Verwaltungsträger bestimmt hat, die private Sache zur öffentlichen Sache zu machen. Daneben mag ihm die Nutzung der öffentlichen Sache zur Verfolgung mancher anderer Zwecke angebracht erscheinen, sie soll jedoch nur subsidiär erfolgen. Der Bundesbahnverwaltung mag die subsidiäre Nutzung des Bahnkörpers, etwa in Form kreuzender Leitungen, durch das Publikum recht sein, die Widmung zielt jedoch allein auf den vorrangigen Bundesbahnbetrieb ab.

Außerdem: Wenn man der Widmung nach Bedarf einen oder mehrere weitere Zwecke unterschiebt, so könnte dies nur ein Kurieren am Symptom sein. Das Übel der Theorie der beschränkt öffentlichen Sache liegt in der Beschränkung der öffentlichen Sachzwecke auf den Widmungszweck. Dieses Übel ist nicht dadurch zu beseitigen, daß man den Widmungszweck — vielleicht gegen den Willen des privaten Eigentümers — künstlich aufbläst, sondern nur durch die Erkenntnis, daß die öffentliche Sache neben dem jeweiligen, durch die Widmung konkretisierten Sachzweck immer und subsidiär allen nicht konkretisierten Nutzungsbedürfnissen des Publikums dient.

Die öffentlichen Sachen sind daher heute nicht nur dem durch die Widmung bestimmten, sondern jeglichem öffentlichen Gebrauch eröffnet. Die öffentlichen Sachen sind zur Gänze, in allen ihren Nutzbarkeiten, wirkliche „öffentliche" Sachen; d. h. Sachen aller, Sachen, deren Nutzung direkt oder indirekt allen zugute kommen muß. Die öffentlichen Sachen sollen den größtmöglichen Nutzen für die größtmögliche Anzahl von Bürgern bringen.

Daraus ergeben sich für die Nutzungen verschiedene Folgerungen.

a) Der Publikumsgebrauch als subsidiärer Zweck der öffentlichen Sache

Es genügt nicht, daß die öffentlichen Sachen der Allgemeinheit durch die Erfüllung des Widmungszweckes dienen, also unmittelbar durch den Gemeingebrauch oder mittelbar durch den Verwaltungsgebrauch. Auch darüber hinaus, und soweit die Erfüllung des Widmungszweckes nicht gefährdet wird, haben die öffentlichen Sachen der Allgemeinheit zur unmittelbaren Nutzung zur Verfügung zu stehen.

Wenn der Begriff nicht schon von dem widmungsgemäßen, nicht ortsgebundenen Gebrauch öffentlicher Sachen durch die Allgemeinheit in

Anspruch genommen würde, könnte man sagen: Die öffentlichen Sachen haben nach dem widmungsgemäßen (Gemein-) Gebrauch auch den widmungsfremden Gemeingebrauch zu tragen. Dieser widmungsfremde Gebrauch soll der Vermeidung von Verwechslungen wegen nicht Gemeingebrauch, sondern Publikumsgebrauch genannt werden. Er kann sachlich nicht näher bezeichnet werden, weil er gerade die Vielfalt der Nutzungsmöglichkeiten des Publikums erfassen soll.

Dem öffentlichen Sachzweck entspricht also nicht nur der widmungsgemäße Gemein- oder Verwaltungsgebrauch, sondern auch der widmungsfremde Publikumsgebrauch. Dieser hat allerdings dem widmungsgemäßen Gebrauch den Vorrang zu überlassen.

b) *Publikumsgebrauch und Verwaltungsgebrauch*

Nun wird die Ansicht vertreten, wenn die öffentliche Sache dem Publikum nützen solle, so sei darunter die Nutzung durch die Bürgerschaft zu verstehen. Die widmungsfremde Funktion der öffentlichen Sache erschöpfe sich in der Nutzung durch die Privatpersonen. Diesen habe der öffentliche Sachherr die widmungsfremde Nutzung zu gewähren, „darzureichen“[5].

Dies hat zur Folge, daß widmungsfremde Nutzungen der öffentlichen Sache durch die öffentlichen Verwaltungsträger, etwa zur Förderung von Gemeinschaftsanlagen zu Gunsten der individuellen Nutzungsinteressen Einzelner ausgeschlossen werden[6].

Hier wird der Gedanke der öffentlichen Sache als Mittel der Leistungsverwaltung ausgesprochen liberalistisch interpretiert. Der Staat ist aber nicht mehr nur der unparteiische Schiedsrichter der Aktivitäten seiner Bürger, er ist aktiver Mitgestalter des sozialen Lebens geworden. Man muß dem öffentlichen Sachherrn wie anderen Trägern öffentlicher Verwaltung daher zunächst wenigstens das gleiche Recht zur Nutzung öffentlicher Sachen über die widmungsgemäße Verwendung hinaus geben wie jedem anderen Interessenten.

B. Die dem öffentlichen Sachzweck entsprechende Nutzungsordnung

Nachdem nun geklärt ist, daß die öffentlichen Sachen neben der widmungsgemäßen Nutzung auch sonst die Nutzung der Allgemeinheit bezwecken, muß herausgefunden werden, in welcher Weise die Rechtsordnung dem Rechnung trägt.

---

[5] So Köttgen, S. 34.

[6] Daher lehnt Köttgen folgerichtig die Geltendmachung „administrativen Eigenbedarfs“ ab. s. S. 36.

1. Die Regulierung der Nutzungen ohne den privaten Eigentümer

Nach bisher herrschender Auffassung braucht der von dem Herrn der öffentlichen Sache zu unterscheidende private Eigentümer nur den widmungsgemäßen Gebrauch zu dulden. Da er das Recht haben soll, widmungsfremden Gebrauch anderer ganz zu verhindern, gibt man ihm auch das Recht, widmungsfremden Gebrauch zum Mittel einer finanziellen Ausbeutung der öffentlichen Sache zu machen. Hiervon ist sowohl die private Nutzung des Publikums wie die im besonderen öffentlichen Interesse gelegene Nutzung des öffentlichen Sachherrn oder eines anderen betroffen[7].

Bei genauerem Hinsehen aber ergibt sich, daß ein Recht des privaten Eigentümers der öffentlichen Sache zur Einflußnahme auf die Nutzung nicht mehr anerkannt werden kann. Die bisher für rechtmäßig gehaltene Teilung der Rechtsmacht über die Nutzungen, die dem Herrn der öffentlichen Sache Gewalt über die widmungsgemäßen, dem privaten Eigentümer aber den dominanten Einfluß auf die widmungsfremden Nutzungen gibt, geht noch von der Konzeption der beschränkt öffentlichen Sache aus[8].

Diese Konzeption ist aber überholt. Seitdem die öffentliche Sache nicht nur dem widmungsgemäßen, sondern auch dem sonstigen Gebrauch der Allgemeinheit dient, wird die Erfüllung dieser „gesellschaftlichen Komplementärfunktion“[9] gefährdet und verhindert durch ein Zustimmungserfordernis des nicht an sämtliche öffentliche Sachzwecke gebundenen privaten Eigentümers.

Zu Zeiten, als das öffentliche Interesse an einer Sache sich in der Regel noch in der widmungsgemäßen Verwendung erschöpfte, als z. B. an einem öffentlichen Weg im wesentlichen nur das öffentliche Verkehrsinteresse bestand, da war eine Trennung zwischen den öffentlichrechtlichen Befugnissen des Herrn der öffentlichen Sache und den verbleibenden privaten Rechten des privaten Eigentümers vielleicht noch berechtigt. Heute wirkt das Festhalten an dem vermeintlichen Recht des fast bindungslosen privaten Eigentümers, widmungsfremde Nutzungen zu verhindern, anachronistisch.

a) Die Flucht des öffentlichen Sachherrn in das Privatrecht

Der öffentliche Sachherr ist zwar nicht notwendigerweise, aber doch in der Regel auch privater Eigentümer der öffentlichen Sache. Es kann ihm nicht erlaubt sein, seine Eigenschaft als privater Eigentümer dazu

---

7 s. o. S. 23 ff.

8 s. o. S. 34 ff.

9 Köttgen, S. 35.

zu benutzen, direkt gegen die öffentlichen Nutzungsinteressen an der öffentlichen Sache aufzutreten. Es handelt sich hier um einen typischen Fall der „Flucht in das Privatrecht"[10].

Während noch im vorigen Jahrhundert Staatsfunktionen unter Zuhilfenahme der Fiskustheorie privatrechtlich konstruiert wurden, um dem Staatsbürger so wenigstens vor den Zivilgerichten einen gewissen Rechtsschutz zu geben, ist mit der Einführung des umfassenden Verwaltungsrechtsschutzes der besondere Sinn der Privatisierung von Staatsfunktionen entfallen. Im Gegenteil, das Festhalten am Privatrecht wirkt sich heute gegen die eigentlichen Interessen des Publikums aus: Es gibt dem Staat die Möglichkeit, sich — wenn nicht der Beachtung der Grundrechte — so doch der Beschränkung auf die Verfolgung öffentlicher Verwaltungszwecke zu entziehen und wirtschaftliche Interessen aller Art geltend zu machen[11].

Es mag Fälle geben, in denen der Staat auch heute noch zu Recht im Gewande des Privatmannes auftritt, wo es um Dezentralisierung und Ökonomisierung der (Wirtschafts-) Verwaltung geht, wo man die private Vertragsfreiheit mit ihrer unendlichen Gestaltungsfreiheit braucht[12]. Ein solcher Fall ist in der Regulierung der Nutzung öffentlicher Sachen aber nicht gegeben. Hier kommt es auf die Befriedigung unmittelbarer Nutzungsbedürfnisse der Allgemeinheit an. Dies ist ein Zweck öffentlicher Verwaltung, der fiskalisches Gewinnstreben ausschließt.

Die Konkurrenz aber, die der öffentliche Sachherr sich selbst als privater Eigentümer macht, wirkt sich dahingehend aus, daß er die Nutzungen, gegen die vom Standpunkt des öffentlichen Interesses nichts einzuwenden ist, die dieses vielleicht sogar fördern, immer wieder blokkieren kann, weil ihn als privaten Eigentümer nicht unmittelbar das öffentliche Interesse, sondern allenfalls die finanzielle Einnahme interessiert.

b) Der Versuch einer finalen Bindung des privaten Eigentümers

Man kann der Problematik nicht dadurch beikommen, daß man den privaten Eigentümer einer diesem ganz fremden finalen Bindung unterwirft. Diese Bindung könnte vernünftigerweise nur in einer Verpflichtung des privaten Eigentümers bestehen, allein öffentliche Nutzungsinteressen zu vertreten.

---

[10] Zur „Flucht in das Privatrecht" siehe Fleiner (8), S. 326; Naumann VVdStL 11, 131; Bachof DÖV 1953, 423; Ipsen, Öffentliche Subventionierung Privater, S. 12; Bullinger, Vertrag und Verwaltungsakt, S. 9.

[11] Vgl. Forsthoff, Staat als Auftraggeber, S. 11.

[12] s. Herbert Krüger, DVBl. 1955, S. 383.

Der Versuch wäre dogmatisch nicht durchführbar. Es mag noch möglich sein, den ins Privatrecht entflohenen Staat an die Grundrechte zu binden, eine Bindung an jedes fremde Nutzungsinteresse aber ist nicht vollziehbar.

Denn das private Eigentum ist seinem Wesen nach privatnützig. Zwingt man den privaten Eigentümer aber zur Verfolgung des allgemeinen statt des privaten Nutzens, so hebt man damit das private Eigentum auf[13]. Das private Eigentum wäre nur noch eine leere Schablone, eine Maske, hinter der leicht der noch näher zu beschreibende „starke Mann" der öffentlichen Sache erkannt werden könnte: der öffentliche Sachherr. Der Versuch, einerseits ein Recht des privaten Eigentümers zur Kontrolle der widmungsfremden Nutzungen anzuerkennen, ihm dieses Recht auf der anderen Seite aber durch eine strenge Bindung an die öffentlichen und privaten Nutzungsinteressen der Allgemeinheit wieder zu nehmen, ist daher in sich widersprüchlich und unbefriedigend. Man kann mit Herbert Krüger[14] formulieren: „Man sieht an der Funktionswandlung der öffentlichen Sache, wie wenig die Kategorie ‚Privateigentum' geeignet ist, das Verhältnis zwischen Herrn und Sache und vor allem den Sinn dieser Herrschaft richtig zu bezeichnen. Über diese Diskrepanzen kommt man nicht dadurch hinweg, daß man das Privateigentum mit einer durch die Widmung umschriebenen, öffentlichrechtlichen Hypothek belastet".

Diese Diskrepanzen vermeidet man am besten dadurch, daß man den Fiskus und jeden privaten Eigentümer von der Einflußnahme auf die Nutzung öffentlicher Sachen ausschließt.

c) Die Lösung des Nutzungsrechts vom privaten Eigentum

Bereits 1933 hat *Maunz* in seiner Habilitationsschrift gefordert: „... unter Loslösung der Sachträgerschaft vom ‚privaten' Eigentum und unter Ablehnung einer Zwischen- oder Mittelstellung der öffentlichen Sache zwischen öffentlichem und privatem Recht die gesamten Rechtsverhältnisse um die öffentliche Sache in das Verwaltungsrecht zu verlegen"[15]. Die überkommene Anknüpfung der Herrschaft über die öffent-

---

[13] Vgl. Stern in VVdStLR 21, 262: „Das Eigentum ist die Beherrschungsmacht ..., die berechtigt, nach eigenem Ermessen zu disponieren. Diese Rechtsmacht ist aber gerade bei der öffentlichen Sache nicht gegeben. Die öffentliche Sache ist fremdnützig, dienend. Das Privateigentum ist staats- und drittgerichtet, damit eigennützig."

[14] VVdStLR 21, 240 f.

[15] Hauptprobleme, S. 313. s. auch S. 153 f: „Mit der Überwindung der Fiskustheorie ... und mit der fortschreitenden Ausbildung des Verwaltungsrechtes muß die zielbewußte Loslösung der verwaltungsrechtlichen Institute vom Privatrecht auch auf dem hier zu behandelnden Gebiete (dem des Rechts der öffentlichen Sachen) Hand in Hand gehen".

liche Sachnutzung an das private Eigentum ist nämlich ein Fehlansatz[16]. Diese Anknüpfung und nicht mangelnde Stilreinheit[17] ist der wesentliche Grund dafür, das private Eigentum aus dem Nutzungsrecht auszuschließen.

Die neue Gesetzgebung in Deutschland hat bereits begonnen, dem Rechnung zu tragen. Sie hat die Verfügungsmacht des privaten Eigentümers an öffentlichen Wegen wie Gewässern nun auch bei bestimmten widmungsfremden Nutzungen ausgeschlossen[18]. Diese neuen Bestimmungen dürfen nun nicht mehr als Ausnahmen von einem grundsätzlich noch bestehenden Recht des privaten Eigentümers angesehen werden. Sie sind heute vielmehr zu interpretieren als gesetzliche Bestätigungen dafür, daß der private Eigentümer überhaupt nicht — mehr — berechtigt ist, aus eigenem Recht die öffentliche Sache zu nutzen oder deren Nutzung anderen zu erlauben.

Die Wandlung der Funktion der öffentlichen Sache hat zu einer Wandlung der Nutzungsordnung geführt. Es ist rechtlich nicht mehr möglich, irgendeine Nutzung auf das private Eigentum an der öffentlichen Sache zu stützen. Denn „... nicht die technischen Modalitäten ..., sondern allein der dem historischen Wandel unterworfene öffentliche Zweck entscheidet darüber, ob der Eigentümer mit seinen privatrechtlichen Ansprüchen präcludiert worden ist“[19].

Es handelt sich hier nicht etwa um eine lautlose Enteignung des privaten Eigentümers, auch dann nicht, wenn er — heute selten genug — nicht mit dem öffentlichen Sachherrn identisch ist.

Man kann folgende, von *Giesecke* auf das Wasserrecht beschränkte Frage auf das Recht der öffentlichen Sachen überhaupt beziehen: „Verbietet wirklich die allerdings von der Weimarer Verfassung bewußt abweichende Fassung der Eigentumsartikel 14, 15 GG einen zeitgemäßen Wandel der Rechtsformen des Wasserrechts in der Bundesrepublik? Muß man künstlichen Konstruktionen wie dem gesetzlichen Eigentum an natürlichen Wasserläufen bzw. an ihrem Bett den Schutz dieser Artikel angedeihen lassen?“[20].

Die Frage ist mit Giesecke negativ zu beantworten. Der private, mit dem öffentlichen Sachherrn nicht identische Eigentümer stimmt vor der Widmung seines Objektes zur öffentlichen Sache der vollen öffentlichen Sachherrschaft zu. Diese umfaßt aber heute nicht mehr nur die wid-

[16] So auch sehr deutlich Schack, VerwArch. 54, 68.
[17] Stern, 13. Leitsatz seines Referats in Münster, VVdStLR Bd. 21.
[18] s. o. S. 50 ff., 53 ff.
[19] Köttgen, S. 32.
[20] Giesecke-Wiedemann WHG S. 265, Fußn. 13.

mungsgemäßen Nutzungen, sondern die Nutzungen der öffentlichen Sache schlechthin. Daher ist es heute rechtens, wenn ein Bewerber um eine öffentliche Sachnutzung den privaten Eigentümer nicht mehr um Zustimmung angeht.

2. Die Regulierung der Nutzungen allein durch den öffentlichen Sachherrn

Wenn man den privaten Eigentümer von der Regulierung der Nutzungen einer öffentlichen Sache ausschließt — damit ist noch nicht gesagt, daß er gar keine Funktion im Rahmen des Rechts der öffentlichen Sachen hätte —, so stellt sich die Frage, wer dann Herr über die widmungsfremden Nutzungen sein soll, wer sie einteilen soll, wer die besonderen öffentlichen Interessen gegen oder für sie geltend machen soll.

Folgte man der bisher herrschenden Theorie der beschränkt öffentlichen Sache, so hätte man niemanden dafür. Denn nach ihr ist der Herr der öffentlichen Sache zwar zur Regulierung der widmungsgemäßen Nutzungen befugt, in Bezug auf widmungsfremde Nutzungen hat er aber nur ein Veto, mit dem er solche Nutzungen untersagen kann, die die widmungsgemäße Nutzung beeinträchtigen[21].

Demgegenüber ist zunächst zu sagen, daß es eine Instanz geben muß, die die widmungsfremden, der Allgemeinheit zustehenden Nutzungen[22] ordnet; die insbesondere verhindert, daß die öffentliche Sache nicht über ihre technische Kapazität hinaus in Anspruch genommen wird und daß die verschiedenen Nutzungen sich nicht gegenseitig behindern. Diese Aufgabe kann man nicht einer Reihe verschiedener Rechtssubjekte überlassen, erst recht kann man die verschiedenen Nutzer nicht selbst entscheiden lassen. Dies kann nur der Herr der öffentlichen Sache tun, der ja auch die Erfüllung des Hauptzweckes der öffentlichen Sache, die widmungsgemäße Nutzung besorgt. Die vielfältigen, ob widmungsgemäßen oder widmungsfremden Nutzungen sind heute so sehr miteinander verzahnt, daß die Beschränkung des öffentlichen Sachherrn auf die Verwaltung der widmungsgemäßen Nutzungen nicht mehr rechtens sein kann. Der öffentliche Sachherr hat daher grundsätzlich heute die Aufgabe, alle Nutzungen der öffentlichen Sache zu kontrollieren und zu regeln. Diese Aufgabe hat er allein.

Die Befugnisse, die ihm die öffentliche Sachherrschaft daher bereits über den widmungsgemäßen Gebrauch gibt: Zulassung zur Nutzung, Versagung und Rücknahme der Zulassung, Auflage und Bedingung,

---

[21] s. o. S. 26 f.
[22] s. o. S. 109 ff.

diese stehen ihm heute auch über den widmungsfremden Gebrauch zu. Dabei ist der öffentliche Sachherr natürlich an die Prinzipien hoheitlicher Verwaltung gebunden, etwa an die Grundsätze der Billigkeit, der Notwendigkeit und der Verhältnismäßigkeit von Eingriffen[23]. Weiter ist der öffentliche Sachherr unmittelbar an die Grundrechte gebunden.

3. Die Regulierung der Nutzungen mit den Mitteln des öffentlichen Rechts

Der alleinigen Herrschaft des öffentlichen Sachherrn über die Nutzungen entspricht die Regelung der Nutzungen durch den öffentlichen Sachherrn allein mit den Mitteln des öffentlichen Rechts. Der öffentliche Sachherr, der die öffentliche Sache gemäß den öffentlichen Interessen verwaltet und hierdurch eine Funktion öffentlicher Verwaltung erfüllt, soll sich hierbei auf das für solche Zwecke geschaffene Instrumentarium des öffentlichen Rechts beschränken. Er soll durch die Vermeidung privater Rechtsformen von vornherein jegliche Mißdeutung seiner Motivationen und seiner Interessenverfolgung ausschließen. Die Herrschaft über die öffentliche Sache muß von vornherein und innerlich als eine ausschließliche öffentlichrechtliche und ebenso ausschließlich öffentlichen Funktionen bestimmte verstanden werden“[24].

So ist auch *Stern* zuzustimmen, wenn er sagt: „Das Gebot juristischer Stilreinheit verpflichtet zu einer Kongruenz von öffentlichrechtlicher Organisationsform, d. h. die ausschließlich öffentlichrechtliche Institutionalisierung intendiert eine ausschließlich öffentlichrechtliche Nutzungsordnung und ausschließlich öffentlichrechtliche Nutzungsformen“[25].

Eine gesetzliche Ausnahme hiervon machen § 8 Abs. 10 FStrG und die Landesstraßengesetze für Nutzungen im Interesse der öffentlichen Versorgung. In diesen Fällen ist aber trotz Verwendung bürgerlichrechtlicher Formen zu bedenken, daß es der öffentliche Sachherr und nicht der private Eigentümer ist, der die Nutzung erlaubt, und daß der öffentliche Sachherr dabei den ihm eigenen öffentlichrechtlichen Bindungen unterliegt.

4. Das Interesse an der Regulierung der Nutzungen nach den Erfordernissen des Gemeinwohls

Wenn die Nutzung der vom widmungsgemäßen Gebrauch nicht erfaßten Bereiche der öffentlichen Sache allen offenstehen soll, so fragt es sich doch, ob dies ganz ohne Einschränkung gelten kann. Da die öffent-

---

[23] Vgl. hierzu Franz Mayer, S. 18.
[24] Herbert Krüger VVdStLR 21, 241.
[25] Referat Staatsrechtslehrertagung Münster VVdStLR 21, Leits. 13.

lichen Sachen in den Dienst der Allgemeinheit gestellt sind, könnte man mit *Bullinger*[26] folgern: Die öffentlichen Sachen „stehen dem Einzelnen nur als einem Glied der Allgemeinheit zur Verfügung, folglich nur soweit, als die Interessen des Einzelnen mit denen der Allgemeinheit im Einklang stehen".

Wollte man den öffentlichen Sachherrn nämlich verpflichten, unterschiedslos alle mit dem widmungsgemäßen Gebrauch vereinbaren widmungsfremden Nutzungen zuzulassen, solange nur die technische Nutzungskapazität reicht, so geriete man in Gefahr, den öffentlichen Sachherrn in die Rolle einer Kinoplatzanweiserin zu drängen, die den Gästen die Wahl des Sitzplatzes freistellt, ganz gleich, wieviel sie bezahlt haben, ganz gleich auch, ob sie überhaupt bezahlt haben. Das erscheint unbefriedigend.

a) Der Ausschluß von dem Gemeinwohl widersprechenden Nutzungen

Es besteht ein erhebliches öffentliches Interesse daran, den Publikumsgebrauch an öffentlichen Sachen nur im Rahmen des Gemeinwohls zuzulassen. Wenn man sich hiernach richtet, so dürfen Nutzungen nicht erlaubt werden, die eben dem Wohl der Allgemeinheit widersprechen. Damit wird nicht verlangt, eine Nutzung müsse ein besonderes öffentliches Interesse für sich haben, um berücksichtigt zu werden. Sie soll nur dem Gemeinwohl nicht gerade widersprechen.

Dem Gemeinwohl widersprechen insbesondere Nutzungen, die gegen ein gesetzliches Gebot oder Verbot verstoßen; man denke an die Antenne über dem öffentlichen Weg zum Betrieb einer nicht lizensierten Amateurfunkanlage; den Anlagesteg für Schmuggel- oder sonst unerlaubte Motorbootfahrten; die Benützung der Schulaula durch eine für verfassungswidrig erklärte Partei; den Verkauf von Wurstwaren, die dem Lebensmittelgesetz nicht entsprechen, oder von pornographischen Schriften im Straßenkiosk[27].

Die gesetzwidrigen Nutzungen sind aber nicht die einzigen, die dem Gemeinwohl widersprechen. Dazu gehören auch Nutzungen wie die Verlegung von Röhren eines Fernheizwerkes, das dem bereits vorhandenen kommunalen Werk ruinöse Konkurrenz machen würde[28]; die Verlegung einer Mineralölfernleitung, die dem Allgemeininteresse an der Kohlewirtschaft widerspräche; die Benutzung eines öffentlichen Gebäudes (Versammlungsraumes) durch eine rechtsradikale Organisation, die zwar

[26] Mineralölfernleitungen, S. 41.

[27] Vgl. oben S. 27.

[28] Vgl. Bauer, Marianne, S. 46: „Das Interesse einer Gebietskörperschaft, ihre Wege durch Überspannung und Unterkreuzung mit eigenen Leitungen für die Zwecke der öffentlichen Versorgung zu benutzen, ist schutzwürdig."

nicht verboten ist, deren Aktivität aber im Inland zu Beunruhigung und im Ausland zur Schädigung des deutschen Ansehens führt[29].

b) Der Vorrang von das Gemeinwohl fördernden Nutzungen

Der Ausschluß aller dem Gemeinwohl widersprechenden Nutzungen hat seine Kehrseite im Vorrang aller das Gemeinwohl fördernden Nutzungen. Da die öffentliche Sache zuerst eine Sache der Gesamtheit ist, besteht ein Interesse daran, daß Nutzungen, die in besonderer Weise dem Wohl der Allgemeinheit förderlich sind, für den Konkurrenzfall den Vorrang vor Nutzungen haben, an denen nur Einzelne interessiert sind.

Das gilt insbesondere für Nutzungen, die der öffentlichen Versorgung dienen, und zwar gleichgültig, ob das begünstigte Unternehmen von einer juristischen Person öffentlichen Rechts oder von einem Privaten betrieben wird. Denn, so schreibt Bullinger[30] zu Recht: „Öffentliche Sachen dürfen sich nicht zur Barriere gegen neue Einrichtungen öffentlichen Interesses auswachsen“[31]. Da, wo das Gemeinwohl auf dem Spiele steht, muß das private Nutzungsinteresse zurückstehen.

Es kann aber auch die Konkurrenz zwischen mehreren das Gemeinwohl fördernden Nutzungen geben, —

so, wenn eine Schule vorübergehend als Katastrophenkrankenhaus gebraucht wird, —

oder wenn sich sowohl ein Wasserwerk wie ein Fernheizwerk um die Verlegung ihrer Leitungen da bemühen, wo technisch nur eine Leitung verlegt werden kann.

In beiden Fällen fördern die konkurrierenden Nutzungen das Gemeinwohl. Im ersteren Fall konkurriert eine Nutzung im Rahmen des widmungsfremden Publikumsgebrauchs mit widmungsgemäßem Verwaltungsgebrauch. Im zweiten Fall stehen sich zwei Nutzungen des widmungsfremden Publikumsgebrauchs gegenüber. In beiden Fällen besteht ein Interesse daran, daß die Nutzung, die für das Gemeinwohl am wichtigsten ist, den Vorrang hat. Das ist im ersten Fall die Nutzung des Schulhauses als Krankenhaus, im zweiten Fall die Verlegung der Was-

---

[29] Vgl. oben S. 28.

[30] Mineralölfernleitungen, S. 42.

[31] Bullinger verweist a.a.O., S. 42 noch auf das alte Badische Straßengesetz vom 14. Juni 1884, das in § 30 Abs. 1 bestimmte: „Für die Herstellung von Anlagen und die Vornahme von Einrichtungen, welche einem öffentlichen Interesse oder einem überwiegenden Interesse der Landeskultur dienen, . . . kann die Benützung eines öffentlichen Weges in Anspruch genommen werden, soweit durch die Anlage und Verrichtung, abgesehen von vorübergehenden Störungen, der Gemeingebrauch des Weges nicht erheblich beeinträchtigt wird“. (GVBl. S. 285).

serleitung. Das an öffentlichen Sachen bestehende Interesse am Vorrang der das Gemeinwohl fördernden Nutzung spezifiziert sich daher als das Interesse am Vorrang der das Gemeinwohl am meisten fördernden Nutzung.

Der Begriff des Gemeinwohls muß dabei eng gefaßt werden[32]. Das Gemeinwohl ist nicht zu verwechseln mit dem Wohl des jeweils als öffentlicher Sachherr auftretenden Verwaltungsträgers. Es besteht kein Interesse daran, etwa einer Gemeinde als öffentlichem Sachherrn die Bevorzugung einer Nutzung zu erlauben, die zwar ihrem eigenen partikularen Wohl, nicht aber dem darüber hinausgehenden Wohl der Allgemeinheit entspricht.

c) Die Regulierung der Nutzungen nach dem Gemeinwohl durch den öffentlichen Sachherrn

Wenn allein der öffentliche Sachherr zur Regulierung der öffentlichen Sachnutzungen berechtigt sein soll[33], so fragt es sich doch, ob dies auch dann noch gelten kann, wenn es nicht mehr nur um die technische Koordination aller möglichen Nutzungen geht, sondern auch um den Ausschluß von Nutzungen, die dem Gemeinwohl widersprechen, und die Bevorzugung von Nutzungen, die es fördern. Gibt es doch eine Reihe von Verwaltungsbehörden, die bereits allgemein oder speziell mit der Verfolgung der jeweils auf dem Spiele stehenden öffentlichen Interessen betraut sind.

Es kann nämlich eine dem illegalen Funk dienende Antenne über einen öffentlichen Weg bereits nach dem Gesetz über den Amateurfunk vom 14. März 1949 verboten werden. Die Ordnungsbehörden können die Versammlung der verfassungswidrigen Partei in der Schulaula verbieten. Die Gerichte können nach § 14 des Lebensmittelgesetzes, die höheren Verwaltungsbehörden nach § 35 GewO bei bestimmten dauernden Verstößen des Straßenverkäufers von Wurstwaren gegen das Lebensmittelgesetz die weitere Betriebsführung untersagen.

Dazu ist zu sagen: Dort, wo es bereits eine Behörde gibt, die eine das Gemeinwohl verletzende Nutzung auszuschließen und die eine das Gemeinwohl fördernde Nutzung zu bevorzugen berechtigt ist, dort besteht kein Interesse mehr daran, den öffentlichen Sachherrn zur Verfolgung des gleichen Zweckes zu ermächtigen. Aber:

Es gibt kein System, das die Aufgabe der Verfolgung des Gemeinwohls durch die Verwaltung so fugenlos und so scharf in Einzelaufga-

---

[32] s. Gollasch, S. 48.

[33] s. o. S. 114 f., 116 f.

ben verschiedener Verwaltungsträger aufteilen könnte, daß das ganze Gemeinwohl damit erfaßt würde.

Daher kann gar nicht jeder Aspekt des Gemeinwohls, der für oder gegen eine öffentliche Sachnutzung spricht, von anderen Verwaltungsbehörden als dem öffentlichen Sachherrn verfolgt werden. Es gibt nach geltendem deutschen Recht keine Möglichkeit, alle dem Gemeinwohl widersprechenden Nutzungen durch einen anderen als den öffentlichen Sachherrn auszuschließen. Die staatlichen oder kommunalen Behörden sind bislang nicht berechtigt, etwa die Verlegung von Leitungen in den Boden einer öffentlichen Sache zu verhindern, die den Betrieb von den öffentlichen Interessen widersprechenden Versorgungsunternehmen oder Mineralölfernleitungen ermöglichen[34].

Die Gesetzgebung ist zu langsam, als daß sie den mit dem technischen Fortschritt immer neu gegebenen Möglichkeiten, gegen das Gemeinwohl zu verstoßen, in ausreichender Reaktionsschnelligkeit durch Schaffung neuer Kompetenzen und Befugnisse zu bestimmender Verwaltungsbehörden begegnen könnte. Gerade deswegen aber besteht ein erhebliches Bedürfnis, das Gemeinwohl dann wenigstens soweit zu schützen, als die Nutzung öffentlicher Sachen betroffen ist. Denn diese haben ihre Existenzberechtigung ja gerade darin, daß sie stets im Einklang mit dem Wohl der Allgemeinheit genutzt werden, — und zwar auch dann, wenn dieses Wohl noch keine besondere gesetzliche Förderung erfahren hat. Es ist schon schlimm genug, daß es durch die nicht zu vermeidende Langsamkeit der Legislative immer wieder möglich wird, private Sachen gegen das Gemeinwohl zu nutzen. Eine Nutzung öffentlicher Sachen unter Mißachtung des Gemeinwohls erscheint vollends unerträglich.

Es gibt aber noch weitere wichtige Fallgruppen, die bei Neutralisierung des öffentlichen Sachherrn auch durch andere Verwaltungsbehörden keine dem Gemeinwohl entsprechende Behandlung erfahren können. Dies sind alle Fälle, in denen eine Nutzung überwiegenden öffentlichen Interesses den Vorrang vor einer konkurrierenden Nutzung privaten oder auch öffentlichen Interesses verdient. Es gibt z. B. keine Stelle außer dem öffentlichen Sachherrn, die eine Schule zum Notaufnahmelager für wegen Hochwassers Evakuierte machen könnte. Es gibt niemanden außer dem öffentlichen Sachherrn, der einen Standplatz auf einem öffentlichen Platz gegenüber privat interessierten Bewerbern für den Kiosk einer Wohltätigkeitslotterie freihalten könnte.

Außerdem gibt es Fälle, in denen eine Ergänzung der anderweitigen behördlichen Tätigkeit ohne Verfälschung des gesetzgeberischen Willens

---

[34] Vgl. die Beispiele oben S. 27 ff.

möglich ist, so etwa bei dem Vertrag eines öffentlichen Wegeherrn mit einem Personenbeförderungsunternehmen.

Das Personenbeförderungsgesetz hat die Benutzung öffentlicher Wege durch öffentliche Verkehrsunternehmen zwar weitgehend, aber nicht erschöpfend geregelt. Es läßt dem öffentlichen Wegeherrn die Möglichkeit, mit dem Unternehmen zusätzliche Vereinbarungen nach den Erfordernissen des Gemeinwohles zu treffen[35].

Es zeigt sich also, daß doch ein ganz erhebliches Interesse an der Berechtigung gerade des öffentlichen Sachherrn besteht, den Gebrauch der öffentlichen Sache nach den Gesichtspunkten und Erfordernissen des Gemeinwohls zu regulieren.

d) Die subsidiäre Generalvollmacht des öffentlichen Sachherrn zur Förderung des Gemeinwohls

Nach dem Gesagten drängt es sich also auf, den öffentlichen Sachherrn zur Verfolgung des Gemeinwohls überhaupt für berechtigt zu erklären, — jedenfalls insoweit, als die Nutzung der öffentlichen Sache betroffen ist und keine besondere Zuständigkeit einer anderen Verwaltungsbehörde besteht. Es bietet sich also eine subsidiäre Generalvollmacht des öffentlichen Sachherrn zur Verfolgung des Gemeinwohls an.

Herbert *Krüger* hat einmal eine solche subsidiäre Vollmacht generell für die Verwaltung bei der Durchführung von Gesetzen, besonders Wirtschaftsgesetzen, verlangt[36]. Dies steht hier nicht zur Debatte. Die Verwaltung öffentlicher Sachen ist heute noch weitgehend gesetzesfrei. Aber Krügers Ausführungen sind auch hier von Interesse:

„Es handelt sich hier in kleinerem Maße um eine Art von Gegenstück zu den Generalklauseln des Polizeirechts. Selbst die höchste Kunst des Gesetzgebers könnte nicht bewirken, daß sich das Mosaik der einzelnen Zuständigkeiten und Vollmachten durchaus vollständig und fugenlos zu derjenigen Ganzheit zusammenfügt, die vom Gemeinwohl gefordert wird. Es bleibt daher nichts anderes übrig als ein Organ zu schaffen, dessen Zuständigkeit und Vollmacht sich unmittelbar aus dem Gemeinwohl ableiten... Die Auflage, die im Ausnahmefall in den Dienst auch eines gesetzesfremden Zweckes gestellt wird, ist sicherlich das geringere Übel im Vergleich zu einer umfassenden Wirtschaftsgesetzgebung... Es wäre daher recht kurzsichtig, wenn man die Grundrechte

[35] s. z. B. das von Vogel S. 138 f. gebrachte Beispiel der Hamburger Hochbahn AG (HHA), die zu einer Tarifänderung nach dem Personenbeförderungsgesetz nur der Zustimmung der Genehmigungsbehörde, nach dem Vertrag mit der Freien und Hansestadt Hamburg zusätzlich aber des Einverständnisses von Senat und Bürgerschaft bedarf.

[36] DVBl. 55, 522 f.

oder andere mehr oder weniger geeignete Institute zum Kampf gegen eine in den engstmöglichen Grenzen gehaltene Handlungsfreiheit der Wirtschaftsverwaltung mobilisieren würde."

Der öffentliche Sachherr soll nun keine „gesetzesfremden", wohl aber sachfremde Zwecke verfolgen. Denn sachgerecht sind an sich nur die öffentlichen Sachzwecke: widmungsgemäßer Gemein- oder Verwaltungsgebrauch und widmungsfremder Publikumsgebrauch. Eine subsidiäre Generalvollmacht bindet den öffentlichen Sachherrn nicht an die öffentlichen Sachzwecke, sie erlaubt ihm die Geltendmachung des Gemeinwohls schlechthin.

5. Das Interesse an der Regulierung der Nutzung allein nach den Erfordernissen der öffentlichen Sachzwecke

Wenn man den öffentlichen Sachherrn berechtigt, nicht nur für die Erfüllung der öffentlichen Sachzwecke zu sorgen, sondern ihm ganz allgemein eine Generalvollmacht zur Verfolgung öffentlicher Interessen gibt, so stehen dem doch trotz des dringenden Bedürfnisses einer derartigen Ausweitung der öffentlichen Sachherrschaft ganz erhebliche Bedenken gegenüber. Diese ergeben sich aus einem Kardinalprinzip rechtsstaatlicher Verwaltung: der administrativen Gewaltenteilung. Es ist bedenklich, jedem öffentlichen Sachherrn eine so umfassende Verwaltungsaufgabe zu stellen; es ist weiter bedenklich, ihm zu erlauben, solche Aufgaben mit dem Mittel der öffentlichen Sachherrschaft zu erfüllen.

a) Die Aufgabenteilung der öffentlichen Verwaltung

Es ist ein besonderes Kennzeichen des Rechtsstaates, daß er die absolutistische Omnipotenz einer oder weniger staatlicher Behörden verhindert durch eine möglichst klare Verteilung der verschiedenen Verwaltungsaufgaben auf viele voneinander trennbare Verwaltungsbehörden. Mag man auch die gesamte öffentliche Verwaltung als eine einheitliche Funktion des Staatswesens ansehen[37], so ist doch die Gesamtaufgabe der Förderung des Gemeinwohls in viele Einzelaufgaben zerlegt. Der moderne Staat hat den verschiedenen Trägern öffentlicher Verwaltung eine oder mehrere solcher Einzelaufgaben übertragen und ihnen zur Erfüllung dieser Aufgaben mehr oder minder genau bestimmte Befugnisse verliehen. In diesem System ist jede Aufgabe nur einem Verwaltungsträger übertragen, dieser hat insoweit ein Monopol. Das bedeutet, daß sich ein Verwaltungsträger nur mit der Verfolgung der ihm

[37] Mayer-König, BaWü StAnz. 1956, Nr. 25, S. 1.

übertragenen Einzelaufgabe zu beschäftigen und andere Aufgaben beiseite zu lassen hat[38].

Durch dieses System erreicht man nicht nur eine besondere Effizienz der Verwaltung — die Arbeitsteilung führt auch im Bereich der Verwaltung zu besserer Leistungsqualität —; dieses System bewirkt auch die gerade heute unerläßliche Transparenz öffentlichen Verwaltungshandelns. Wenn jeder Verwaltungsträger neben der ihm übertragenen Aufgabe — wenn auch nur subsidiär — andere öffentliche Verwaltungsaufgaben verfolgen dürfte, wäre eine rechtsstaatlichen Anforderungen genügende Kontrolle öffentlichen Verwaltungshandelns nicht mehr möglich. Hinzu kommt, daß es heute auf Grund der immensen Vielfalt öffentlicher Interessen keine allseitig versierte „all-round"-Beamten mehr gibt. So wird es verständlich, daß etwa dem Versuch der Bundesbahnverwaltung, mittels der öffentlichen Sachherrschaft über die Bundesbahnanlagen Einfluß zu nehmen auf den Betrieb kreuzender kommunaler oder im kommunalen Bereich liegender privater Versorgungsunternehmen, mit größten Bedenken begegnet werden muß. Der Bundesbahnverwaltung ist der Betrieb der Bundesbahn aufgetragen, nicht die Erfüllung sonstiger öffentlicher Versorgungsbedürfnisse.

b) Die Adäquanz des Verwaltungsmittels

Daß einem Verwaltungsträger eine bestimmte Verwaltungsaufgabe übertragen ist, bedeutet noch nicht, daß er sich zur Erfüllung dieser Aufgabe jedes ihm zu Gebote stehenden Mittels bedienen darf. Das gilt auch für den öffentlichen Sachherrn.

Bildet man das obige Beispiel von der Einflußnahme der Bundesbahnverwaltung auf die kommunale Versorgung etwa mit Wasser oder Gas um und ersetzt die Bundesbahnverwaltung durch die Gemeindeverwaltung, so wird deutlich, daß es sich hier um ein anderes Problem als das der Verteilung der Verwaltungsaufgaben handelt. Denn die Gemeinde, die als öffentlicher Sachherr das private, Gemeindewege kreuzende Versorgungsunternehmen gewissen Auflagen im Interesse der kommunalen Versorgung unterwirft, nimmt nicht eine Aufgabe wahr, die ihr nicht übertragen ist. Die Gemeinde hat tatsächlich die kommunale Versorgung mit Wasser, Strom, Gas etc. zu besorgen. Dennoch bleibt ein ungutes Gefühl, wenn die Gemeinde dieser Aufgabe mittels öffentlicher Sachherrschaft nachkommt.

---

[38] Dies gilt auch für die Gemeindeverwaltung, obschon diese das ihr anvertraute Wohl der Bürgerschaft noch am ehesten als ein unteilbares Ganzes betrachten dürfte. Aber auch sie ist streng an die Einhaltung ihrer Kompetenzen gebunden. Vgl. Köttgen, S. 25 f.

Es ist bereits sehr zweifelhaft, ob ein Träger öffentlicher Verwaltung, soweit keine besonderen gesetzlichen Beschränkungen bestehen, jedes verfassungsmäßige Mittel, wie den privat- oder öffentlichrechtlichen Vertrag, die Subvention etc. so auch die öffentliche Sachherrschaft benutzen darf, um die ihm übertragenen Aufgaben zu erfüllen. Dieser Schluß von der Aufgabe auf die Befugnis ist nicht zu Unrecht bereits deutlicher Kritik ausgesetzt gewesen[39].

Aber selbst wenn man hiervon einmal absieht, so ergibt sich doch ein gewichtiges Bedenken gegen die Abfassung der öffentlichen Sachherrschaft als Verwaltungsmittel.

Daß an öffentlichen Sachen der (widmungsgemäße) Gemeingebrauch und der (widmungsfremde) Publikumsgebrauch[40] gewährt wird, ist eine typische Leistung der Daseinsvorsorge. Denn Daseinsvorsorge ist „alles, was von seiten der Verwaltung geschieht, um die Allgemeinheit oder nach objektiven Merkmalen bestimmte Personenkreise in den Genuß nützlicher Leistungen zu versetzen"[41]. „Die Daseinsvorsorge ist administrative, im öffentlichen Interesse gelegene Befriedigung von Bedürfnissen des Publikums"[42]. Leistungen der Daseinsvorsorge gehören nicht zum Arsenal lenkender und dirigierender Verwaltung, sie sind nicht Verwaltungsmittel. Hierin unterscheiden sie sich von den Subventionen. Diese sind öffentliche Leistungen, die grundsätzlich zur Erreichung jedes beliebigen Verwaltungszweckes eingesetzt werden können. Die Leistungen der Daseinsvorsorge sind Selbstzweck, die Subventionen neutrales Hilfsmittel zur Erreichung außerhalb ihrer selbst liegender Zwecke.

Darum ist es nicht angängig, daß eine Gemeinde dem Bürger den Gashahn absperrt und die Wasserleitung unterbricht, nur um ihn dazu zu zwingen, der von einer Gemeindebehörde verfügten Räumung seines Hauses nachzukommen, oder um der nicht erfüllten gemeindlichen Steuerforderung Nachdruck zu verleihen.

Dieselben Bedenken bestehen dagegen, wenn die Gemeinde als öffentlicher Sachherr dem privaten Fernheizwerk die widmungsfremde Nutzung öffentlicher Wege durch Rohrleitungen versagt, um es zur Berücksichtigung gemeindlicher, die öffentliche Versorgung durch Fernheizung betreffender Wünsche zu zwingen, und seien diese Wünsche an sich auch noch so legitim. Denn hiermit würde ein in unserer Rechtsordnung völlig fremder Verwaltungszwang durchgeführt[43].

---

[39] s. besonders Maunz, Hauptprobleme, S. 287 f., Franz Mayer, S. 27 f.
[40] Über den Begriff s. o. S. 110 f.
[41] Forsthoff (8), S. 322.
[42] Köttgen, S. 8.
[43] Vgl. Bullinger, Vertrag und Verwaltungsakt, S. 107.

Was Herbert Krüger allgemein auf Verwaltungsleistungen bezog, gilt auch bei dem Publikumsgebrauch öffentlicher Sachen: „Es könnte nämlich letzten Endes dazu kommen, daß jede angebliche Verletzung einer öffentlichrechtlichen Pflicht eine Entziehung sämtlicher Verwaltungsleistungen nach sich ziehen würde. Für den durch eine solche moderne aquae et ignis interdictio betroffenen Bürger wäre die Freiheit nur noch ein leeres Wort"[44].

6. Der Interessenwiderstreit und seine Entscheidung zu Gunsten einer Beschränkung des öffentlichen Sachherrn auf die öffentliche Sachzweckverfolgung

Nachdem also oben[45] ein erhebliches Interesse daran festgestellt wurde, dem öffentlichen Sachherrn ein Recht zu geben, gegen das Gemeinwohl verstoßende Nutzungen auszuschließen, das Gemeinwohl fördernde Nutzungen bevorzugen, — nachdem auf der anderen Seite das Interesse daran erläutert wurde, an der administrativen Aufgaben- und Gewaltenteilung sowie an dem Selbstzweckcharakter der Leistungen der Daseinsvorsorge festzuhalten, — ergibt sich ein Interessenwiderstreit. Die sich gegenüberstehenden Interessen sind nicht miteinander zu vereinen. Der Widerstreit muß daher zu Gunsten des einen oder anderen Interesses entschieden werden. Dem überwiegenden Interesse ist der Vorzug zu geben.

Die Entscheidung kann nur zu Gunsten der administrativen Gewaltenteilung getroffen werden. Wo sich das Interesse an der Ergiebigkeit der Verwaltung und das Interesse an der Rechtsstaatlichkeit der Verwaltung wie hier unversöhnlich gegenüberstehen, muß dem Kardinalprinzip rechtsstaatlicher Verwaltung der Vorzug gegeben werden.

Der öffentliche Sachherr ist also darauf zu beschränken, die Nutzungen öffentlicher Sachen allein nach Maßgabe der öffentlichen Sachzwecke zu regulieren. Der öffentliche Sachherr ist nicht berechtigt, die Nutzung öffentlicher Sachen dann zu versagen, wenn sie anderen öffentlichen Interessen als dem Interesse an den öffentlichen Sachzwecken widersprechen. Auflagen dürfen nur im Interesse der öffentlichen Sachzwecke gemacht werden. Die öffentlichen Sachzwecke sind der widmungsgemäße Gemein- oder Verwaltungsgebrauch und der widmungsfremde Publikumsgebrauch[46]. Da es der widmungsgemäße Gebrauch ist, um dessentwegen die Sache eine öffentliche wurde, ist er vorrangig vor dem widmungsfremden Gebrauch. Der Publikumsgebrauch darf also nur

[44] Herbert Krüger, DVBl. 1955, 383.
[45] S. 117 ff.
[46] s. o. S. 108 ff.

dann versagt werden, wenn er entweder die widmungsgemäße Verwendung beeinträchtigt oder die natürliche Nutzungsfähigkeit der öffentlichen Sache nicht mehr hinreicht.

7. Die öffentliche Sachherrschaft und die „Konzessionsverträge"

Die Bedeutung der hier erarbeiteten Richtlinien für die Regulierung der Nutzungen durch den öffentlichen Sachherrn zeigt sich besonders bei den sogenannten „Konzessionsverträgen".

Zu einem solchen Vertrag kam es bisher nach der besonders von den Kommunen geübten Praxis z. B. dann, wenn sich ein Versorgungsunternehmen um die Zulassung zur Kreuzung öffentlicher Sachen durch seine Leitungen bewarb. Stellte sich heraus, daß für die entsprechenden Versorgungsleistungen ein öffentliches Bedürfnis bestand, so gab man dem öffentlichen Sachherrn das Recht, die Nutzung nur dann zu erlauben, wenn der Bewerber um die Nutzung bestimmte Verpflichtungen im Interesse der öffentlichen Versorgung einging, so etwa eine dauernde Betriebspflicht, den Kontrahierungszwang mit den Abnehmern, die Mitwirkung des öffentlichen Sachherrn bei der Tarifgestaltung und Kontrollrechte der Verwaltung akzeptierte. Die Gegenleistung der Verwaltung bestand darin, dem Unternehmen ein faktisches Monopol dadurch einzuräumen, daß man ihm versprach, alle Bewerbungen um Nutzungen von Konkurrenzunternehmen abzuweisen[47].

Solche Verträge bieten sich bei allen leitungsgebundenen Industrie- und Versorgungsunternehmen an, so bei der Wasserversorgung, der Fernheizung. Auch bei solchen Unternehmen, die bereits weitgehend auf

---

[47] Solche Verträge werden „Konzessionsverträge" genannt, obschon es sich nicht um eine echte „Konzession", d. h. Verleihung eines staatlichen Hoheitsrechts handelt. Über den Begriff der „Konzession" R. Huber I, S. 534 ff. (549). Daher ist der von *Crome* (Der Konzessionsvertrag und seine Ausführung im Kriege, AcP Bd. 115, 1917, S. 1 ff.) erwähnte und von *Stern* wieder aufgegriffene (Konzessionsvertrag S. 147) Vergleich unseres „Konzessionsvertrages" mit dem französischen „contrat de concession" doch sehr fraglich. Denn wenn mit „concession" die hier in Frage kommende „concession de service public" gemeint sein soll, so muß auch diese grundsätzlich ganz ähnlich wie die deutsche „echte Konzession" durch Gesetz oder auf Grund Gesetzes ein echtes Hoheitsrecht delegieren, was bei dem deutschen Wegebenutzungsvertrag nicht der Fall ist. Dem Wegebenutzungsvertrag entspricht im französischen Recht vielmehr die Unterwerfung eines „service public virtuel" unter „véritables obligations de service public" (s. o. S. 63 f.). Denn in beiden Fällen handelt es sich um eine Inpflichtnahme privater Unternehmen gemäß den öffentlichen Interessen, in beiden Fällen geschieht dies durch den Herrn der öffentlichen Sache, der die von dem Unternehmen benötigte Nutzung der öffentlichen Sache nur bei Berücksichtigung der öffentlichen Interessen an dem Unternehmen erlaubt. Weder im einen noch im anderen Fall wird das Unternehmen in eine Körperschaft oder Anstalt des öffentlichen Rechts umgewandelt.

Grund Gesetzes öffentlicher Kontrolle unterworfen sind, bleiben „Konzessionsverträge“ dann praktisch, wenn sie weitergehen als das Gesetz. Dies gilt vor allem für die Personenbeförderungsunternehmen[48] und die öl- oder erdgasführenden „pipe-lines“[49].

Daß der öffentliche Sachherr mit Unternehmen der bezeichneten Art Verträge für die Nutzung der öffentlichen Sache schließt, ist durchaus rechtens[50]. Er darf hierbei aber nicht Gesichtspunkte öffentlicher Versorgung oder staatlicher Wirtschaftspolitik ins Spiel bringen. Der öffentliche Sachherr ist nur zur Vereinbarung solcher Klauseln berechtigt, die den jeweiligen widmungsgemäßen Gebrauch der öffentlichen Sache schützen und die technischen Modalitäten zum Schutze der anderen, gleichberechtigten widmungsfremden Nutzungen festlegen.

Auch eine Ausschließlichkeitsklausel darf nicht vereinbart werden, denn es ist nicht Aufgabe des öffentlichen Sachherrn, Unternehmen vor Konkurrenz zu schützen. Entsprechend darf der öffentliche Sachherr die Nutzungserlaubnis für das Konkurrenzunternehmen nicht versagen, es sei denn, die Nutzung überschreite die natürliche Kapazität der öffentlichen Sache.

8. Die öffentliche Sachherrschaft und die öffentliche Sachnutzungsgebühr

Darüber, ob der öffentliche Sachherr für die Nutzung öffentlicher Sachen Gebühren erheben oder Entgelte fordern darf, besteht heute noch weitgehend Unklarheit.

Zunächst einmal ist festzustellen, daß nach den Kostengesetzen Verwaltungsgebühren erhoben werden dürfen, und zwar für Tätigkeiten, die in Ausübung hoheitlicher Gewalt vorgenommen werden (Amtshandlungen)[51] und von daran interessierten Zivilpersonen beantragt sind[52].

Soweit der öffentliche Sachherr also zugunsten eines Bewerbers die Zulassung zur Nutzung ausspricht, kann er für den Verwaltungsakt der Zulassung eine Verwaltungsgebühr erheben.

---

[48] s. das Beispiel oben S. 122 Fußn. 35.

[49] Diese unterliegen den Genehmigungen nach § 9 Abs. 1 Ziff. 4 der Verordnung über brennbare Flüssigkeiten und §§ 19 a—19 f WHG, welche aber lediglich eine technisch einwandfreie und den Wasserhaushalt nicht gefährdende Anlage voraussetzen.

[50] Solche, in der Regel öffentlichrechtlichen Verträge schließt der öffentliche Sachherr, nicht der von der Nutzungsregulierung ausgeschlossene private Eigentümer ab. Dies gilt auch für Verträge über Nutzung öffentlicher Wege durch Versorgungsunternehmen, die nach gesetzlichem Willen in privater Rechtsform zustande kommen müssen. s. o. S. 117.

[51] Vgl. Art. 1 Bay KG.

[52] Über den Begriff der Verwaltungsgebühr siehe H. J. Wolff (4) § 42 II 2; Otto Mayer (3) II S. 289.

Damit ist aber noch nichts darüber gesagt, ob der öffentliche Sachherr überdies eine Gebühr für die öffentliche Sachnutzung als solche erheben darf. Die meisten Landesgesetzgeber haben die Erhebung von Nutzungsgebühren für staatliche oder kommunale Einrichtungen ausdrücklich erlaubt[53]. Als „öffentliche Einrichtungen" im Sinne dieser Gesetze müssen auch öffentliche Sachen angesehen werden, soweit sie vom Publikum genutzt werden[54].

Es fragt sich jedoch, ob diese gesetzlichen Bestimmungen, was die Nutzungsgebühr für öffentliche Sachen betrifft, überhaupt nötig waren und ob eine öffentliche Sachnutzungsgebühr auch ohne gesetzliche Grundlage erhoben werden darf.

a) Die Erhebung der Gebühr ohne gesetzliche Grundlage

Nach herrschender Meinung bedarf eine Verwaltungshandlung nur dann einer Grundlage im Gesetz, wenn sie in Freiheit und Eigentum eingreift, nicht aber, wenn sie eine Leistung an einen oder mehrere Staatsbürger erbringt[55]. Eine solche Leistung der Verwaltung ist auch die Zulassung des Bürgers zur Nutzung der öffentlichen Sache. Wenn man nun die vom öffentlichen Sachherrn mit dieser Zulassung verbundene Auflage an den Zugelassenen, eine Benutzungsgebühr zu entrichten, für sich betrachtet, so liegt hierin zweifellos ein Eingriff, der gesetzlicher Rechtfertigung bedarf[56].

Man muß Zulassung zur Nutzung und Auflage jedoch als ein Ganzes betrachten. Die von dem öffentlichen Sachherrn erwartete Leistung, auf die im übrigen kein Rechtsanspruch besteht, wird vom öffentlichen Sachherrn — ob zu Recht oder zu Unrecht — kausal verknüpft mit der Gebührenauflage. Der öffentliche Sachherr macht die Auflage nicht ohne die Zulassung und umgekehrt. Die Gebührenauflage stellt sich daher nicht als ein selbständiger Eingriff, sondern höchstens als eine Minderung der Leistung dar. Da die Zulassung zur Nutzung grundsätzlich keiner gesetzlichen Grundlage bedarf, ist auch für die in der Zulassung enthaltene Erhebung der Benutzungsgebühr keine gesetzliche Legitimation erforderlich.

---

53 Vgl. für Bayern Art. 25 KG, Art. 24 Abs. 1 Ziff. 1 GO, Art. 8 Abs. 1 GAG.

54 Daher wäre etwa in Bayern an sich auch die Erhebung einer Benutzungsgebühr für den Gemeingebrauch an öffentlichen Wegen zulässig. Dies ist aber durch die gesetzliche Spezialvorschrift des Art. 14 Abs. 4 BayStrWG ausgeschlossen.

55 s. Walter Jellinek (3) Neudruck 1948, S. 254.

56 Dies ist die Auffassung, die von Herbert Krüger in DVBl. 55, 451 f. vertreten wird.

b) Die Richtlinien für die Erhebung der Gebühr

Da also die vom öffentlichen Sachherrn erhobene Benutzungsgebühr keiner besonderen gesetzlichen Grundlage bedarf, muß sie ihre Rechtfertigung in der öffentlichen Sachherrschaft finden.

Der öffentliche Sachherr hat dafür zu sorgen, daß an der Sache der widmungsgemäße Gemein- bzw. Verwaltungsgebrauch und nach ihm der widmungsfremde Publikumsgebrauch möglichst reibungslos erfolgt. Eine an die Nutzung geknüpfte Gebühr kann mithin dann vom öffentlichen Sachherrn erhoben werden, wenn sie dazu beiträgt, die öffentlichen Sachzwecke des widmungsgemäßen und des widmungsfremden Gebrauchs zu erreichen. Es ist daher einer Gebühr denkbar, die dem öffentlichen Sachherrn die flüssige Regulierung der Nutzungen erleichtert. Eine solche Begründung kommt für die Parkometergebühr auf öffentlichen Wegen in Frage.

α) Die Kostendeckung der öffentlichen Sachnutzung

Es ist aber auch dann eine Gebühr möglich, wenn sie dem öffentlichen Sachherrn hilft, die öffentliche Sache für den mit der Gebühr belegten Gebrauch zu erhalten. Eine Gebühr, die so bemessen ist, daß sie dem öffentlichen Sachherrn die Mittel einbringt, die er braucht, um den den öffentlichen Sachzwecken entsprechenden Gebrauch aufrechtzuerhalten, eine solche Gebühr fördert die Verwirklichung der öffentlichen Sachzwecke. Sie liegt damit im Rahmen der Aufgabenzuteilung des öffentlichen Sachherrn.

Dieser darf mithin an den widmungsgemäßen Gebrauch eine Gebühr knüpfen, die ihm die Unterhaltung der öffentlichen Sache für den Widmungszweck und die administrative Gewährung des widmungsgemäßen Gebrauchs ermöglicht. Ebenso darf er den widmungsfremden Publikumsgebrauch, etwa die Verlegung einer Rohrleitung in einen oder das Aufstellen eines Kioskes auf einem öffentlichen Weg, von einer Gebühr abhängig machen, die die Erhaltung der öffentlichen Sache im Dienste des Publikumsgebrauchs finanziell sichert. Der öffentliche Sachherr ist hierbei aber streng an das Kostendeckungsprinzip gebunden. Die Gebühren müssen überschlägig so bemessen sein, daß sie die durch Unterhaltung und Verwaltung der öffentlichen Sache entstandenen und entstehenden Kosten nicht überschreiten[57].

Der öffentliche Sachherr ist nicht verpflichtet, auf solche Gebühren zu verzichten und die Betriebskosten mit allgemeinen Haushaltsmitteln zu decken. Dies wäre nur dann der Fall, wenn öffentlicher Sachzweck

---

[57] So, für Verwaltungsleistungsgebühren überhaupt, auch Bullinger, Vertrag und Verwaltungsakt, S. 234.

grundsätzlich nicht die Gewährung der Nutzung an sich, sondern die völlig unentgeltliche Gewährung der Nutzung wäre. Hiervon kann aber nicht die Rede sein[58]. Sinn der öffentlichen Sache ist allein die bezweckte Nutzung an sich. Die Staatsbürger sollen die Möglichkeit haben, ihre Nutzungsinteressen zu befriedigen. Insofern hilft der Staat ihnen. Damit ist aber eine maßvolle Beteiligung der Begünstigten an den Kosten der Hilfeleistung keineswegs ausgeschlossen.

β) Ausgeschlossene Gebührenzwecke

Es gibt eine ganze Reihe in der Praxis beliebter Zwecke, denen die Gebühr nicht dienstbar gemacht werden darf.

Es ist nicht rechtens, wenn sich der Staat als öffentlicher Sachherr über die Gebühr für die Kreuzung einer öffentlichen Sache durch eine Mineralölfernleitung an den Gewinnen des Unternehmens beteiligen will, auch wenn er sich im Rahmen der öffentlichen Vorteilsausgleichung hält. Diese ist die Kehrseite der Entschädigung des Einzelnen, der zu Gunsten der Allgemeinheit einen besonderen Nachteil erleidet. Die öffentliche Vorteilsausgleichung verlangt von demjenigen, der auf Kosten der Allgemeinheit einen besonderen Vorteil hat, einen billigen Ausgleich[59].

Diesem Gedanken der Vorteilsausgleichung entspricht im Gebührenwesen das sogenannte Äquivalenzprinzip, wonach ein „angemessenes Verhältnis zwischen der Gebühr und dem Wert der besonderen Leistung für dem Empfänger“[60] bestehen muß, und das man neben dem Kostendeckungsprinzip zur Berechnungsgrundlage der Gebühr machen wollte[61].

Der Gedanke der Vorteilsausgleichung und des Äquivalenzprinzips hat in das französische Recht der öffentlichen Sachen breiten Eingang

---

[58] A. A. Herbert Krüger, Grundfragen, S. 156: „Der Staat stellt den Bürgern seine Leistung zur Verfügung, um ihnen zu helfen, — wie es seine Aufgabe ist. Eine solche Hilfe aber muß, wenn sie Hilfe bleiben soll, grundsätzlich unentgeltlich . . . erfolgen. Dieser Sinn liegt gerade in der bewußt festgehaltenen Unentgeltlichkeit der staatlichen Gewährung“. Ähnlich Stern VVdStLR 21, 216 ff. Beide Autoren finden einen gewissen Rückhalt in §§ 1, 6, 11 KAE i. d. F. vom 24. 12. 1956. Es handelt sich hier jedoch um Ausnahmevorschriften für die Vergabe von Wegebenutzungskonzessionen an Elektrizitäts-, Gas- und Wasserversorgungsunternehmen durch die Gemeinden. Vgl. BVerwG Urt. vom 12. 10. 1965 BayVBl 66, 131 ff.

[59] s. Otto Mayer (3) II S. 289: „Wer besondere Vorteile auf Kosten des Gemeinwesens bezieht, schuldet diesem eine angemessene Vergütung. Es wäre ungerecht den übrigen Staatsgenossen gegenüber, welche mit ihren Steuerlasten den Aufwand decken müssen, wenn Einzelne den Vorteil des Unternehmens ohne Ausgleich genießen dürften.“

[60] BVerwG Urt. v. 24. 3. 1961 DÖV 1962, 226.

[61] So z. B. OVG Hamburg Urt. v. 27. 10. 1953 DÖV 1953, 631; BVerwG DÖV 1956, 184; DÖV 1958, 218; NJW 1960, 1074.

gefunden[62]. Das ist dort auch angebracht, weil der öffentliche Sachherr französischen Rechts grundsätzlich zur Berücksichtigung aller öffentlichen Interessen, also auch des öffentlichen Interesses an der Vorteilsausgleichung berechtigt ist[63].

Nach deutschem Recht geht die Aufgabenstellung des öffentlichen Sachherrn aber nicht so weit. Der öffentliche Sachherr verfolgt nicht alle möglichen öffentlichen Interessen, sondern nur das öffentliche Interesse an der Verwirklichung der öffentlichen Sachzwecke[64]. Daher ist es auch nicht seine Sache, den öffentlichen Vorteilsausgleich zu besorgen und der Berechnung der Nutzungsgebühren das Äquivalenzprinzip zugrunde zu legen. Dies kann er nur dann, wenn er ausnahmsweise, ausdrücklich und gegen die Prinzipien des deutschen Rechts der öffentlichen Sachen vom Gesetzgeber hierzu ermächtigt wird[65].

Aus dem gleichen Grunde ist auch eine besondere öffentliche „Nachteilsausgleichung" durch den öffentlichen Sachherrn nicht berechtigt. Es kommt vor, daß ein öffentlicher Sachherr durch die Zulassung einer widmungsfremden Nutzung in seinen wirtschaftlichen Interessen geschädigt wird:

Bewirbt sich etwa der private Unternehmer einer Mineralölfernleitung um die Kreuzung von Bundesbahngelände, so muß die Bundesbahnverwaltung der Kreuzung zustimmen, wenn der technische Bundesbahnbe-

---

62 s. Watrin p. 166: „Le principe d'égalité des citoyens devant les charges publics empêche qu'un particulier soit appauvri du fait de l'administration; d'où la responsabilité de l'administration pour ‚dommage spécial'. Le même principe d'égalité s'oppose à ce que le particulier profite des biens mis à la disposition de tous par l'administration, sans devoir en contrepartie de cet ‚avantage spécial' une redevance." Zu deutsch: Das Prinzip der Gleichheit der Bürger vor den öffentlichen Lasten verbietet es, daß die Verwaltung einen Einzelnen schädigt. Daher haftet die Verwaltung bei „besonderem Schaden". Dasselbe Gleichheitsprinzip verbietet es, daß ein Einzelner von Gütern profitiert, die die Verwaltung allen zur Verfügung gestellt hat, ohne daß dieser für den „besonderen Vorteil" eine Gebühr zu entrichten hat. Ähnlich Singer, p. 75.

Man vergleiche auch Laubadère Automobile p. 256: „L'usager reçoit un avantage de fait exceptionnel." „Nous croyons qu'un avantage de fait suffit à justifier le paiement d'un prix, du point de vue de l'usager, sur la base de cette idée d'équité que les usagers d'un bien du domaine public ou d'un service public doivent payer en proportion de l'usage qu'ils font et des profits que leur procure cet usage". Zu deutsch: Der Nutzende hat faktisch einen besonderen Vorteil. Wir glauben, daß ein solcher faktischer Vorteil genügt, um von dem Nutzenden die Zahlung eines Entgeltes rechtens zu verlangen. Dies gründet sich darin, daß es billig ist, die Benutzer einer öffentlichen Sache oder einer öffentlichen Anstalt zur Zahlung nach dem Ausmaß ihrer Nutzung und des aus der Nutzung folgenden Gewinnes zu verpflichten.

63 s. o. S. 61 ff.

64 s. o. S. 20 f., 123 ff.

65 Wie in § 8 Abs. 3 S. 2 FStrWG, Art. 18 Abs. 2 BayStrWG geschehen. Ähnlich die übrigen Landesstraßengesetze.

trieb nicht gefährdet wird und an der zu kreuzenden Stelle nicht etwa bereits andere widmungsfremde Nutzungen bestehen. Die Zulassung der Mineralölfernleitung zur Kreuzung und deren dadurch mögliche Inbetriebnahme schädigt die Bundesbahn aber insofern, als sie ihr bestimmte Rohöltransporte, die sie sonst selbst übernommen hätte, entzieht. Die Bundesbahn ist nun nicht berechtigt, der Berechnung der Kreuzungsgebühr den ihr entstehenden Frachtausfall zugrunde zu legen. Die Bundesbahn ist ein öffentliches Unternehmen der Daseinsvorsorge, das keinen Anspruch auf Abnahme ihrer Leistungen hat, wenn das Publikum sich selbst versorgt. Aber selbst wenn ein öffentliches Interesse an einem Frachtausgleich bestünde, so dürfte dieses nicht von der Bundesbahn selbst und nicht mit den Mitteln der öffentlichen Sachherrschaft geltend gemacht werden. Denn dieses Interesse geht über das technische Interesse der Bundesbahnverwaltung als öffentlichem Sachherrn an dem reibungslosen Betrieb des Transportverkehrs auf den Bundesbahnanlagen weit hinaus[66].

Schließlich ist es dem öffentlichen Sachherrn verwehrt, die Gebühr zur Aufbringung allgemeiner Haushaltsmittel, und seien diese auch noch so dringend benötigt, zu verwenden. Die öffentlichen Sachen sind auch da, wo es den widmungsgemäßen Gebrauch nicht stören würde, und im Gegensatz zum Finanzvermögen, nicht Mittel zur Füllung öffentlicher Kassen. So wenig wie sonst[67], dürfen auch die Hoheitsakte des öffentlichen Sachherrn keine fiskalischen Interessen verfolgen. Die Nutzung öffentlicher Sachen ist nicht mit Gewinn verkäuflich[68].

Es ist aber zu bedenken, daß manche widmungsfremden Nutzungen öffentlicher Sachen, etwa die „Vermietung“ der Kellerräume einer Turnhalle zum Betriebe einer Kegelbahn, die der öffentliche Sachherr gegen eine bau- und unterhaltungskostendeckende Gebühr erlauben muß, auf dem privaten Markt viel höher bezahlt werden müßten. In solchen Fällen hat der Unternehmer der öffentlichen Sachnutzung einen Kostenvorteil vor Konkurrenten, die auf den privaten Markt angewiesen sind. Darin kann, je nach den Umständen, eine wirtschaftliche, in den Wettbewerb eingreifende Tätigkeit des öffentlichen Sachherrn gesehen werden. Da der öffentliche Sachherr zu dieser nicht berechtigt ist[69], müßte ihm erlaubt werden, dann, wenn die öffentliche Sachnutzung mit privaten Sachnutzungen wirtschaftlich konkurriert, zur Ver-

---

[66] Im Ergebnis ebenso Heymann, S. 9.

[67] s. Walter Jellinek (3) S. 38; Forsthoff (8) S. 198 f; Bullinger, Vertrag und Verwaltungsakt, S. 106; Heymann, S. 10.

[68] s. ebenso Stern VVdStLR 21, 241; Herbert Krüger, Grundfragen S. 140.

[69] Der wirtschaftliche Wettbewerb gehört nicht zu den öffentlichen Sachzwecken. Bei Gemeinden kommt noch das Verbot wirtschaftlicher Betätigung nach §§ 67 ff. DGO hinzu.

meidung eines Eingriffes in den freien Wettbewerb den vollen Marktpreis der Nutzung zu verlangen. Im obigen Beispiel der Nutzung der Kellerräume einer Turnhalle zum Betriebe einer privaten Kegelbahn dürfte der öffentliche Sachherr also die übliche Umsatzbeteiligung fordern.

Hier handelt es sich um Sonderfälle. Grundsätzlich bleibt es dabei, daß die öffentliche Sachnutzungsgebühr die Kostendeckung nicht überschreiten darf.

9. Die ausnahmsweise Befreiung des öffentlichen Sachherrn von der Beschränkung auf die öffentliche Sachzweckverfolgung

Wenngleich es bisher ausgeschlossen wurde, dem öffentlichen Sachherrn die Regulierung der Nutzungen nicht nur nach den Erfordernissen der öffentlichen Sachzwecke, sondern des Gemeinwohls überhaupt zu erlauben, so ist von diesem Grundsatz doch in ganz engem Rahmen eine Ausnahme zu machen.

Der Grund der Beschränkung des öffentlichen Sachherrn auf die Verfolgung der öffentlichen Sachzwecke ist der: Das Interesse an der Verfolgung des Gemeinwohls überhaupt durch den öffentlichen Sachherrn[70] kann sich gegenüber dem widerstreitenden Interesse an der Wahrung der vom Rechtsstaat geforderten administrativen Gewaltenteilung nicht durchsetzen[71]. Dies ist eine grundsätzliche Entscheidung.

Nun kann es aber Fälle geben, in denen eine über die Pflege der öffentlichen Sachzwecke hinausgehende Förderung des Gemeinwohls durch den öffentlichen Sachherrn so bedeutsam, so dringend ist, daß eine ausnahmsweise Rückstellung der rechtsstaatlichen Bedenken vertretbar ist. Das Interesse an dem Ausschluß einer das Gemeinwohl verletzenden Nutzung oder der Bevorzugung einer das Gemeinwohl fördernden Nutzung muß so groß sein, daß gegenüber seiner Verfolgung rechtsstaatliche Bedenken verstummen. Ein so großes, überragendes Interesse ist nur in ganz wenigen Fällen denkbar. Das bloße Fehlen einer anderweitigen behördlichen Zuständigkeit zur Förderung des Gemeinwohls reicht in keinem Fall aus. Vielmehr müssen besondere Umstände hinzukommen, die den Interessenwiderstreit ausnahmsweise zu Lasten der administrativen Gewaltenteilung entscheiden.

Das könnte in notstandsähnlichen Ausnahmesituationen der Fall sein. Daher müßte etwa der öffentliche Sachherr berechtigt sein, sein Schulhaus vorübergehend auf Kosten des Schulunterrichts als Notaufnahme-

---

[70] s. o. S. 117 ff.

[71] s. o. S. 123 ff., 126 f.

lager für die Evakuierten einer Naturkatastrophe, als Notkrankenhaus zu verwenden[72]. Diese Fälle sind aber sehr selten und dürften teilweise durch die zu erwartende Notstandsgesetzgebung, falls diese auch den nichtmilitärischen Notstand erfaßt, einer gesetzlichen Regelung zugeführt werden.

Insgesamt ist damit zu sagen, daß es einzelne seltene Fälle eines Übergewichtes des Interesses an der direkten Geltendmachung des Gemeinwohls durch den öffentlichen Sachherrn über das rechtsstaatliche Interesse an der Beschränkung des öffentlichen Sachherrn auf die Verfolgung der öffentlichen Sachzwecke geben mag. Diese Fälle fallen praktisch aber nicht sehr ins Gewicht. Im Zweifel bleibt der öffentliche Sachherr immer auf die Regulierung der Nutzungen im Interesse des Widmungszweckes und im Interesse des widmungsfremden Publikumsgebrauchs beschränkt.

C. Die Nutzung der öffentlichen Wege und der Gewässer

Es wurde bereits dargestellt, wie die neueren Wege- und Wassergesetze von der herrschenden Theorie der beschränkt öffentlichen Sache aus interpretiert und ergänzt werden. Hier sollen sie in das Licht einer den heutigen Erfordernissen möglichst angepaßten Nutzungsordnung gestellt werden.

1. Die Nutzung der öffentlichen Wege

Die modernen Wegegesetze sind von der durch die Theorie der beschränkt öffentlichen Sache geforderten Einflußnahme des privaten Eigentümers auf die widmungsfremden Nutzungen wenigstens insoweit abgegangen, als diese Nutzungen den widmungsgemäßen Gebrauch beeinträchtigen könnten[73]. Die Frage, ob dies nicht im Sinne einer Abkehr von dem Veto des privaten Eigentümers gegenüber Nutzungen überhaupt gedeutet werden muß[74], ist zu bejahen.

Auch soweit die widmungsfremden Nutzungen öffentlicher Wege den widmungsgemäßen Gebrauch nicht beeinträchtigen können, sind sie in ergänzender Anwendung des heute zu vertretenden allgemeinen öffentlichen Sachnutzungsrechts von der Einflußnahme durch den privaten Eigentümer ausgenommen. Sämtliche Nutzungen öffentlicher Wege unterliegen allein der öffentlichen Sachherrschaft. Auch die widmungs-

---

[72] Vgl. oben S. 28 f.

[73] s. o. S. 51 f.

[74] s. o. S. 52.

fremden Nutzungen durch Versorgungsunternehmen sind — obgleich in privatrechtlicher Form — vom öffentlichen Wegeherrn zu vergeben[75].

Der öffentliche Wegeherr hat für die Erfüllung des Widmungszweckes, den Straßenverkehr, zu sorgen und im übrigen die öffentlichen Wege dem widmungsfremden, aber den Verkehr nicht beeinträchtigenden Publikumsgebrauch offen zu halten. Auflagen, die weder dem Straßenverkehr noch dem sonstigen Publikumsgebrauch zugute kommen, darf er nicht machen. Darum dürfte er an sich auch eine Nutzungsgebühr nur zur Bestreitung der eigenen Unterhaltungs- und Betriebskosten erheben. Die Wegegesetze haben hier jedoch eine abweichende Regelung getroffen. Für den widmungsgemäßen Straßenverkehr verbieten sie jede Gebühr[76], für den widmungsfremden Publikumsgebrauch berechtigen sie sogar zu einer Gebühr, die den wirtschaftlichen Vorteil des Nutzenden berücksichtigt[77].

2. Die Gewässernutzung

Die in den meisten Landeswassergesetzen statuierte Duldungspflicht des privaten Gewässereigentümers beschränkt sich auf Wasserbenutzungen nach § 3 WHG[78]. Nach neuem allgemeinem öffentlichem Sachnutzungsrecht ist diese Duldungspflicht auf alle anderen Nutzungen zu erstrecken, sofern nicht besondere gesetzliche Vorschriften dies ausdrücklich ausschließen[79]. Zu Nutzungen aus eigenem Recht ist der private Eigentümer nicht mehr berechtigt. Das Wasserhaushaltsgesetz bestätigt dies, macht allerdings die eine Ausnahme des in engen Grenzen gehaltenen, nachrangigen „Eigentümergebrauchs" nach § 24 Abs. 1[80].

Nach der allgemeinen öffentlichen Sachnutzungsordnung ist der öffentliche Sachherr an den Widmungszweck und an die sonstigen allgemeinen Nutzungsinteressen gebunden. Besondere öffentliche Verwaltungszwecke darf er nicht verfolgen. Nun schreibt das Wasserhaushaltsgesetz in § 6 vor, daß die Wasserrechtsbehörden berechtigt sind, eine Erlaubnis oder Bewilligung nach §§ 7, 8 WHG zu versagen, „soweit von der beabsichtigten Nutzung eine Beeinträchtigung des Wohls der Allgemeinheit, insbesondere eine Gefährdung der öffentlichen Wasserver-

---

[75] s. o. S. 117.

[76] § 7 Abs. 1 S. 4 FStrG, Art. 14 Abs. 4 BayStrWG und die entsprechenden Bestimmungen der anderen Landesstraßengesetze.

[77] § 8 Abs. 3 S. 2 FStrG, Art. 18 Abs. 2 S. 3 BayStrWG und die entsprechenden Bestimmungen der anderen Landesstraßengesetze.

[78] s. o. S. 54 f.

[79] Wie Art. 4 Abs. 2 Satz 2 BayWassG.

[80] Vgl. dazu Wüsthoff Einf. S. 70; Abt DGuWF 1959, 1300: Friesecke NJW 1963, 2298; a.A. Salzwedel, Der Rechtsweg im Wasserrecht, 1963, S. 55.

sorgung, zu erwarten ist, die nicht durch Auflagen . . . verhütet oder ausgeglichen wird“[81].

Da ein spezieller Widmungszweck öffentlicher Sachen nicht mehr erkannt werden kann[82] , konnte man die Wasserrechtsbehörden auch an einen solchen nicht binden. Es ist nun aber zweifelhaft, ob man statt dessen den Wasserrechtsbehörden unter Außerachtlassung aller Prinzipien rechtsstaatlicher Kompetenzverteilung erlauben wollte, alle möglichen öffentlichen Interessen zu verfolgen[83]. Es kann doch nicht gewollt worden sein, den Wasserrechtsbehörden etwa eine nahezu unbeschränkte Blankovollmacht zum Eingriff in alle auf die Gewässerbenutzung angewiesenen Lebensbereiche zu geben. Daß die Wasserrechtsbehörden das „Wohl der Allgemeinheit“, insbesondere die „öffentliche Wasserversorgung“ zu gewährleisten haben, muß daher im Sinne der allgemeinen öffentlichen Sachnutzungsordnung verstanden werden als das Recht und die Pflicht, dafür zu sorgen, daß die Nutzungen in ihrer ganzen Vielfalt, insbesondere auch die öffentliche Wasserversorgung, möglich bleiben und nicht durch einzelne aus dem gemeinverträglichen Rahmen fallende Nutzungen gefährdet werden.

Kurz: Die Wasserrechtsbehörden sollen mit dem vorhandenen Wasserschatz haushalten und ihn vor schädlichen Einflüssen bewahren[84].

Dementsprechend dürfen die Wasserrechtsbehörden Nutzungsgebühren auch nur im Interesse der Regulierung des Wasserhaushalts, nicht aber im Interesse einer Vorteilsausgleichung oder Gewinnerzielung erheben[85]. Insbesondere kann eine gegen das Interesse an der Erhaltung des Wasserhaushalts gerichtete Nutzung, etwa Einführen verseuchten Wassers, nicht durch Zahlung einer erhöhten Gebühr, sondern nur durch Entgiftung zulässig werden.

II. Die Rechtsstellung der Nachbarn öffentlicher Sachen

Die Abwendung von der Theorie der beschränkt öffentlichen Sache und das gewandelte Verständnis der Funktion öffentlicher Sachen wirkt sich auch im Nachbarrecht aus.

---

[81] Entsprechend die Formulierung des § 12 Abs. 1 WHG.

[82] s. o. S. 53 f.

[83] Dies behaupten unter Hinweis auf dic Formulierung des Gesetzes Giesecke- Wiedemann § 6 Rn. 2, Witzel WHG § 6 Anm. 2, Burgharts Wasserrecht NRW 1962 S. 105.

[84] Diese Deutung wird unterstützt durch den erst durch das Gesetz vom 6. 8. 1964 in das WHG eingefügten § 19 b, der Auflagen bei Genehmigung von Rohrleitungsanlagen nur „zum Schutze der Gewässer“ vor „Verunreinigung“ und „sonstiger nachteiliger Veränderung“ zuläßt.

[85] Vgl. § 4 Abs. 2 Ziff. 3 WHG.

A. Die Transponierung der privaten Nachbarrechte in das öffentliche Recht

Die privaten Nachbarrechte der §§ 906 ff. BGB sind geschaffen, um einen Ausgleich zwischen den privaten Interessen der sich auf gleicher Ebene begegnenden Nachbarn herbeizuführen. Der private Nachbar der öffentlichen Sache sieht sich aber nicht einem ihm auf gleicher Ebene begegnenden Konkurrenten gegenüber, sondern — nach Verdrängung des privaten Eigentümers aus der Verantwortung für die öffentliche Sache[86] — allein dem öffentlichen Sachherrn. Dieser vertritt ausschließlich öffentliche Interessen an der Sache. Es handelt sich also nicht mehr um das Gegenüber von zwei grundsätzlich dem Privatrecht und dem Privatinteresse unterliegenden Sachen, bei denen die eine in einem beschränkten Bereich ihrer Nutzbarkeiten einem öffentlichen Zweck dient[87]. Vielmehr steht der private Nachbar von einem Grundstück, das grundsätzlich nach öffentlichem Recht verwaltet wird.

Einem solchen Grundstück gegenüber ist es ein Fehlansatz, überhaupt erst von den privaten Nachbarrechten der §§ 906 ff. BGB auszugehen. Diese müssen vielmehr auf ihre allgemeinen, über das Privatrecht hinausweisenden Rechtsgedanken zurückgeführt und dann in das öffentliche Recht transponiert werden. Der Nachbar hat dann gewisse subjektive öffentliche Rechte gegenüber der öffentlichen Sache.

B. Der Vorrang der widmungsgemäßen Verwendung vor den öffentlichen Nachbarrechten

Das französische Recht schließt Nachbarrechte (auch öffentliche) gegenüber der öffentlichen Sache ganz aus. So weit braucht man nicht zu gehen. Es kommt vielmehr darauf an, daß diese mit dem besonderen Charakter der öffentlichen Sache in Einklang stehen. Dem öffentlichen Interesse an der Nutzung der öffentlichen Sache ist grundsätzlich der Vorzug zu geben vor dem privaten Interesse des Nachbarn.

Damit müssen die — nun öffentlichen — Nachbarrechte die widmungsgemäße Verwendung der öffentlichen Sache respektieren. Es ist aber zweifelhaft, ob sie auch vor dem widmungsfremden Publikumsgebrauch zurückweichen müssen. Dieser entspricht zwar auch dem öffentlichen Sachzweck und ist somit in seiner Gesamtheit auch von öffentlichem Interesse. Die einzelne Nutzung der öffentlichen Sache im Rahmen des Publikumsgebrauchs aber ist wie das jeweilige subjektive Nachbarrecht meistens privaten Interesses. Ein eventuell für oder gegen

---

[86] s. o. S. 112 ff.

[87] Wie nach der Theorie der beschränkt öffentlichen Sache, s. oben S. 29 f.

sie sprechendes besonderes öffentliches Interesse berücksichtigt die öffentliche Sachnutzungsordnung grundsätzlich nicht[88]. Das Recht des Bürgers auf eine widmungsfremde Nutzung im Rahmen des Publikumsgebrauchs wie das subjektive Nachbarrecht stehen auf gleicher Stufe. Beide sind nachrangig gegenüber der widmungsgemäßen Verwendung der öffentlichen Sache. Damit besteht kein Grund, die Nachbarrechte, die zum Ausgleich von auf gleicher Stufe stehenden Nutzungsinteressen geschaffen sind, gegenüber dem widmungsfremden Publikumsgebrauch auszuschließen.

Als praktisches Ergebnis ist also festzuhalten, daß die in den §§ 906 ff. BGB geregelten Nachbarrechte, in das öffentliche Recht transponiert, anwendbar sind, soweit ihnen nicht die widmungsgemäße Verwendung der öffentlichen Sache entgegensteht[89].

III. Der Schutz öffentlicher Sachen vor unzulässigen Einwirkungen

Nach der herrschenden Auffassung kann der öffentliche Sachherr nur dann gegen unzulässige Einwirkungen auf die öffentliche Sache vorgehen, wenn diese die widmungsgemäße Verwendung zu stören drohen[90]. Da aber nach dem widmungsgemäßen Gemein- oder Verwaltungsgebrauch ein weiterer öffentlicher Sachzweck, der widmungsfremde Publikumsgebrauch, anerkannt worden ist, und der öffentliche Sachherr auch diesen zu verfolgen hat, ist er sowohl berechtigt wie verpflichtet, immer dann mit den Mitteln des öffentlichen Rechts gegen unzulässige Einwirkungen vorzugehen, wenn der widmungsgemäße oder widmungsfremde Gebrauch beeinträchtigt werden könnte. Das heißt praktisch: Der öffentliche Sachherr hat gegen jede unzulässige Einwirkung vorzugehen.

Damit erweist sich die Zuhilfenahme eines auf das Eigentum gestützten privaten Hausrechts zum Schutz der öffentlichen Sache als entbehrlich. So wie der Eigentümer von der Regulierung der Nutzungen ausgeschlossen ist[91], so muß ihm auch die Beteiligung am Schutz der öffent-

---

[88] s. oben S. 123 ff., 126 f.

[89] Damit ist noch nichts darüber gesagt, ob dem privaten Nachbarn der öffentlichen Sache nicht insoweit Entschädigungs- (Aufopferungs-) Ansprüche zugebilligt werden müssen, als er zu gunsten der Allgemeinheit auf Rechte verzichten muß, die er gegenüber einer privaten Sache hätte. Vgl. § 906 Abs. 2 S. 2 BGB. Dies zu erörtern, würde den Rahmen dieser Arbeit überschreiten.

[90] s. o. S. 30.

[91] s. o. S. 114 ff.

lichen Sache vor unzulässigen Einwirkungen versagt werden. Seine Beteiligung würde nur zu neuer Unklarheit über die Motive des öffentlichen Sachherrn und über die Zulässigkeit des Rechtsweges führen.

IV. Die Unterhaltung der öffentlichen Sachen

Bisher schien der öffentliche Sachherr nur gehalten zu sein, die öffentliche Sache insoweit herzurichten und zu unterhalten, als dies für den widmungsgemäßen Gebrauch notwendig war[92].

A. Die Pflicht des öffentlichen Sachherrn zur Unterhaltung

Gemäß der Erweiterung der Funktion der öffentlichen Sache muß der öffentliche Sachherr nun aber verpflichtet werden, die öffentliche Sache in einen solchen Zustand zu bringen und in einem solchen Zustand zu halten, daß sie sowohl dem widmungsgemäßen wie dem widmungsfremden Gebrauch dienen kann.

Was den widmungsfremden Gebrauch betrifft, so braucht der öffentliche Sachherr für ihn keine besonderen Einrichtungen und Anlagen zu schaffen. Der widmungsfremde Publikumsgebrauch ist ja nur subsidiärer öffentlicher Sachzweck. Der öffentliche Sachherr soll aber dafür sorgen, daß der Vermögenswert der öffentlichen Sache erhalten bleibt und die öffentliche Sache auch insoweit nicht verfällt und brauchbar bleibt, als sie nicht gerade vom widmungsgemäßen Gebrauch in Anspruch genommen wird[93].

B. Die Pflicht zur Unterhaltung und die Verkehrssicherungspflicht

Die Ausweitung der Funktion der öffentlichen Sache hat im Streit um das Verhältnis der sogenannten Verkehrssicherungspflicht zur Pflicht der Unterhaltung einer öffentlichen Sache keine Bedeutung.

Die Verkehrssicherungspflicht des öffentlichen Sachherrn bleibt von seiner Pflicht zur Unterhaltung der öffentlichen Sache zu unterscheiden, auch wenn die Unterhaltung nicht auf die Stützung des widmungs-

---

[92] s. o. S. 30 f.

[93] Danach kann der Unternehmer einer widmungsfremden Nutzung wohl verpflichtet werden, die zu seiner Nutzung erforderlichen besonderen Anlagen selbst zu unterhalten. Ob ihm aber auch die sogenannte „Folgepflicht", die Kostenlast für eine Änderung der Nutzungsanlagen bei Veranlassung durch den öffentlichen Sachherrn zu Gunsten einer anderen Nutzung, auferlegt werden kann, erscheint sehr zweifelhaft. So auch Eiser-Riederer-Sieder V 37.

gemäßen Gebrauchs beschränkt wird. Denn die Pflicht zur Unterhaltung erfaßt nur solche Tätigkeiten, die die Nutzung gemäß den öffentlichen Sachzwecken ermöglicht. Und die Verkehrssicherungspflicht hält den öffentlichen Sachherrn lediglich zu Maßnahmen an, die Gefahren für das Publikum infolge eines vom öffentlichen Sachherrn nicht verhinderten Zutritts zur öffentlichen Sache ausschließen.

Dabei werden die zur Unterhaltung getroffenen Maßnahmen in vielen Fällen gleichzeitig im Sinne der Verkehrssicherheit liegen. Notwendig ist dies aber nicht. Wenn der öffentliche Sachherr z. B. den Durchgang des Publikums durch ein Verwaltungsgebäude duldet, so ist er nicht verpflichtet, für diesen widmungsfremden Publikumsgebrauch besondere, den Durchgang erleichternde und sichernde Einrichtungen zu schaffen. Auf Grund der Verkehrssicherungspflicht jedoch ist er wenigstens für die äußere Sicherheit der Gäste verantwortlich.

Aus der Verkehrssicherungspflicht ergibt sich keine Erweiterung des Aufgabenbereichs des öffentlichen Sachherrn über die Verfolgung der öffentlichen Sachzwecke hinaus. Denn sie hat ihren Grund in der Schaffung einer objektiven Gefahrenlage, welchen Tatbestand zu erfüllen nicht Besonderheit der öffentlichen Sachherrschaft ist. Die Verkehrssicherungspflicht gehört mithin eigentlich nicht in die Rechtsordnung öffentlicher Sachen, sondern in das allgemeine Haftungsrecht.

Die Schwierigkeiten, die sich aus der Unterschiedlichkeit des Haftungsmaßstabes bei Verletzung der Unerhaltungspflicht und der Verkehrssicherungspflicht ergeben[94], folgen daraus, daß das deutsche Recht — wenigstens nach der vom BGH bestimmten Rechtsprechung — neben die genuin deliktische Schadenshaftung nach §§ 823, 839 BGB in Form der Verkehrssicherungspflicht noch eine Art umfassender Gefährdungshaftung stellt, die nur dürftig deliktisch verkleidet ist[95]. Wie diese mit dem allgemeinen Haftungsrecht vereinbart werden kann, ist einer besonderen Untersuchung, die den Rahmen einer Erörterung der spezifischen Probleme des Rechts der öffentlichen Sachen überschreitet, zu überlassen[96].

---

[94] s. o. S. 32.

[95] Auf die sehr beachtlichen Einwände Essers gegen die hier erfolgende Ausweitung der Gefährdungshaftung im Mantel der deliktischen Haftung kann hier nicht näher eingegangen werden. s. JZ 1953, 129 ff. Vgl. auch Spanner S. 18.

[96] Vgl. den Vorschlag von H. J. Wolf (4) § 57 IV, Jahn JUS 1965, 166.

V. Die Verkehrsfähigkeit der öffentlichen Sachen

In der bisher gegebenen Darstellung zeigte sich, daß ein modernes Recht der öffentlichen Sachen den privatrechtlichen Einfluß weitgehend ausschalten muß. Die Nutzungen, die Nachbarrechte, der Schutz, die Unterhaltung der öffentlichen Sache werden allein nach öffentlichem Recht beurteilt. Eine solche Entwicklung ist wiederholt befürwortet worden[97]. Man fordert sogar die völlige „Preisgabe des sach- und wesensfremden bürgerlichen Rechtselementes, des privaten Eigentums an öffentlichen Sachen. So wie die private Sache ganz der privaten Rechtsordnung untersteht, so muß auch angestrebt werden, daß die öffentliche Sache ganz und ausschließlich der ihrem Wesen gemäßen öffentlichen Rechtsordnung unterstellt wird“[98].

Dem kann in dieser extremen Fassung nicht zugestimmt werden. Das private Recht muß da bewahrt werden, wo es noch eine sachliche Berechtigung hat. Eine solche hat es da, wo es als privates Eigentum denjenigen bezeichnet, der nach der Entwidmung der Sache ihr Herr sein wird.

A. Der Fortbestand des privaten Eigentums

Der private Eigentümer der öffentlichen Sache hat zwar keinerlei Einflußmöglichkeit auf die Nutzung und die äußere Gestalt der öffentlichen Sache, dennoch ist sein Recht nicht ganz inhaltslos geworden. Es gibt mehr als „nur noch die statische Position, die Sache nicht zur res nullius werden zu lassen“[99]. Denn der private Eigentümer wird nach der Entwidmung die vollen privaten Herrschaftsrechte an der Sache haben. Die Dynamik der privatnützigen Verwendungsfreiheit des Eigentums bleibt immerhin potentiell erhalten. Diese Potentialität aktualisiert sich im Augenblick der Entwidmung. Insoweit behält das private Eigentum an der öffentlichen Sache seinen Sinn, es stellt eine gewisse Kontinuität zwischen der öffentlichen Sache und der aus ihr durch die Entwidmung hervorgehenden privaten Sache her.

B. Die Verfügung über das private Eigentum

Hieraus folgt, daß die öffentliche Sache auch verkehrsfähig bleiben kann. Wenn die öffentliche Sache nach wie vor im privaten Eigentum steht, und dieses Eigentum lediglich einen Hinweis auf den Träger der

---

97 s. besonders Spanner S. 22.

98 Clasen S. 284.

99 Stern VVdStLR 21, 203.

— privaten — Sachherrschaft nach der Entwidmung gibt, so ist nicht einzusehen, weshalb es dem privaten Eigentümer nicht erlaubt sein sollte, über seine so reduzierte Rechtsposition zu verfügen. Denn durch eine solche Verfügung kann die Verwendung der öffentlichen Sache gemäß den öffentlichen Sachzwecken nicht beeinträchtigt werden[100]. Es kann durchaus ein Interesse daran bestehen, das Eigentum an einer öffentlichen Sache zu übertragen, auch wenn dies praktische Konsequenzen erst nach der Entwidmung hat. Darum ist daran festzuhalten, daß private Rechte an öffentlichen Sachen nach deutschem Recht — im Gegensatz zum französischen Recht — übertragen und gegebenenfalls ersessen werden können.

C. Der Gutglaubensschutz des Erwerbers

Der Erwerber des privaten Eigentums an einer öffentlichen Sache muß die öffentliche Sachherrschaft ebenso dulden wie sein Vorgänger. Dies gilt auch für den gutgläubigen Erwerber, der die Zugehörigkeit des Eigentumsobjektes zum Kreis der öffentlichen Sachen nicht kannte, — denn dem öffentlichen Interesse an der Erfüllung der öffentlichen Sachzwecke gebührt der Vorrang vor dem Interesse an dem Gutglaubensschutz des privaten Erwerbers[101].

Es ist nun versucht worden, hieraus ein Argument für den Ausschluß der Verkehrsfähigkeit öffentlicher Sachen herzuleiten[102]. Dem ist aber

---

[100] s. o. S. 97 ff.

[101] Vgl. die umfassende Erörterung des Gutglaubensschutzes bei dem Erwerb von privaten Rechten an öffentlichen Sachen bei Merten S. 24 ff.

[102] So insbesondere Waline in der Besprechung der berühmten Entscheidung des Conseil d'Etat im Fall der Commune de Barran D. 1934 II 101 s. s, in der es um das Chorgestühl der Kirche von Barran ging, das ein Antiquitätenhändler von dem Eigentümer erworben hatte, s. näheres zu diesem Fall oben S. 136. Waline brachte damals eine Entgegnung auf Capitant (D.P. 1933 III 49), der die Unveräußerlichkeit öffentlicher Sachen zu Gunsten einer dem deutschen Recht entsprechenden Regelung abschaffen wollte. Im Einklang mit der herrschenden Meinung wies Waline besonders darauf hin, daß der gutgläubige Kaufwillige, der das Eigentum erwerbe, nicht genügend geschützt sei: „Une vente qui ne peut transférer à l'acheteur ni le droit d'user, ni celui de jouir, ni celui de disposer, parce que tous trois sont paralysés par une affectation, . . . voilà à quoi aboutit l'abandon de la vieille règle de l'inaliénabilité du domaine public . . . Voilà une première raison pour laquelle il nous paraît dangereux d'abandonner cette idée traditionelle, mais sage . . . , que les biens du domaine public ne peuvent être aliénés sans déclassement préalable". Zu deutsch: „Ein Verkauf, der dem Käufer weder das Recht zur Nutzung, noch zur Fruchtziehung, noch zur sonstigen Verfügung gibt, weil alle drei Funktionen durch die öffentliche Sachherrschaft gelähmt sind, . . . das ist das Ergebnis, wenn man die alte Regel der Unveräußerlichkeit öffentlicher Sachen aufgibt . . . Dieses Ergebnis ist ein erster Grund dafür, daß es gefährlich erscheint, die traditionelle und weise Vorstellung aufzugeben, daß die öffentlichen Sachen nicht ohne vorherige Entwidmung veräußert werden können".

zu entgegnen, daß der Nachteil, den der gutgläubige Erwerber der öffentlichen Sache erleidet, nicht so groß ist, wie es zunächst scheinen mag.

Ein Schadensersatzanspruch wegen Nichterfüllung des zugrunde liegenden obligatorischen Vertrages besteht nicht, da der Veräußerer das geleistet hat, was er schuldig war, nämlich Übertragung des privaten Eigentums oder Begründung eines privaten beschränkten dinglichen Rechts. Ebenso kann der gutgläubige Erwerber die geschuldete Gegenleistung weder verweigern noch aus ungerechtfertigter Bereicherung zurückfordern.

Eine Chance erwächst ihm aber aus der Sachmängelhaftung nach § 459 BGB. Nach dem von der Rechtsprechung vertretenen[103] und nun auch von der Lehre weitgehend akzeptierten[104] „konkreten Fehlerbegriff" liegt ein „Fehler" dann vor, wenn die Sache nicht die im obligatorischen Vertrag zugrunde gelegte Beschaffenheit hat. Danach kommt als Fehler auch eine besondere rechtliche Eigenschaft oder eine besondere rechtliche Beschränkung in Betracht[105]. Wird ein Grundstück mit der ausdrücklichen Zweckbestimmung als Baugelände verkauft, so ist ein öffentlichrechtliches Bauverbot ein Fehler[106]. Somit wäre möglicherweise auch die öffentlichrechtliche Beschränkung aus der Zweckbestimmung der öffentlichen Sache ein Fehler. Der gutgläubige Erwerber einer öffentlichen Sache kann also dann Wandelung vom Veräußerer verlangen, wenn über die normale Verwendbarkeit der Sache durch den Erwerber ein Konsens bestand.

Außerdem dürfte, vom Standpunkt der Allgemeinheit aus gesehen, der Vorteil, der aus der generellen Verkehrsfähigkeit der öffentlichen Sache erwächst, den Nachteil, den ein — sicher seltener — gutgläubiger Erwerber erleidet, bei weitem überwiegen.

VI. Der Anteil des privaten Rechts und der Zivilgerichtsbarkeit

Nach Aufgabe der Theorie der beschränkt öffentlichen Sache ist der Anteil des privaten Rechts bei der Behandlung öffentlicher Sachen fast ganz verschwunden. Das öffentliche Recht ist an seine Stelle getreten.

Wenn es in früheren Zeiten mangels einer umfassenden Verwaltungsgerichtsbarkeit notwendig war, möglichst viele privatrechtliche Ele-

---

[103] RGZ 135, 342; 161, 334; BGHZ 16, 55.

[104] von Caemmerer, Falschlieferung, Festschrift für Martin Wolff, 1952, S. 3: Flume, Eigenschaftsirrtum und Kauf 1948; Max Wolf, Sachmängel beim Kauf Jherings Jahrbuch 56, 1.

[105] Palandt (22) § 459, Anm. 2.

[106] Larenz, Schuldrecht (2) II S. 34.

mente im Recht der öffentlichen Sachen zu erhalten und so eine Rechtskontrolle wenigstens durch die Zivilgerichtsbarkeit zu sichern[107], so ist mit dem Ausbau der Verwaltungsgerichtsbarkeit auch diese Stütze privatrechtlicher Behandlung öffentlicher Sachen entfallen. Der grundsätzlichen Geltung öffentlichen Rechts an öffentlichen Sachen entspricht heute die grundsätzliche Eröffnung des verwaltungsgerichtlichen Rechtsweges bei Streitigkeiten über öffentliche Sachen.

A. Die Einflechtung privaten Rechts

Es ist dem Privatrecht und daraus folgend der Zivilgerichtsbarkeit aus sachlichen Gründen ein beschränkter Wirkungsbereich geblieben. Die öffentlichen Sachen stehen nach wie vor im privaten Eigentum und sind dementsprechend verkehrsfähig[108]. Soweit etwa eine privatrechtliche Verfügung des Eigentümers über sein Recht Anlaß zu Streitigkeiten gibt, sind die Zivilgerichte zuständig.

Man mag die in der Bewahrung des privaten Eigentums an öffentlichen Sachen begründete Eröffnung des Zivilrechtsweges bedauern; sie ist jedoch nicht zu vermeiden, da der materiellen „Richtigkeit" des Rechts der öffentlichen Sachen der Vorrang vor dem Interesse an der Vermeidung der Zweispurigkeit des Rechtsweges zu geben ist. Im übrigen wäre es irrig anzunehmen, hier sei die Chance einer restlosen Unterstellung aller Streitigkeiten an öffentlichen Sachen unter die Verwaltungsgerichtsbarkeit vertan. Denn diese wäre auch dann nicht zu erreichen, wenn man mit dem privaten Eigentum jegliche privatrechtliche Behandlung öffentlicher Sachen ausschlösse. Es verbleiben in jedem Falle Rechtsstreitigkeiten, für die der Zivilrechtsweg eröffnet ist, etwa bei Amtspflichtverletzungen der für den öffentlichen Sachherrn handelnden Beamten[109].

B. Die Unlösbarkeit des Rechtswegproblemes

Mit dem Nebeneinander von Verwaltungsgerichtsbarkeit und Zivilgerichtsbarkeit über die öffentlichen Sachen bleibt auch das Rechtswegproblem; die Rechtsunsicherheit, die dadurch hervorgerufen wird, daß es Rechtsstreitigkeiten über öffentliche Sachen gibt, bei denen sich private und öffentliche Rechtselemente derart ausbalancieren, daß die richterliche Entscheidung für den Zivil- oder Verwaltungsrechtsweg eine willkürliche sein muß[110]. Solche Rechtsstreitigkeiten bleiben, auch

---

107 Fleiner (8) S. 357.
108 s. o. S. 142 f.
109 Vgl. o. S. 89.
110 s. o. S. 33 f.

wenn man das private Recht ganz von der Behandlung der öffentlichen Sache ausschließt. So kann in jedem Fall der frühere private Eigentümer noch private Rechte mit der Begründung geltend machen, eine wirksame Widmung sei nicht erfolgt. Die hierdurch bedingte Rechtsunsicherheit läßt sich nicht vermeiden, solange es eine Trennung der Rechtswege nach privat- und öffentlichrechtlichen Streitigkeiten gibt.

Sechster Teil

Die neue Konzeption des deutschen Rechts der öffentlichen Sachen

Nachdem im vorigen Teil der Weg zu einer neuen Darstellung des deutschen Rechts der öffentlichen Sachen gefunden wurde, ist es an der Zeit, diesen dogmatisch zu festigen. Es stellt sich heraus, daß das, was sich in den einzelnen Fällen als die sachgerechte Lösung ergab, jetzt ohne den Dingen Gewalt anzutun, in den Rahmen einer größeren, einheitlichen Konzeption gestellt werden kann.

Diese Konzeption betrachtet die ganze öffentliche Sache als eine Einheit. Sie stellt die öffentliche Sache als ganze in den Dienst des Allgemeinwohls und vermeidet es, Sachherrschaft und Sachzwecke zu zerreißen.

I. Die Abgrenzung von den bisher im deutschen Recht wirksamen Theorien

A. Die Abgrenzung von der Theorie der beschränkt öffentlichen Sache

Die neue Konzeption ist zunächst eine Antwort auf die Mängel der bisher herrschenden Theorie der beschränkt öffentlichen Sache. Diese will die öffentliche Sache in den Dienst des Widmungszweckes stellen und sie im übrigen ganz den individuellen Interessen des privaten Eigentümers und anderer überlassen. Die Theorie der beschränkt öffentlichen Sache gestattet eine Berücksichtigung allgemeiner, über das Widmungsinteresse hinausgehender öffentlicher Interessen an der öffentlichen Sache nicht einmal da, wo der widmungsgemäße Gebrauch der öffentlichen Sache gar nicht berührt würde, geschweige denn auch gegen den widmungsgemäßen Gebrauch. Die Theorie der beschränkt öffentlichen Sache führt ferner dadurch zu Rechtsunsicherheit, daß sie nur in einer komplizierten, unübersichtlichen Ordnung des Rechts der öffentlichen Sachen durchgeführt werden kann, und daß sie Spannungen zwischen dem privaten Eigentümer und dem öffentlichen Sachherrn hervorruft[1].

Die neue Konzeption nimmt der öffentlichen Sachherrschaft ihre Beschränkung auf die Förderung des widmungsgemäßen Gebrauchs, indem sie neben den Widmungszweck den weiteren öffentlichen Sachzweck des widmungsfremden Publikumsgebrauchs stellt. Sie erstreckt die öffentliche Sachherrschaft auf die ganze öffentliche Sache und läßt keinen Raum für eine Einflußnahme des privaten Eigentümers.

B. Die Abgrenzung von der Theorie des öffentlichen Eigentums

Wer das private Eigentum an öffentlichen Sachen weiter zurückdrängt, als das nach der Theorie der beschränkt öffentlichen Sache bisher üblich war, gerät in den Geruch, das „öffentliche Eigentum" einführen zu wollen.

So erging es bereits Köttgen, der zwar an der Theorie der beschränkt öffentlichen Sache im Prinzip festhielt, den Widmungszweck aber nach den jeweiligen öffentlichen Bedürfnissen erweitern und somit den Bereich der öffentlichen Sachherrschaft auf Kosten des privaten Eigentums ausdehnen wollte[2]. Man warf ihm vor, er räume dem öffentlichen Sachherrn eine Herrschaftsgewalt ein, die einem „öffentlichen Eigentum" gleichkomme, und dieses sei ungesetzlich[3].

Dieser Vorwurf liegt bei der hier vertretenen, im Ausschluß des privaten Eigentums viel rigoroseren Konzeption noch näher. Er ist jedoch unbegründet.

Zwar führt sowohl die Theorie des öffentlichen Eigentums wie die hier vertretene neue Konzeption zu einer rein öffentlichrechtlichen Nutzungsordnung, zum Ausschluß des privaten Eigentümers von der Einflußnahme auf die tatsächlichen Verhältnisse an der öffentlichen Sache, zu rein öffentlichrechtlichen Nachbarrechten gegenüber der öffentlichen Sache, zum Schutze der öffentlichen Sache allein mit den Mitteln des öffentlichen Rechts u. a. m. Insofern teilt die neue Konzeption des deutschen Rechts der öffentlichen Sachen die Vorzüge der Theorie des öffentlichen Eigentums[4].

Die neue Konzeption unterscheidet sich aber wesentlich von der Theorie des öffentlichen Eigentums dadurch, daß sie deren Nachteile vermeidet: Sie begründet die Widmung nicht im Eigentumsrecht und

---

[1] s. die detaillierte Darlegung oben S. 31 ff.

[2] Vgl. oben S. 109 f.

[3] Marianne Bauer, S. 41.

[4] Vgl. näheres oben S. 92 f.

erhält damit eine ausreichende Spannweite des Rechts der öffentlichen Sachen[5]. Sie erhält im Gegensatz zur öffentlichen Eigentumstheorie das private Eigentum und damit die Verkehrsfähigkeit der öffentlichen Sachen[6]. Die neue Konzeption wird den öffentlichen Nutzungsinteressen durch den Vorrang des widmungsgemäßen Gebrauchs vor dem widmungsfremden Gebrauch gerecht, vermeidet aber die aus rechtsstaatlichen Gründen bedenkliche Überforderung des öffentlichen Sachherrn durch die öffentliche Eigentumstheorie, indem sie den öffentlichen Sachherrn nicht zum Anwalt des Gemeinwohls schlechthin, sondern nur des öffentlichen Interesses am widmungsgemäßen Gemein- oder Verwaltungsgebrauch und danach am widmungsfremden Publikumsgebrauch macht[7].

Das sind ganz erhebliche Unterschiede, die den Einwand gegen die neue Konzeption[8], sie versuche sozusagen durch die Hintertür das öffentliche Eigentum einzuführen, widerlegen.

Die neue Konzeption kann überdies ohne die Hilfe des Gesetzgebers auf das Recht der öffentlichen Sachen angewandt werden, sie beschränkt sich auf eine moderne Interpretation der seit langem gültigen Grundzüge des deutschen Rechts[9]. Das öffentliche Eigentum dagegen, das zu einer erheblichen Verschlechterung der Rechtslage führen würde, könnte nur durch — nicht zu erwartende — Gesetze eingeführt werden.

C. Die Abgrenzung von der im hamburgischen Wegerecht und im baden-württembergischen Wasserrecht vertretenen Theorie

Das Hamburger Wegegesetz vom 4. April 1961[10] und das Landeswassergesetz für Baden-Württemberg vom 25. Februar 1960[11] statuieren expressis verbis ein „öffentliches Eigentum". Dennoch ist zweifelhaft, ob diese Gesetze den Begriff des „öffentlichen Eigentums" zu Recht verwenden.

1. Das Hamburger Wegegesetz

§ 4 des Hamburger Wegegesetzes erklärt Grundflächen, die zu öffentlichen Wegen gewidmet sind und der Freien und Hansestadt Ham-

[5] s. o. S. 94 ff.
[6] s. o. S. 97 ff., 142 f.
[7] Vgl. o. 123 ff., 126 f.
[8] s. o. S. 148.
[9] s. o. S. 18 ff.
[10] GVBl. S. 117.
[11] GVBl. S. 17.

burg gehören, zu öffentlichem Eigentum. Gleichzeitig wird eine rein hoheitliche Sachherrschaft und die Verkehrsentzogenheit der öffentlichen Wege begründet.

Es ist nun die Ansicht vertreten worden, hierin liege nur eine andere Etikettierung des überkommenen dualistischen, auf der Trennung von öffentlicher Sachherrschaft und Eigentum aufbauenden Systems[12].

Dieser Ansicht widerspricht der klare Wille des hamburgischen Gesetzgebers, der die privatrechtliche Behandlung der öffentlichen Wege ausdrücklich ausgeschlossen hat und an öffentlichen Wegen nur die öffentlichrechtliche, unveräußerliche Wegeherrschaft duldet.

Dies ist aber nicht gleichbedeutend mit der Einführung des öffentlichen Eigentums. Man schafft ein öffentliches Eigentum noch nicht dadurch, daß man das Privateigentum an öffentlichen Sachen ausschließt, nur noch die öffentliche Sachherrschaft anerkennt und so von einem dualistischen System des Rechts der öffentlichen Sachen zu einem monistischen übergeht. Zum öffentlichen Eigentum gehört auch, daß der öffentliche Sachherr berechtigt ist, die Nutzungen im Interesse des Gemeinwohls zu regeln, daß er etwa Nutzungen immer dann versagen darf, wenn sie zwar nicht die widmungsgemäße Verwendung des öffentlichen Weges, den Verkehr, beeinträchtigen, wohl aber irgendeinem anderen öffentlichen Interesse zuwiderlaufen[13].

Hierüber findet sich im Gesetz zwar keine Bestimmung. Es kann aber nicht angenommen werden, daß der hamburgische Gesetzgeber dem öffentlichen Wegeherrn so weitreichende Vollmachten einräumen wollte, jedes öffentliche Interesse, auch ein solches, das gar nicht in seinem normalen Aufgabenbereich liegt, mittels der öffentlichen Wegeherrschaft zu verfolgen. Das Fehlen einer besonderen Bestimmung hierüber deutet vielmehr darauf hin, daß das Hamburger Wegegesetz, was die finale Bindung des öffentlichen Wegeherrn angeht, nicht von dem sonst in Deutschland geltenden Recht der öffentlichen Wege abweichen wollte. Hierfür spricht auch die Interpretation eines der Väter des Gesetzes, der zwar den monistischen Charakter des hamburgischen Wegerechts rühmt, mit keinem Wort aber eine etwaige Erweiterung der Funktion des öffentlichen Wegeherrn erwähnt: „Den großen Vorzug dieser Lösung sehe ich in ihrer Formenklarheit, in der Adäquanz der zuständigen Normen für das Institut der öffentlichen Sache, in einer Überwindung . . . des Dualismus der Rechtswege in Rechtsschutzfragen, insgesamt also auch in gewissen Rationalisierungseffekten des Gesetzgebers"[14].

---

[12] Weber in VVdStLR 21, 159.

[13] s. o. S. 105 f.

[14] Ipsen, VVdStLR 21, 235. Der Dualismus der Rechtswege wird im übrigen nicht ganz überwunden, s. o. S. 89, 92, 145 f.

Damit ist festzustellen, daß der hamburgische öffentliche Wegeherr allein an die öffentlichen Sachzwecke, hier den Verkehr und den sonstigen Publikumsgebrauch, nicht aber an das öffentliche Interesse schlechthin gebunden ist. Folglich handelt es sich nicht um „öffentliches Eigentum", sondern um ein monistisches System, das eine einheitliche öffentliche Sachordnung unter Ausschluß des privaten wie des öffentlichen Eigentums herstellt.

2. Das baden-württembergische Wassergesetz

Das Gleiche muß für das baden-württembergische Wassergesetz gelten. Zwar steht nach § 4 I WassG BW das Bett eines Gewässers 1. Ordnung im „öffentlichen Eigentum" des Landes, das eines Gewässers 2. Ordnung innerhalb des Gemeindegebietes im „öffentlichen Eigentum" der Gemeinde. Privates Eigentum an diesen Gewässern ist ausgeschlossen[15]. Die finale Bindung der baden-württembergischen Wasserrechtsbehörden ist aber die gleiche wie die der Parallelbehörden in den anderen Bundesländern.

Das heißt: Die Wasserrechtsbehörden haben nicht alle möglichen öffentlichen Interessen zu besorgen, sondern lediglich eine auf die Erhaltung des „Wasserschatzes" gerichtete sparsame Wasserwirtschaft zu betreiben[16]. Damit besteht auch an den baden-württembergischen Gewässern kein echtes öffentliches Eigentum, sondern ein monistisches System öffentlicher Sachherrschaft unter Ausschluß irgendeiner Form von Eigentum[17].

Die diesen Gesetzen zugrunde liegende Theorie unterscheidet sich nur durch den Ausschluß des privaten Eigentums von der hier vertretenen Konzeption[18]. Diese hält an dem privaten Eigentum fest. Dieses fortbe-

---

15 A. A. Weber, VVdStLR 21, 162 ff.

16 s. o. S. 52 ff.

17 Erst recht besteht an den Bundeswasserstraßen und an den außerbaden-württembergischen Gewässern kein öffentliches Eigentum, a. A. Sievers, DVBl. 1960, 464 f.; 1962, 82 f.

Es ist im Falle der Bundeswasserstraßen aus der Tradition und der Formulierung des Art. 89 GG, in den Fällen der Landesgewässer aus den Landeswassergesetzen der Wille des Gesetzgebers erkennbar, am privaten Eigentum festzuhalten, auch wenn dieses nicht viel mehr als ein „nudum ius" ist. So auch Bochalli S. 280 f; Friesecke DÖV 60, 823; Kübler S. 936; BGHZ 28, 37 f.

Der Ausschluß des privaten Eigentums an öffentlichen Sachen ist in Deutschland so sehr die Ausnahme, daß man schon eine unzweideutige Anordnung in Art. 89 GG oder den Landeswassergesetzen verlangen müßte. Ähnlich Maunz-Dürig Art. 89 RN 19; Wiedemann DVBl. 1965, 17.

18 Bedenken gegen den Ausschluß des privaten Eigentums durch den Landesgesetzgeber (etwa aus dem Kodifikationsprinzip des BGB, s. Eiser-Riederer-Sieder V 33 a; Weber VVdStLR 21, 162 ff.) lassen sich mit dem Hinweis

stehende Eigentum ist kein „nudum ius", wie behauptet worden ist[19]. Wenn auch der private Eigentümer nicht zum „usus" der öffentlichen Sache berechtigt ist, der „abusus" bleibt ihm, also das Recht, über sein Eigentum durch Rechtsgeschäft zu verfügen. Hört die öffentliche Sache auf, eine öffentliche zu sein, so gewinnt der private Eigentümer das Recht zum „usus" zurück. Der private Eigentümer hat daher nach der hier vertretenen Konzeption so etwas wie eine Anwartschaft, eine rechtlich begründete Aussicht auf die volle Entfaltung seines Rechtes.

II. Das Recht der öffentlichen Sachen als das Recht der öffentlichen Sachwaltung

Nach der negativen Abgrenzung der neuen Konzeption der öffentlichen Sachen fehlt noch ihre positive Charakterisierung.

A. Das Monopol des öffentlichen Sachwalters

Der Herr der öffentlichen Sache ist berechtigt, diese entweder selbst zu nutzen, oder die Nutzung anderer zu regulieren, gegen unzulässige Einwirkungen vorzugehen und die öffentliche Sache zu unterhalten.

Diese Rechte braucht er mit niemandem zu teilen. Die Konkurrenz des privaten Eigentümers ist beseitigt, der öffentliche Sachherr ist „Alleinherrscher" über die öffentliche Sache. Dieses Monopol des öffentlichen Sachherrn kann nur durch besondere gesetzliche Bestimmung im Einzelfall durchbrochen werden[20].

Diese ausschließliche öffentliche Sachherrschaft soll als „*öffentliche Sachverwaltung*" bezeichnet werden.

---

darauf ausräumen, daß das BGB nur die Regelung des bürgerlichrechtlichen Eigentums präokkupiert hat, nicht jedoch den Terminus „Eigentum" und nicht die Ausgestaltung einer öffentlichrechtlichen Sachherrschaft. Vgl. Ipsen VVdStLR 21, 235; Schultze-von Lasaulx, Stenogr.Bericht Wegerechtsausschuß der Hbg. Bürgerschaft v. 22. 2. 1960, S. 5. Vgl. auch BGHZ 9, 373 ff. (381 f.) unter Berufung auf RGZ 80, 123.

[19] s. Stern, Konzessionsvertrag. S. 161, Fn. 82; Sieder-Zeitler, Art. 11 Rn. 5, 6.

[20] Wie durch die sinnvolle Einschaltung der „Verkehrspolizei" in die Regelung des Verkehrs auf öffentlichen Wegen nach Art. 74 Ziff. 22 GG, § 6 StVG, §§ 2, 2 a, 3, 4, 47 StVO oder die weniger sinnvolle Zulassung des privaten Gewässereigentümers zur Erhebung eines Entgeltes für Nutzungen, über die er nicht zu verfügen hat, nach Art. 4 Abs. 2 S. 2, Abs. 3 BayWassG geschehen.

Der Begriff der öffentlichen Sachwaltung ist vergleichbar mit dem von Hans J. *Wolff* geprägten Begriff der Organwaltung[21]. Wolff unterscheidet zwischen dem Organ (einer juristischen Person) einerseits und derjenigen (natürlichen) Person andererseits, die eine Organfunktion wahrnimmt: dem Organwalter. So wie das Organwalterverhältnis ein „ausschließliches Beziehungsfeld des Organwalters zu demjenigen Rechtsorganismus, dessen Funktionen der Organwalter organschaftlich ausübt"[22], ist, so ist das öffentliche Sachwaltungsverhältnis das ausschließliche Beziehungsfeld des öffentlichen Sachwalters zur öffentlichen Sache, deren Funktion der öffentliche Sachwalter realisiert.

Dabei ist der öffentliche Sachwalter natürlich nicht Sprachrohr eines „öffentlichen Sachorgans", der Vergleich darf nicht zu weit getrieben werden. Er steht aber in einem Verhältnis zur öffentlichen Sache, das ihn zum alleinigen, ausschließlichen Vollstrecker, Förderer aller rechtlich zugelassenen öffentlichen Sachzwecke macht. Öffentliche Sachwaltung ist daher der durch die hier vertretene Konzeption der öffentlichen Sache begründete, spezifische Ausdruck öffentlicher Sachherrschaft.

B. Die Aufgabe des öffentlichen Sachwalters als Aufgabe öffentlicher Daseinsvorsorge

Die öffentliche Sachwaltung ist eingefügt in den ihr zugemessenen finalen Rahmen. Die funktionale Handlungsfreiheit des öffentlichen Sachwalters ist auf ein Ziel hin ausgerichtet. Der öffentliche Sachwalter hat nicht nur den jeweiligen Widmungszweck zu verfolgen, er hat darüber hinaus das Interesse des Publikums an den widmungsfremden Nutzungen zu berücksichtigen[23].

Nachdem schon die Widmung dem Publikum in fast allen Fällen eine bestimmte Nutzung direkt (z. B. bei öffentlichen Wegen, Kinderspielplätzen) oder indirekt (z. B. bei öffentlichen Schwimmbädern, Friedhöfen, Sportanlagen, Schlachthöfen) anbietet, ergibt sich eine schwerpunktartige Einstellung des öffentlichen Sachwalters auf die allgemeinen Nutzungsinteressen.

Das ist besonders deutlich bei den beiden wichtigsten Gruppen öffentlicher Sachen, den öffentlichen Wegen und den Gewässern. Sie sind dazu da, die mannigfaltigsten Bedürfnisse des Publikums (öffentliche Ver-

---

[21] Hans J. Wolff, Organschaft und juristische Person, Bd. II: Theorie der Vertretung. Berlin 1934, S. 225 ff.

[22] Hans H. Rupp, S. 34.

[23] s. o. S. 109 ff.

waltungsträger eingeschlossen) zu befriedigen. Bei den Gewässern ist nicht einmal der Vorrang einer bestimmten Publikumsnutzung (wie bei öffentlichen Wegen der Verkehr bevorrechtigt ist) vorgesehen. Die direkte oder indirekte Nutzung durch das Publikum zu ermöglichen, ist im Prinzip die einzige Leistung, die der öffentliche Sachwalter zu erbringen hat. Damit erweist sich die öffentliche Sache in ihrem Kern als ein Mittel öffentlicher *Daseinsvorsorge.*

„Der Daseinsvorsorge sollen alle Leistungen der Verwaltung an die Staatsgenossen zugerechnet werden. Dabei kann es zunächst keinen Unterschied machen, ob diese Leistungen lebensnotwendig sind, oder nicht ... Alles, was von seiten der Verwaltung geschieht, um die Allgemeinheit oder nach objektiven Merkmalen bestimmte Personenkreise in den Genuß nützlicher Leistungen zu versetzen, ist Daseinsvorsorge“[24]. Die Daseinsvorsorge ist administrative, im öffentlichen Interesse gelegene Befriedigung von Bedürfnissen des Publikums[25].

Dies trifft bei der Tätigkeit des öffentlichen Sachwalters zu. Neben den der Befriedigung einzelner Bedürfnisse des Publikums dienenden Leistungen der Daseinsvorsorge (wie Strom-, Gas-, Wasserbezug) ist die vom öffentlichen Sachwalter gewährte öffentliche Sachnutzung eine Leistung der Daseinsvorsorge, die den verschiedensten, nach ihrer Wichtigkeit grundsätzlich nicht unterschiedenen[26] Bedürfnissen des Publikums entgegenkommt.

Damit scheidet die öffentliche Sachwaltung als Instrument der fiskalischen Erwerbswirtschaft sowohl wie der Wirtschaftslenkung aus. Öffentliche Sachwaltung unterscheidet sich gerade dadurch radikal von der auf das Finanzvermögen bezogenen, privaten Sachwaltung des Fiskus, daß sie öffentlichen Interessen nicht etwa mittelbar durch die Einnahmenerzielung dient, sondern die öffentlichen Sachen unmittelbar und vollständig einem Zweck öffentlicher Verwaltung, der allgemeinen Daseinsvorsorge, dienstbar macht.

---

[24] So Forsthoff (8) S. 322.

[25] Vgl. Köttgen S. 8.

[26] s. o. S. 123 ff. Nur die widmungsgemäßen Nutzungen genießen einen Vorrang.

Schlußbetrachtung

Der Versuch, das deutsche Recht der öffentlichen Sachen, ausgehend von seinen aktuellen Schwierigkeiten und Problemen, mit Hilfe einer vergleichenden Untersuchung des parallelen französischen Rechts neu zu durchdenken und darzustellen, hat zu dem Ergebnis geführt, die alte Theorie der beschränkt öffentlichen Sache durch eine Konzeption zu ersetzen, die man die Konzeption der öffentlichen Sachwaltung nennen mag.

Dabei wird nicht Altes, immerhin lange Zeit Bewährtes durch etwas völlig anderes verdrängt, vielmehr handelt es sich um eine kontinuierliche Weiterentwicklung. Bis in dieses Jahrhundert hinein hat es genügt, die öffentlichen Sachen nur insoweit der zunächst gemeinrechtlichen, dann zivilrechtlichen Behandlung aller Sachen zu entziehen, als die widmungsgemäße Verwendung berührt war. Wie in Frankreich, so stellte sich aber auch in Deutschland das Problem eines wachsenden, über den widmungsgemäßen Gebrauch hinausgehenden öffentlichen Interesses an der öffentlichen Sache.

Das französische Recht stellte die öffentliche Sache mit der liberalen Theorie bereits im vorigen Jahrhundert als ganze, mit allen ihren Nutzbarkeiten in den Dienst der Allgemeinheit. Hierbei blieb es auch unter der Herrschaft der öffentlichen Eigentumstheorie.

Ähnlichen Bestrebungen war in Deutschland bisher kein durchschlagender Erfolg beschieden, weil man entweder zu rasch vorging und in extremem Erneuerungswillen auch wertvolle historische Entwicklungen abbrach, oder sich auf einzelne Reparaturen beschränkte, da wo es gerade am dringendsten war.

Die Konzeption einer ganzheitlichen öffentlichen Sachwaltung nimmt dem von ihr nicht verdrängten privaten Eigentümer den Einfluß auf die Nutzungen und die äußere Gestalt der öffentlichen Sache. Sie bindet den öffentlichen Sachherrn nicht nur an den Widmungszweck, sondern auch an die sonstigen Nutzungsinteressen der Allgemeinheit. Sie versucht damit, die historisch gewachsenen Grundlinien des Rechts der öffentlichen Sachen sinnvoll fortzuentwickeln. Sie vermeidet die extremen Einstellungen, die die liberale oder die öffentliche Eigentumstheorie des französischen Rechts kennzeichnen. Weder soll der öffentliche Sachherr nach liberaler Manier alle Nutzungen wahllos zulassen, noch soll er sich im Schlepptau des Dirigismus zum Vertreter jedes beliebigen, dazu noch leicht mißverstandenen öffentlichen Interesses machen. Der öffentliche Sachherr soll die öffentliche Sache so verwalten, wie es die Daseinsvorsorge von ihm verlangt.

Literaturverzeichnis

A. Archivalien, Kommentare, Monographien

Archives Parlementaires des 1789 à 1860, première série (1789 à 1799), veröffentlicht von Mavidal, Laurent und Clavel.

Aubert, Joachim, Fernmelderecht, 2. Aufl., Hamburg, Berlin 1962.

Bachof, Otto, Die verwaltungsgerichtliche Klage auf Vornahme einer Amtshandlung, Tübingen 1951.

Baur, Fritz, Lehrbuch des Sachenrechts, 2. Aufl., München und Berlin 1963.

Bericht des Sonderausschusses der Hamburger Bürgerschaft für das Hamburgische Wegegesetz, März 1961, und stenographischer Bericht über seine Verhandlungen in der 17. Sitzung von Montag, den 22. Februar 1960 zu § 4: Öffentliches Eigentum.

Bequet, *Laferrière* und *Dislève*, Répertoire du droit administratif, 28 Bde., 1883—1912 hier: Domaine, bearbeitet von de Récy und Tisserant, 1892.

Bernard, Louis, Du droit de propriété de l'Etat sur les biens du domaine public. Diss. Aix-en-Provence 1909/10.

Berthelémy, Henri, Traité élémentaire de droit administratif.
12. Aufl., Paris 1930, cit. Berthelémy (12), 13. Aufl., Paris 1933, cit. Berthelémy (13).

Besold, Christoph, Synopsis politicae doctrinae, Editio novissima, Noviomagi Anno MDXLIX (1659).

Bochalli, Alfred, Besonderes Verwaltungsrecht. 2. Aufl., Köln—Berlin—Bonn—München 1963.

Bonnard, Roger, Précis de droit administratif 4. Aufl., Paris 1943.

Bonnin, Charles-Jean, Principes d'administration publique, 3. Aufl., Paris 1812, Band II: Travaux publics.

Bullinger, Martin, Vertrag und Verwaltungsakt, Stuttgart 1962.

— Die Mineralölfernleitungen, Stuttgart 1962.

Cotelle, Cours de droit administratif appliqué aux travaux publics, 3. Aufl., Paris 1859 Bd. I.

Dalloz, Répertoire méthodique et alphabétique de législation, de doctrine et de jurisprudence, 44 vol. 1845—1864, Supplément 19 vol. 1887—1897.

Dementhon, Henri, Traité du domaine de l'Etat, 4. Aufl., Paris 1950.

Didden, Rolf, Konzessionsabgaben der Energie- und Wasserversorgungsunternehmen, München 1952.

Dieudé, René, Etude juridique des servitudes administratives. Diss. Montpellier 1942.

Ducrocq, Cours de droit administratif, 4. Aufl., Paris 1874, 2 Bde.

Dürig, Günter, Grundrechte und Zivilrechtsprechung. Festschrift für Nawiasky, München 1956, S. 157—190.

Duez, Paul, und *Debeyre*, Guy, Traité du droit administratif, Paris 1952.

Dufau, Jean, Le domaine public, Jurisclasseur Administratif 1959 Fasc. 405—412.

Duguit, Léon, Traité de droit constitutionnel, 2. Aufl., Paris 1923, Bd. III: La théorie générale de l'Etat.

Duverger, Maurice, L'Affectation des immeubles aux services publics. Diss. Bordeaux 1940.

Eichler, Hermann, Institutionen des Sachenrechts, Berlin 1954, Bd. I.

Eiser — *Riederer* — *Sieder*, Energiewirtschaftsrecht, Kommentar, München.

Eyermann — *Fröhler*, Verwaltungsgerichtsordnung, 3. Aufl., München und Berlin 1962.

Fleiner, Fritz, Institutionen des deutschen Verwaltungsrechts, 8. Aufl., Tübingen 1928.

Forsthoff, Ernst, Lehrbuch des Verwaltungsrechts, 8. Aufl., München und Berlin 1961.

— Der Staat als Auftraggeber, Stuttgart 1963.

Fritsch, K., Das deutsche Eisenbahnrecht, Berlin 1927.

Gabolde, Christian, Traité pratique de la procédure administrative contentieuse, Paris 1960.

Gaudry, Traité du domaine, 1862, Bd. I.

Georgin, Charles, Cours de droit administratif, 19. Aufl., Paris 1953.

Gervais, André, Le retrait des autorisations d'utilisation privative du domaine public, Diss. Montpellier 1942.

Giesecke, Paul, Sozialbindungen des Eigentums im Wasserrecht. Festschrift für Heinrich Lehmann, Berlin-Tübingen 1956, Bd. I, S. 308—327.

Giesecke, Paul und *Wiedemann*, Werner, Wasserhaushaltsgesetz. Kommentar, München und Berlin 1963.

Giudicelli, Pierre, Les contraventions de grande voirie. Diss. Paris 1957.

Gollasch, Felix, Die öffentliche Verwaltung im Spannungsfeld der Gegenwart, Göttingen 1960.

Grundmann, Siegfried, Die Kirchengemeinde und das kirchliche Vermögensrecht. In: Staatsverfassung und Kirchenrecht. Festgabe für Rudolf Smend, Tübingen 1962, S. 309—330.

Hamann, Andreas, Das Grundgesetz für die Bundesrepublik Deutschland. Kommentar, 2. Aufl., Neuwied und Berlin 1960.

Hannequin, Pierre, Le domaine public en Alsace-Lorraine. Etudes sur la législation domaniale locale et l'influence des doctrines allemandes sur une institution française, Strasbourg 1920.

Hatschek, Julius, Institutionen des deutschen und preußischen Verwaltungsrechts. Leipzig und Erlangen 1919.

Hauriou, Maurice, Précis de droit administratif, 12. Aufl., Paris 1933.

Haussmann, Frederick, Die öffentliche Hand in der Wirtschaft, München und Berlin 1954.

Haustein, Werner, Die Eisenbahnen im deutschen öffentlichen Recht. Frankfurt/M. 1960.

Henze, Karl-Otto, Verwaltungsrechtliche Probleme der staatlichen Finanzhilfe zugunsten Privater, Heidelberg 1958.

Huber, Ernst Rudolf, Wirtschaftsverwaltungsrecht. 2. Aufl., Tübingen 1953, 2 Bde.

Huet-Guyard, Jeanne-Marie, La distinction du domaine public et du domaine privé. Diss., Paris 1939.

Imboden, Max, Der verwaltungsrechtliche Vertrag, Basel 1958.

Jansse, Lucien, Les traits principaux du régime des biens du domaine public, préface de M. Achille *Mestre,* Paris 1938.

Jellinek, Georg, System der subjektiven Rechte. Neudruck der 2. Aufl., Tübingen 1919, Aalen 1964.

Jellinek, Walter, Verwaltungsrecht. 3. Aufl., Berlin 1931, Neudruck 1948.

Jèze, Gaston, Eléments du droit public et administratif. Paris 1910, cit. Jèze Eléments.

— Les principes généraux de droit administratif. 3. Aufl., Paris 1925—1930, 5 Bde., cit. Jèze Principes.

Josse, P.L., Les travaux publics et l'expropriation. Paris 1958, mise à jour Paris 1959.

Klein, Claude, La Police du domaine public. Diss. Strasbourg 1965.

Köttgen, Arnold, Gemeindliche Daseinsvorsorge und gewerbliche Unternehmerinitiative. Göttingen 1961.

Kodal, Kurt, Straßenrecht. 2. Aufl., München und Berlin 1964.

Kottenberg, Kurt, Gemeindeordnung für das Land Nordrhein-Westfalen. Komm., 6. Aufl., Siegburg 1961.

Krüger, Herbert, Gegen eine Entstaatlichung der öffentlichen Wege. Rechtsgutachten, cit. Krüger Entstaatlichung.

— Grundfragen einer rechtsstaatlichen Wassergesetzgebung. Gegenw. Fragen der Wasserwirtschaft 1957, Heft 3, cit. Krüger Grundfragen.

— Das neue Wasserrecht und die alten Berechtigungen, Hamburger öffentlich-rechtliche Nebenstunden, Bd. 6, Hamburg 1961, cit. Krüger Alte Berechtigungen.

Laubadère, André de, L'automobile et le régime de l'usage des voies publiques. Diss., Bordeaux 1935, cit. Laubadère Automobile.

— Manuel de droit administratif. 7. Aufl., Paris 1963, cit. Laubadère Manuel.

— Traité élémentaire de droit administratif. 2. Aufl., Paris 1957, 1 Bd., cit. Laubadère Traité (2); 3. Aufl., Paris 1963, 2 Bde., cit. Laubadère Traité (3) I, (3) II.

Leisner, Walter, Grundrechte und Privatrecht, München 1960.

Lendi von Tamins Gr., Martin, Legalität und Ermessensfreiheit. Diss. Zürich 1958 (1959).

Maguéro, Edouard, Dictionnaire des domaines, Paris 1899.

Maleville, Georges, Les recours devant le Conseil d'Etat, Jurisclasseur administratif. Paris 1959, Fasc. 619.

Mang, Johann, Verwaltungsrecht in Bayern. München 1952, 3 Bde.

Mang — *Maunz* — *Mayer* — *Obermayer*, Staats- und Verwaltungsrecht in Bayern. München 1962.

Marschall, Ernst A., Bundesfernstraßengesetz. Kommentar, 2. Aufl., Köln-Berlin-Bonn-München 1963.

Maunz, Theodor, Hauptprobleme des öffentlichen Sachenrechts. Eine Studie zur Methodik und Dogmatik des deutschen Verwaltungsrechts. München, Berlin und Leipzig 1933, cit. Maunz Hauptprobleme.

— Das Recht der öffentlichen Sachen und Anstalten. In: Die Verwaltung, Bd. 22, 1951, hrsg. von Friedrich Giese.

— Deutsches Staatsrecht. 13. Aufl., München und Berlin 1964, cit. Maunz Staatsrecht.

Maunz — *Dürig*, Grundgesetz. Kommentar, München und Berlin 1964.

Mayer, Franz, Das Opportunitätsprinzip in der Verwaltung. Berlin 1963 (Schriftenreihe der Hochschule Speyer, Bd. 14).

Mayer, Otto, Droit administratif allemand, Bd. I. Paris 1903, Bd. II Paris 1904, Bd. III Paris 1905, cit. O. Mayer, Droit adm. allemand I-II-III.

— Deutsches Verwaltungsrecht, 2. Aufl., München und Leipzig 1917, 3 Bde., cit. O. Mayer (2) I, II, III; 3. Aufl., München und Leipzig 1924, 3 Bde., cit. O. Mayer (3) I, II, III.

Meinzolt, Gerhard, Der Gemeingebrauch an öffentlichen Sachen. Diss. München 1950.

Merk, Wilhelm, Deutsches Verwaltungsrecht. Berlin 1962, Bd. I.

Merten, Max, Gutgläubiger Eigentumserwerb und Zeitablauf in ihrer Bedeutung für das rechtliche Schicksal öffentlicher Sachen. Diss. Berlin 1935.

Molitor, Bruno, Soziologie des Eigentums. In: Handwörterbuch der Sozialwissenschaften, 28. Lieferung 1960, S. 33—39.

Nebinger, Robert, Verwaltungsrecht, Allgemeiner Teil, Stuttgart 1946.

Niehues, Norbert, Dinglichkeit im Verwaltungsrecht. Diss. Münster 1963.

Palandt, Bürgerliches Gesetzbuch. Kommentar, 23. Aufl., München- Berlin 1964.

Pardessus, Traité des servitudes ou services fonciers, 8. Aufl., 1838, 2 Bde.

Pelloux, Robert, La notion de domanialité publique depuis la fin de l'ancien droit, Paris 1932.

Peters, Hans, Lehrbuch der Verwaltung. Berlin-Göttingen-Heidelberg 1949.

— Parkometergebühr durch Verwaltungsanordung? Gedächtnisschrift für Walter Jellinek, München 1955, S. 583—591.

Poussière, Maurice und *Font-Reaux*, Pierre de, Expropriation pour cause d'utilité publique, Jurisclasseur administratif, Paris 1960, Fasc. 402.

Proud'hon, Victor, Traité du domaine public ou de la distinction des biens considérés principalement par rapport au domaine public, Dijon 1833—1835, 5 Bde., 2. Aufl., 1843—1845.

— Traité du domaine de propriété ou de la distinction des biens considérés principalement par rapport au domaine privé, Dijon 1839, Bd. I.

Raiser, Ludwig, Eigentumsrecht. In: Handwörterbuch der Sozialwissenschaften, 28. Lieferung 1960, S. 39—44.

Reinhardt-Scheuner, Verfassungsschutz des Eigentums. Tübingen 1954.

Riederer-Sieder, Bayerisches Wassergesetz. Kommentar, München 1957.

Rigaud, La théorie des droits réels administratifs. Diss. Toulouse 1914.

Ripert — Boulanger, Traité de droit civil, Paris 1957, Bd. II: Obligations, Droits réels.

Rivéro, Jean, Droit administratif, Paris 1960.

Rolland, Louis, Précis de droit administratif, 11. Aufl., Paris 1957.

Rupp, Hans Heinrich, Grundfragen der heutigen Verwaltungsrechtslehre. Tübingen 1965.

Salleron, Louis, Six études de la propriété collective, Paris 1947.

Schallenberg, Hermann, Die Widmung. Stuttgart 1955.

Scheuner, Ulrich, Die Gemeinverträglichkeit im Rahmen des Gemeingebrauchs und der Nutzung öffentlicher Sachen. Festschrift für Paul Giesecke, Karlsruhe 1958, S. 73—93, cit. Scheuner Gemeinverträglichkeit.

— Das Wesen des Staates und der Begriff des Politischen in der neueren Staatslehre. Festgabe für Rudolf Smend, Tübingen 1962, S. 226—260.

Schlier, Heinz, Die Theorie der juristischen Unverfügbarkeit im Verwaltungsrecht. In: La teoria dell'indisponibilità giuridica attraverso le critiche e le anticipazioni della dottrina, Padova 1958, S. 149—166.

Siedentopf, Heinrich, Grenzen und Bindungen der Kommunalwirtschaft, Stuttgart 1963.

Sieder, Frank, Öffentliche Sachen und Verwaltungsgerichtsbarkeit. In: Staatsbürger und Staatsgewalt. Jubiläumsschrift zum hundertjährigen Bestehen der deutschen Verwaltungsgerichtsbarkeit. Karlsruhe 1963, Bd. II, S. 91—110.

Sieder — Zeitler, Bayerisches Straßen- und Wegegesetz. Kommentar, München 1960.

Sievers, Rudolf, Zum Wasserhaushaltsgesetz der Bundesrepublik. Festschrift für Paul Giesecke, Karlruhe 1958 S. 259—288, cit. Sievers, Wasserhaushaltsgesetz.

Sigloch, Gerhard, Die Unternehmungen der öffentlichen Hand, Mannheim-Berlin-Leipzig 1929.

Spanner, Hans, Grenzen zwischen öffentlichem und bürgerlichem Recht im Wegerecht. Schriftenreihe der Arbeitsgruppe „Straßenverwaltung" der Forschungsgesellschaft für das Straßenwesen e. V., Heft 2, Bielefeld 1958.

Staudinger, Bürgerliches Gesetzbuch. Kommentar, 11. Aufl., Berlin 1956, Sachenrecht 1. Teil.

Strickstrock, Wilhelm, Zum begünstigenden Verwaltungsakt. Festschrift für Apelt, Berlin und München 1958, S. 231—241.

Stritter, Gustav, Praktische Bedeutung der Theorie vom öffentlichen Eigentum im Vergleich zu der herrschenden Lehre von der Rechtsstellung der öffentlichen Sachen. Diss. Heidelberg 1934.

Surèn, Friedrich Karl, Die Gemeindeordnung in der Bundesrepublik, Bd. II: Gemeindewirtschaftsrecht, Köln-Berlin-München-Bonn 1960.

Travaux de la Commission de Réform du Code Civil, Année 1946—1947, Paris 1948, Bd. II, cit. Travaux.

Trotabas, L., De l'utilisation du domaine public par les particuliers. Diss. Paris 1924.

Ule, Carl Hermann, Zur Anwendung unbestimmter Rechtsbegriffe im Verwaltungsrecht. Gedächtnisschrift für Walter Jellinek, München 1955, S. 309 ff.

— Verwaltungsprozeßrecht. 3. Aufl., München und Berlin 1963.

Vasseur, Michel, L'Evolution du droit de propriété, Paris 1956.

Vedel, Georges, Cours de droit administratif, Paris 1956.

Villard, A., Manuel du droit public et administratif, Paris 1961.

Vogel, Klaus, Öffentliche Wirtschaftseinheiten in privater Hand, Hamburg 1959.

Waline, Marcel, Les mutations domaniales. Diss. Paris 1925, cit. Waline Mutations.

— Droit administratif, 8. Aufl., Paris 1959, cit. Waline (8); 9. Aufl., Paris 1963, cit. Waline (9).

Westermann, Harry, Lehrbuch des Sachenrechts. 3. Aufl., Karlsruhe 1956.

Wolff, Hans-Julius, Verwaltungsrecht I. 4. Aufl., München-Berlin 1961.

— Öffentliche Sachen. In: Handwörterbuch der Sozialwissenschaften, 38. Lieferung 1961, S. 36—40.

Wolff — Raiser, Sachenrecht, 10. Bearbeitung, Tübingen 1957.

Wüsthoff, Alexander, Einführung in das deutsche Wasserrecht. 3. Aufl., neu bearbeitet von Wilhelm Grimme, Berlin 1962.

Zimniok, Klaus, Bayerisches Straßen- und Wegegesetz. Kommentar, München 1961.

— Bayerisches Wasserrecht. München 1964.

B. Aufsätze aus Zeitschriften

Abt, Margot, Die Duldungspflicht des Gewässereigentümers, DGuWf 1959, S. 1300—1303.

Ackermann, Rüdiger, Zur wirtschaftlichen Betätigung der öffentlichen Hand, DVBl 1965, S. 353—356.

Albertini u a., La propriété en question? Evolution des structures de propriété dans les sociétés modernes. In: Economie et Humanisme, Lyon 1959 Nr. 121, S. 1—96.

Angerer, Hubertus, Die Sozialbindung des Eigentums im Wasserrecht. BayVBl. 1964. S. 83—86.

Astima, Jean, Contrats comportant occupation du domaine public et problèmes de compétence, J. C. P. 1957, Nr. 1390.

Auby, Jean-Marie, Les contrats comportant occupation du domaine public, Dalloz 1953 chr. XIX, P. 99—106, cit. Auby Occupation.

— Contributions à l'étude du domaine privé de l'Administration, Etudes et Documents du Conseil d'Etat, 1958, cit. Auby Contributions.

— La réglementation administrative du stationnement des véhicules automobiles sur les voies publiques, Dalloz 1962, chr. XX, p. 83—92, cit. Auby Stationnement.

Bachof, Otto, Der Beurteilungsspielraum. JZ 1955, S. 97 ff.

Ballerstedt, Kurt, Grundprobleme des Rechtes der Konzessionsabgaben, BB 1958, S. 125—130.

Barckhausen, A., Etude sur la théorie générale du domaine public, 1. Art.: R.D.P. 1902, p. 401—446. 2. Art.: R.D.P. 1903, p. 31—69.

Bastid, Paul, Aisances de voirie, R.D.P. 1930, p. 609—689.

Bauer, Marianne, Die Tragweite des § 905 BGB für die Verlegung von Versorgungsleitungen VEnergR, Bd. 5, S. 25—51.

Benoît, Francis-Paul, De l'inexistence d'un pouvoir de modification unilatérale dans les contrats administratifs, J.C.P. 1963, doctr. numéro 1775.

Blaevoet, Ch., Influence relative de la notion de service public sur le champ du droit administratif et de la compétence administrative, Dalloz 1957, chr. XII, p. 37—42.

Bochalli, Alfred, Die Fortbildung des Wegerechts durch die neuere Gesetzgebung und Rechtsprechung, DVBl. 1959, S. 612—615.

Böhm, A., Kostenlast bei Haltestellenbuchten an öffentlichen Straßen. DVBl. 1959, S. 615—617.

Borella, François, La définition du domaine public en droit public français et africano-malgache, Penant 1962, p. 514—524.

Bornecque-Winandy, Edouard, Nouvelle conception de la structure et de la protection du domaine public, R.D.P. 1953, p. 68—105.

Brohl, Karl Heinz, Wegepolizei und neues Straßenrecht, DVBl. 1962, S. 392—397.

Brulliard, G., Domaine public et contrats de louage, D.H. 1938, chr. V, p. 21—24.

Bühler, Otto Mayers Deutsches Verwaltungsrecht, VerwArch 27 (1919), S. 282—313.

Charlier, R.-E., Les contrats comportant occupation du domaine public d'après le D.-L. du 17 juin 1938 et son application jurisprudentielle, J.C.P. 1943, 372, numéro 1—24.

Clasen, Heinrich, Das mit Zivil- und Verwaltungsrecht gemischte Rechtsverhältnis, DÖV 1959, S. 281—289.

Combarnous et *Galabert*, Promenades publiques et domaine public, A.J.D.A. 1960 I, p .78—80.

Cremerius, Peter, Das Parken von Kraftfahrzeugen auf öffentlichen Straßen und Plätzen — in jüngster Rechtsprechung —, DÖV 1958, S. 109—111.

Dagtoglou, Prodomos, Die Zwangsvollstreckung gegen den Fiskus, die Gemeinden und die sonstigen juristischen Personen des öffentlichen Rechts, VerwArch Band 50 (1950) S. 165—292.

Dufau, Jean, Le pouvoir de modification unilatérale d l'Administration et les contrats de concession de service public, A.J.D.A. 1955 I, p. 65—69.

Durand, Claude, Désaffectation et déclassement des biens du domaine public, R.D.P. 1956, p. 233—273.

Duverger, Maurice, L'occupation du domaine public sous forme de bail de droit privé, R.D.P. 1940/41, p. 402—407.

Eisenhart-Rothe, S. von, Der Gemeingebrauch in der Neuordnung des Straßen- und Wegerechts, BB 1959, S. 1192—1195.

Engert, Jochen, Die Kreuzung öffentlicher Straßen durch unterirdische Fernleitungen nach neuem Wegerecht, NJW 1964, S. 1300—1305.

Esser, Josef, Die Zweispurigkeit unseres Haftpflichtrechts, JZ 1953, S. 129—134.

Evers, Hans-Ulrich, Wegerecht contra Verkehrsrecht? NJW 1962, S. 1033—1037.

Finkler, Franz, Die Beseitigung von Treppenstufen auf Bürgersteigen, DÖV 1960, S. 926—932.

Fischerhof, Hans, Öffentliche Versorgung mit Wasser, Gas, Elektrizität und öffentliche Verwaltung, DÖV 1957, S. 305—316.

Floerke, Peter-Paul, Neuordnung des Wegerechts in der Freien und Hansestadt Hamburg, MDR 1961, S. 993—995.

Forsthoff, Ernst, Zur Grundrechtsbindung des Staates als Auftraggeber, BayVBl. 1964, S. 101—103, cit. Forsthoff Grundrechtsbindung.

Friedrichs, Karl, Bürgerliches und öffentliches Sachenrecht, AöR 40 (1921) S. 257 ff.

Friesecke, Albrecht, Die Gemeinverträglichkeit im Wasserrecht, DVBl. 1960, S. 711—714.

— Die Entwicklung des Wasserrechts in der Bundesrepublik, NJW 1963, 2297—2301.

Galabert et *Gentot*, Promenades publiques, terrains de sport et domaine public, A.J.D.A. 1961 I, p. 467—470.

Ganschezian-Finck, Straßeneigentum und Gemeingebrauch, NJW 1957, S. 285—289.

Gentot et *Fourre*, Pouvoirs et obligations de l'administration en matière d'autorisations d'occupation du domaine public maritime, A.J.D.A. 1963, 343 et s. s.

Giesecke, Paul, Die Haftung für Änderungen der Wasserbeschaffenheit nach dem neuen deutschen Wasserrecht, ZfW 1962, S. 4—25.

— Rechtswidrigkeit als Voraussetzung der zivilrechtlichen Haftung für Gewässerverunreinigung, ZfW 1963, S. 257—262.

— Wasserrecht und Wasserwirtschaft, ZfW 1964, S. 1—21.

Groebe, Klaus, Öffentliches Sachenrecht im Bayerischen Straßen- und Wegegesetz. BayVBl. 1959, S. 181—187.

Groshens, J.-C., Réflexions sur la dualité de juridiction, A.J.D.A. 1963, p. 536—540.

Haas, Diether, Das Verwaltungsprivatrecht im System der Verwaltungshandlungen und der fiskalische Bereich, DVBl. 1960, S. 303—308.

— Die öffentlichen Sachen, DVBl. 1962, S. 653—658.

Hatschek, Julius, Die rechtliche Stellung des Fiskus im bürgerlichen Gesetzbuche, VerwArch 7 (1899) S. 424—480.

Haueisen, Straßenbaulast und Verkehrssicherungspflicht, NJW 1953, S. 1613—1614.

Heymann, Ernst, Die Reichsbahnkreuzung, Gruchot Bd. 70 (1929) S. 1—24

Hofacker, Das „Eigentum“ an Wasserläufen, VerwArch. 30 (1925), S. 161—178

Huber, Ernst Rudolf, Zur Problematik des Gemeingebrauchs an öffentlichen Straßen, DÖV 1955, S. 129—136.

Ipsen, Hans Peter, Öffentliche Subventionierung Privater, DVBl. 1956, S. 461—469.

Iskrow, N. Karadgé, Nature juridique des choses publiques, R.D.P. 1930, p. 670—679.

Jahn, Friedrich-Adolf, Gemeingebrauch und Sondernutzung nach den neuen Straßen- und Wegegesetzen, NJW 1961, S. 2196—2197, cit. Jahn Gemeingebrauch.

— Wann kann eine Privatperson die in ihrem Eigentum stehenden Wege sperren? DÖV 1962, S. 292—294, cit. Jahn Privatperson.
Mit Erwiderung von Wolfgang *Körner,* DÖV 1962, S. 294—295.

— Das Verhältnis zwischen der Verkehrssicherungspflicht und der Straßenunterhaltungspflicht, NJW 1964, S. 2041—2044.

— Die Haftungsgrundlage bei Verletzung der Verkehrssicherungspflicht auf öffentlichen Straßen, JUS 1965, S. 165—171.

Jesch, Dietrich, Der Gemeingebrauch, JUS 1963, S. 213—219.

Jèze, Gaston, La définition du domaine public, R.D.P. 1931, p. 763—768.

Kienitz, R. von, Die rechtliche Lage der Reichsbahn gegenüber den Nachbarn, Gruchot, Bd. 71 (1931), S. 488—519.

Köhler, Helmut, Die Neuregelung des Wasserrechtes, BB 1960, S. 601—605.

Kodal, Kurt, Der „gesteigerte Gemeingebrauch“ in den neuen Straßengesetzen, DÖV 1960, S. 444—456.

Kruchen, Erich, Zur eisenbahnrechtlichen Planfeststellung, DÖV 1957, S. 172—174.

Krüger, Herbert, Die Auflage als Instrument der Wirtschaftsverwaltung, DVBl. 1955, S. 380 ff., S. 450 ff., S. 518 ff.

Kübler, Karl, Rechtseinheit im Wasserrecht? DÖV 1961, S. 935—937.

Küchenhoff, Günther, Die öffentlichrechtliche Willenserklärung nichthoheitlicher Art, BayVBl. 1958, S. 325—329.

Laubadère, André de, Domanialité publique, propriété administrative et affectation, R.D.P. 1950, p. 5 s. s, cit. Laubadère Domanialité publique.

Leisner, Walter, Französisches Staatshaftungsrecht, VerwArch. 54 (1963) S. 1—42, S. 240—261, S. 369—392.

Lerche, Peter, Zum Rechtsschutz der öffentlichen Sachen, DVBl. 1955, S. 283—287.

L'Huillier, Jean, A propos de la „crise“ de la notion de service public, Dalloz 1955, chr. XXII, p. 119—123, cit. L'Huillier Crise.

— Nouvelles réflexions sur le service public, Dalloz 1957, chr. XXI, p. 91—96, cit. L'Huillier Réflexions.

Linckelmann, Karl, Zu den kommenden Landeswassergesetzen, DÖV 1960, S. 521—527.

Löw, Konrad, Fiskalgeltung der Grundrechte? DÖV 1957, S. 879—881.

Maunz, Theodor, Grundfragen des Energiewirtschaftsrechts, VerwArch. 50 (1959) S. 315—339.

Mayer, Franz, Der Gemeingebrauch, JUS 1963, S. 205—213.

Morange, Georges, Le déclin de la notion juridique de service public, Dalloz 1947, chr. XII, p. 45—48.

Moreau, Jacques, Police administrative et police judiciaire, A.J.D.A. 1963, p. 68—83.

Nedden, Gerhard, Straßenverkehrssicherungspflicht und Straßenbaulast. NJW 1956, S. 14.

— Der Handel auf öffentlichen Straßen. NJW 1956, S. 81—84.

— Zur Wandlung des Begriffs der Wegepolizei. DÖV 1959, S. 844—848.

— Vergütungsanspruch des Straßenbaulastträgers bei besonderem Aufwand für die Benutzung von Straßenanlagen. DVBl. 1960, S. 832—836.

Peters, Die Ersitzbarkeit von Gegenständen öffentlichrechtlichen Eigentums in besonderer Beziehung auf Stücke aus Archiven des Staates oder anderer öffentlichrechtlicher Körperschaften in Preußen. VerwArch. 24 (1916) S. 167—183.

Pollet, Roger, Le calcul des redevances pour les occupations temporaires du domaine public national, R.P.D.A. 1956, numéro 5, p. VII.

Ramelow, Michael, Ist der Bund Eigentümer der Seewasserstraßen? DVBl. 1962, S. 88—90.

Reuss, Hermann, Das Ermessen, DVBl. 1953, S. 585 ff.

— Der unbestimmte Rechtsbegriff, DVBl. 1953, S. 649 ff.

— Die öffentlichrechtliche Rechtsprechung des Bundesgerichtshofes unter besonderer Berücksichtigung des Enteignungsrechts und des Aufopferungsanspruches. DÖV 1957, S. 653—659.

Reymond, François, Le domaine public mobilier, R.D.P. 1960, p. 49—65.

Rupp, Hans Heinrich, Die Beseitigungs- und Unterlassungsklage gegen Träger hoheitlicher Gewalt. DVBl. 1958, S. 113—120.

— Zum Anwendungsbereich des verwaltungsrechtlichen Vertrages, JUS 1961, S. 59—62.

Ruzié, David, Les taxis, Dalloz 1960, chr. VI, p. 27—34.

Salzwedel, Jürgen, Gedanken zur Fortentwicklung des Rechts der öffentlichen Sachen. DÖV 1963, S. 241—251.

Schack, Friedrich, Der für den Aufopferungsanspruch neben der Enteignungsentschädigung verbleibende Raum, JZ 1956, S. 425—430.

— Bemerkenswertes aus dem Hamburgischen Wegegesetz vom 4. April 1961, DVBl. 1961, S. 897—902.

— Das rechtliche Wesen der wegerechtlichen Sondernutzung nach altem und neuem Recht. VerwArch. 54 (1963) S. 43—68.

— Enteignung öffentlicher Wege zugunsten von Versorgungsunternehmen. NJW 1963, S. 1905—1908.

Schelcher, Herbert, Der öffentliche Weg und seine Bedeutung. Fisch. Ztschr. 31 (1906) S. 1—98.

— Zur Lehre vom öffentlichen Eigentum. Fisch. Ztschr. 48 (1918) S. 345—397.

Scheuner, Ulrich, Die Selbständigkeit und Einheit der Rechtspflege. DÖV 1953, S. 517—525.

Schick, Walter, Gemeindemonopole und Grundgesetz. DÖV 1962, S. 931—936.

Schotthöfer, Kurt, Die Umstufung von Straßen. BayVBl. 1963, S. 339—343.

Schulke, Erichheinz, Entgelt für unerlaubte Sondernutzungen an Straßen. BayVBl. 1960, S. 141—144.

— Sondernutzung im Wegerecht und Verwaltungsermessen. BayVBl. 1961, S. 206—208.

Sievers, Rudolf, Wasserrecht als Enteignung. DVBl. 1959, S. 607—612.

— Der natürliche Wasserlauf im Recht. VerwArch. 51 (1960) S. 187—210.

— Nutzung und Eigentum an oberirdisch fließenden Gewässern. DVBl. 1962, S. 77 ff.

Singer, J., La réforme de la voirie communale et ses conséquences pour les particuliers. A.J.D.A. 1961 I, p. 69—73.

Siorat, Lucien, La notion d'affectation en matière domaniale, R.D.P. 1958, p. 866—917.

Spanner, Hans, Organisationsgewalt und Organisationsrecht. DÖV 1957, S. 640 ff.

Steinbach, Die öffentlichen Wegeservituten, BayVBl. 1926, S. 353—368.

— Neue Studien über das Wegerecht. BayVBl. 1931, S. 189—197.

Stern, Klaus, Zur Grundlegung einer Lehre des öffentlichrechtlichen Vertrages. VerwArch. 49 (1958) S. 106—157.

— Zur Problematik des energiewirtschaftlichen Konzessionsvertrages. AöR 84 (1959)
1. Teil S. 137—187.
2. Teil S. 273—300.

— Das allgemeine Verwaltungsrecht in der neueren Bundesgesetzgebung. JZ 1962, S. 297—302.

— Die öffentliche Sache. VVDStRL 21 (1964) S. 183—228.

Thierfelder, Hans, Das Eigentum des Bundes an den Bundeswasserstraßen und seine Geltendmachung. DÖV 1960, S. 58—60.

Vignes, Claude-Henri, Les autoroutes, Dalloz 1960, chr. XV p. 85—90.

Waline, Marcel, Le déplacement des installations d'un concessionaire du fait de travaux publics R.D.P. 1962, p. 1166—1174.

— L'expulsion du concessionaire d'un café-restaurant dans une promenade publique, R.D.P. 1962, p. 524—535.

Watrin, Germain, Quelques rapports entre les notions de police, domaine public et service public, R.D.P. 1936, p. 147—182.

Weber, Werner, Die öffentliche Sache. VVDStRL 21 (1964) S. 145—182.

Wick, Georg von, Der Rechtsschutz gegenüber der Versagung einer wasserrechtlichen Erlaubnis oder Bewilligung. ZfW 1963, S. 283—290.

Wiedemann, Hans, Der räumliche Umfang der Bundeswasserstraßen. DVBl. 1965, S. 17—22.

Willigmann, Klaus, Koppelung mehrerer Verwaltungsobliegenheiten. DVBl. 1960 S. 753—757.

Wimmer, Raimund, Versammlungsfreiheit contra Wegerecht. MDR 1964, S. 280—283.

Wolff, Hans Julius, Der Unterschied zwischen öffentlichem und privatem Recht. AöR 76 (1950/51) S. 203—217.

X..., Problèmes du stationnement. Sirey 1958, chr. p. 1—6.

Zeitler, Klaus, Gemeingebrauch oder Sondernutzung bei Droschkenhalteplätzen und Haltestellenbuchten auf öffentlichen Plätzen? DVBl. 1960, S. 90—93.

Zippelius, Reinhold, Grundfragen des öffentlichen Sachenrechts und das Bayerische Straßen- und Wegegesetz. DÖV 1958, S. 838—850.

— Bericht über die Tagung der Vereinigung der deutschen Staatsrechtslehrer 1962 in Münster i. W., DVBl. 1962, S. 818—822.

Kolibri 360 GmbH
Ferdinand-Jühlke-Straße 7
99095 Erfurt, Deutschland
produktsicherheit@kolibri360.de

Druck:
CPI Druckdienstleistungen GmbH
im Auftrag der
Kolibri 360 GmbH
Ferdinand-Jühlke-Str. 7
99095 Erfurt